世界主題之旅
101

用 **JR PASS** 輕鬆玩
鐵 路 周 遊 券

西日本

簡單便利飽覽
大城小鎮迷人風光

中國
(山陰山陽)

北陸

關西

四國

九州

作者◎摩那卡＆瓦拉比

U0004535

太雅

使用**鐵路周遊券**

超值＋便利

"只去京阪神真的不夠，想看見不一樣的城市風光"

JR＋私鐵，串聯日本大城小鎮 走跳便利又快速

四通八達的日本鐵道可粗略分為兩大系統：

●JR鐵路：遍布全日本的主要鐵路，貫穿南北、速度最快的稱為「新幹線」，而新幹線以外的JR路線則稱為「在來線」，前身為國有鐵道，民營化之後全國共6家公司：JR北海道、JR東日本、JR東海、JR西日本、JR四國、JR九州。

●私營鐵路：大多是連接市郊的鐵路，主要公司例如關東地區的小田急電鐵(往箱根)、東武鐵道(往日光)、京成電鐵(往成田機場)、東急電鐵(往橫濱)，以及關西地區的近畿日本鐵道(又稱近鐵，往奈良及三重)、京阪電鐵(往京都、滋賀)、阪急電鐵(連接京阪神)、阪神電鐵(往神戶姬路)、南海電鐵(往關西機場)。

乘車券VS觀光客限定的「鐵路周遊券」

日本的車票是一種組合式概念，以JR為例，搭乘各種列車都需購買「乘車券」，如果搭乘停靠站數最少的特急列車，除了乘車券之外還要另外加買「特急券」，如果列車有分成指定席和自由席，「指定料金」也要另外付費。(但不同公司的做法不同，例如近鐵、南海電鐵和JR一樣要另外買特急券，但京阪、阪急、阪神的特急列車為不需要另外買特急券

輕鬆玩西日本！

的全車自由席)

　　然而，為促進觀光，日本推出各種鐵路周遊券，有不同區域範圍、天數長短的組合，在有效期間內可無限搭乘指定區間內的列車，非常划算，只有短期觀光的海外旅客出示護照才能購買。

九州博多車站的綠色窗口，其中1號櫃台為外國人專用，服務員會說英文或中文

如何購買鐵路周遊券＆使用須知

● 在海外旅行社或代理店先購買兌換券，到日本再換成實體票券，或直接到日本當地購買。

● 不可走車站的自動閘口，必須走有剪票人員的閘口，出示周遊券才能通過。

● 周遊券不確保有座位，若想預定座位或想搭乘全車「指定席」的觀光列車，請先到指定窗口預約劃位。例如JR鐵路是到各JR車站的「綠色窗口」(みどりの窓口)辦理，劃位後會拿到一張「指定券」，標明列車班次、時間、起訖點和指定座位。

※注意事項：有些周遊券不可劃位，若想搭指定席需另外付費(例如關西北陸周遊券)，請先詳閱規定。

移動城堡！
西日本**觀光列車**大觀園

"來到鐵道旅行天堂的日本，當然要體驗有趣的主題列車。

車廂內好玩，車窗外精彩，列車奔馳在夏日一望無垠的蔚藍海邊、

穿梭在綠油油的森林田野、行經櫻花隧道或滿山的楓林，

目不暇給的移動美景，讓原本枯燥等待的交通時間，變成愉悅的時光。"

------- 當地特殊觀光列車 -------

潮風號

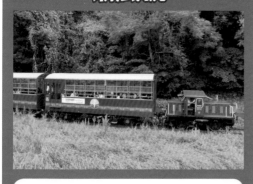

九州鉄道記念館駅⇔関門海峡めかり駅

九州門司港開往關門海峽的觀光列車，大正浪漫復古風，可沿途欣賞海岸風光。

少爺列車

松山市區

四國松山市區道後溫泉鄉的人氣復古列車，被譽為像火柴盒般的蒸汽小火車。

嵯峨野トロッコ列車

嵯峨站⇔龜岡站

京都嵐山小火車，一年四季風景如畫，尤其春櫻秋楓人氣最旺。

JR特色觀光列車

由布院之森

博多⇔由布院

前往人氣溫泉鄉由布院，高雅墨綠色車身，宛如穿梭山林野間的綠色精靈。

 北部九州版、全九州版鐵路周遊券

阿蘇男孩

熊本⇔宮地

和可愛的小黑一同嬉戲，前往阿蘇火山。

 北部九州版、全九州版鐵路周遊券

A列車

熊本⇔三角

前往度假勝地天草，車上播放輕快爵士樂，沿途海岸風光秀麗。

 北部九州版、全九州版鐵路周遊券

玉手箱

鹿兒島中央⇔指宿

前往以砂浴聞名的指宿，列車設計源自浦島太郎故事，充滿神話浪漫氣息。

 全九州版鐵路周遊券

海幸山幸

宮崎⇔南鄉

宮崎縣沿日南海岸而行的超人氣觀光列車，以古神話中海幸彥及山幸彥兄弟的故事為列車主題。

適用 ➜ 全九州版鐵路周遊券

麵包超人

岡山⇔高松⇔宇和島，岡山⇔多度津⇔中村，高松⇔德島⇔阿波池田

四國各地都有麵包超人觀光列車，車上還有販售麵包超人鐵路便當、麵包及周邊商品。

適用 ➜ 四國鐵路周遊券

鬼太郎列車

米子⇔境港

搭乘妖怪列車進入可愛的妖怪國度，到水木茂爺爺的故鄉境港探險去。

適用 ➜ 山陽山陰鐵路周遊券

柯南列車

鳥取⇔米子

柯南的作者青山剛昌為鳥取之光，只要到鳥取縣遊玩就有機會搭到穿梭其間的柯南列車喔！

適用 ➜ 山陽山陰鐵路周遊券

外型優美的特急/特快列車

遙望號 (はるか)	東方白鶴號 (こうのとり)	黑潮號 (くろしお)	雷鳥號 (サンダーバード)	音速號 (ソニック)	海鷗號 (かもめ)	霧島號 (きりしま)
關西空港⇔新大阪或京都	新大阪⇔城崎溫泉	新大阪⇔白濱	大阪⇔金澤⇔和倉溫泉	博多⇔別府⇔佐伯	博多⇔長崎	鹿兒島中央⇔宮崎
關西空港→新大阪50分鐘 關西空港→京都75分鐘	從新大阪前往城崎溫泉的特急列車，3小時就能抵達歷史悠久的人氣溫泉鄉	從新大阪到白濱溫泉的特急列車，只要2小時17分鐘	大阪到金澤只要2.5小時，優雅流線形外觀及內裝都相當現代化	從博多搭乘音速號到別府溫泉鄉只要2小時，以金屬質感藍色車身展現高級感	前往長崎的時尚列車，沿途盡是悠閒的美麗田園景致	連結鹿兒島與宮崎的特急列車，約2小時車程，沿途可觀賞櫻島及田野風光

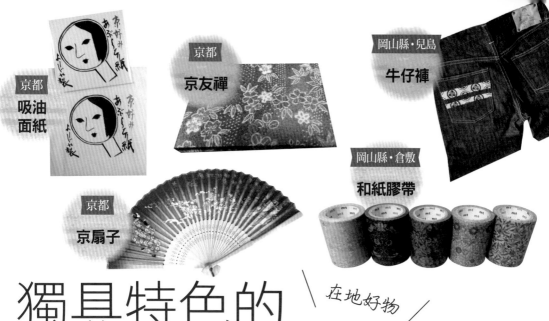

京都
吸油面紙

京都
京友禪

岡山縣・兒島
牛仔褲

岡山縣・倉敷
和紙膠帶

京都
京扇子

獨具特色的

在地好物

城市物產&伴手禮

" 一趟旅行中能買的東西很多,但有哪些是代表城市特色,

又或者是當地遠近馳名的特產呢?來看看這些攜帶便利的小東西吧,

搬貨回家一點都不難!"

石川縣・金澤
金箔美顏品

廣島縣・宮島
杓子

愛媛縣・今治
毛巾

廣島縣・熊野町
熊野筆/彩妝刷

鹿兒島・奄美大島
大島紬

熊本縣
熊本熊主題商品

宮崎縣・飫肥
飫肥衫

看懂這些日本關鍵字，
就吃喝玩樂「大丈夫」！

"五十音看不懂沒關係，認得以下重要、好用、好康、關係你旅行幸福的詞彙與漢字精選，讓你更順暢、Smart遊日本。"

🖊 餐廳/商家常見Keyword

注文：點菜；訂貨

放題：無限制，例如「食べ放題」即吃到飽，「飲み放題」即喝到飽

バイキング：吃到飽

替玉：追加麵，不含湯及配料

盛合せ：餐點的組合盤

無料：免費

割引：打折

早割：早鳥優惠

格安：比一般價位便宜

激安：超級便宜

德用：通常指商品的大包裝，便宜又划算

税込：含稅

税拔：未稅

🖊 交通常見Keyword

駅：車站

改札口：剪票口，分成「自動改札口」以及「人工改札口」

ターミナル：Terminal，終站，例如バスターミナル就是巴士總站

片道：單程

運賃 / 料金：費用

案內所：服務台

駅はどこですか？ (請問車站在哪裡？)

🖊 住宿常見Keyword

シングル：Single，單人房

セミダブル：Semi-double，日本特有房型，只有一張床，尺寸可能是單人床或是介於單人床與雙人床之間(各家旅館不同，看床寬最準)，可接受兩人入住

ダブル：Double，雙人房，為一張雙人床

ツイン：Twin，雙床房，為兩張單人床

素泊：純住宿，無提供任何餐點

朝食付：住宿附有早餐

一泊二食(夕食、朝食付)：住宿附晚餐及早餐

風呂：浴池、澡堂、浴室

貨切風呂：包場的私人浴場

荷物：行李

荷物を預けてもいいですか？
(請問可以寄放行李嗎？)

地方明信片特輯
每個縣市都有專屬的造型明信片

一張明信片就是一個美好的旅遊回憶，
不論是旅途中自己買來收藏，或是寄送給親朋好友，都相當具有紀念價值。

日本郵便局發行的當地特色明信片(ご当地フォルムカード)，自從2009年發行第一彈起，每年發行新版本，每張售價￥185。每個「都、道、府、縣」都有各自的造型明信片且僅在當地發售，例如京都府的當地特色明信片就只有在京都府內的郵便局買的到。明信片的造型挑選自該地區的特色風景名勝、歷史人物、工藝品、盛產水果、在地美食等。

{Info}
http www.postacollect.com/card/gotochi

作者序

開啟日本旅行的廣度與新視野

旅行是煩悶、忙碌生活的最佳調劑，尤其是日本，百去不厭，每隔一段時間總是會想「返鄉」充電一下。身為周遭朋友的日本旅遊顧問，經常幫忙規畫行程、代訂飯店，在這過程中逐漸發現大家的問題與需求。越來越多人不只是局限於東京、大阪、京都等大都市，也很嚮往郊區名勝景點，但往往在交通問題卡關，不知如何前往、如何安排動線。深深覺得「鐵路周遊券」是日本對海外觀光客的仁心德政，只要Pass一券在手，不用顧慮昂貴的交通費，想去哪就去哪，這本書就像把鑰匙，引導大家一步步規畫每日行程，體驗更多小城小鎮的自然風光與濃厚人情味。

感謝太雅出版社的總編與編輯室主任，自始至終都很支持我們的提案與構思，即使內容爆頁也沒有刪減；還有這本書的主負責編輯與美編，忍受我們的龜毛，到校稿時還一再更換圖片；感謝提供照片的朋友們，讓書的內容更加繽紛多彩。希望這本與眾不同的書，能讓大家領略日本的多重風貌，盡情玩出屬於自己的風格路線！

摩那卡&瓦拉比

編輯室提醒

出發前，請記得利用書上提供的Data再一次確認

每一個城市都是有生命的，會隨著時間不斷成長，「改變」於是成為不可避免的常態，雖然本書的作者與編輯已經盡力，讓書中呈現最新最完整的資訊，但是，我們仍要提醒本書的讀者，必要的時候，請多利用書中的網站與電話，再次確認相關訊息。

資訊不代表對服務品質的背書

本書作者所提供的飯店、餐廳、商店等等資訊，是作者個人經歷或採訪獲得的資訊，本書作者盡力介紹有特色與價值的旅遊資訊，但是過去有讀者因為店家或機構服務態度不佳，而產生對作者的誤解。敝社申明，「服務」是一種「人為」，作者無法為所有服務生或任何機構的職員背書他們的品行，甚或是費用與服務內容也會隨著時間調動，所以，因時因地因人，可能會與作者的體會不同，這也是旅行的特質。

新版與舊版

太雅旅遊書中銷售穩定的書籍，會不斷再版，並利用再版時做修訂工作。通常修訂時，還會新增餐廳、店家，重新製作專題，所以舊版的經典之作，可能會縮小版面，或是僅以情報簡短附錄。不論我們作何改變，一定考量讀者的利益。

票價震盪現象

越受歡迎的觀光城市，參觀門票和交通票券的價格，越容易調漲，但是調幅不大(例如倫敦)，若出現跟書中的價格有微小差距，請以平常心接受。

謝謝眾多讀者的來信

過去太雅旅遊書，透過非常多讀者的來信，得知更多的資訊，甚至幫忙修訂，非常感謝你們幫忙的熱心與愛好旅遊的熱情。歡迎讀者將你所知道的變動後訊息，善用我們提供的「線上回函」或是直接寫信來taiya@morningstar.com.tw，讓華文旅遊者在世界成為彼此的幫助。

太雅旅行作家俱樂部

摩那卡

　　正職為白色巨塔工作者，到日本度假是主要精神食糧。除了知名景點，各地祕境、祕湯、祭典都是目標，足跡遍布日本全國各地。熱愛鐵道旅行，善用鐵路周遊券趴趴走，深入各地飽覽美景、體驗在地文化。身為美食主義者，總是四處尋訪道地好滋味，筆名源自日本傳統和菓子甜點「最中」(もなか，Monaka)。榮獲日本觀光廳邀稿，文章散見於台灣及香港各大媒體旅遊專欄，是許多日本旅遊網站特約作家。著有《用JR PASS輕鬆玩西日本》、《用鐵路周遊券輕鬆玩東日本》。

　　Blog：摩那卡的日本玩樂手札licavona.pixnet.net/blog

瓦拉比

　　學生時代曾於北海道大學交換學生，短暫生活於札幌，自此深深迷戀上日本的一切，只要一有閒暇空檔便往日本衝。擅長利用交通票券鐵道旅行，足跡幾乎踏遍日本各角落，無論是熱鬧祭典或極上祕境、溫泉旅宿或美食饗宴都可以是旅行的目的，春櫻、夏綠、秋楓、冬雪，四季美景各異其趣。最愛的日式點心是「蕨餅」(わらび餅，Warabi Mochi)，因此取名「瓦拉比」，為百萬人氣部落客。著有《用JR PASS輕鬆玩西日本》、《用鐵路周遊券輕鬆玩東日本》。

　　Blog：瓦拉比的美食旅遊隨筆blog.xuite.net/tangsolsunny

兩位日本達人聯手出擊！！

聯絡信箱：monakatang@gmail.com

FB粉絲團：摩那卡與瓦拉比的日本玩樂手札

www.facebook.com/Japan.note

目錄 Contents

內文資訊符號		每日行程資訊符號	
$ 價格・費用	http 網址	➡ 前往方法	🚌 巴士	🚗 計程車
✉ 地址	🕐 營業・開放時間	💤 休息・公休日	✈ 機場	🚶 徒步
☎ 電話	MAP 地圖位置	⁉ 注意事項	⚓ 遊輪・碼頭	🚃 新幹線・電車・地鐵

現在就開始選
要去度假的地方吧～

24

|關西經典四城|

和風古都VS洋風港町
╳飲食天堂

適合想去 京阪神奈 的旅人

➤ 京阪神奈機場交通　P.27

144

182

本書特色

6張鐵路周遊券Day by Day導覽

周遊券名稱＆適用城市

城市概覽
快速認識各城市風情、
特色、玩樂重點。

周遊券區域地圖
每張周遊券皆提供鐵路
線＋重要景點標註，幫助
大家了解相對地理位置。

每日路線的地圖
掃描QRcode即可使用
專屬地圖。

周遊券使用方式
票價、購買方式、使用
期限與範圍。

Day by Day路線規畫
化身你的行程規畫師，貼心設計
每日路線圖，清楚標示交通方
式、車程/步行時間、交通費，
以及景點的建議停留時間，方便
玩家估算時間與費用。

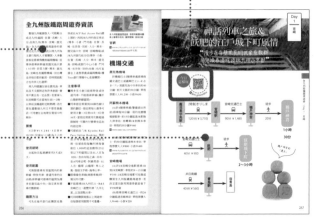

> **景點介紹**
> 食・遊・購・泡湯導覽。書中推薦的美食、
> 店家都是親身體驗過,大多數為日本網站評
> 價甚高或口耳相傳的名店。

當日交通資訊
「旅遊案內所」推薦當日行
程好用的票券、搭乘的交通
工具及省錢方案。「特色觀
光列車」介紹當日可搭乘的
人氣列車。

玩家提示
內行人分享旅遊小撇
步,幫助你旅行省
時、省錢、省力,做
個聰明玩家!

豆知識
日本特殊的歷史、文化、
風俗、典故,解釋給你
聽,讓你旅行長知識。

如何使用本書

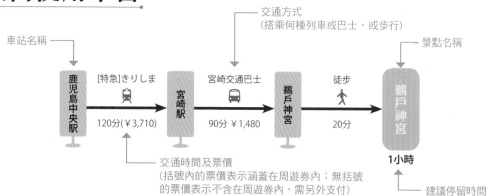

每張票券規畫的旅遊天數不含搭機時間
每張鐵道周遊券都安排5～7日的完整行程,不考慮頭尾兩天搭飛機的時間,請讀者視遊玩天數自行增
減行程。

照著書中的路線玩,或自行混搭行程
許多鐵道周遊券的使用範圍有重疊部分,例如「關西廣域」、「關西&北陸」、「關西&廣島」、「山
陽&山陰」這幾張周遊券,從京都、大阪、神戶、姬路、到岡山之間的區域皆可使用,請讀者先想好要
去哪些地方,確實掌握好方向再決定要購買哪張周遊券,並可視遊玩區域彈性調整行程。

快樂自遊者須知的5件事

　　隨著廉價航空盛行，越來越多人開始自助旅行，隨著旅行次數增加，漸漸地不再是千篇一律的東京或京阪神5日遊就能滿足。依自己喜好打造個人化方式的主題旅遊，才能讓旅行更有深度、更有意義。出發前你最關心的幾個問題，就請2位日本自助達人摩那卡&瓦拉比為你解答！

01 行程規畫 →P.18	**02** 住宿 →P.19	**03** 行李寄放 →P.21	**04** 查詢交通資訊 →P.22	**05** 巴士搭乘方式 →P.23

01 行程規畫

大阪天神祭奉納花火(照片提供：Baozi)

Q.該如何安排行程？

STEP1→選擇想去的地方&決定天數

問自己幾個問題：

❶想玩哪些地方？

　　平時在報章雜誌也許看到一些令人心動的美景想一探究竟。

_____

_____

❷喜愛的旅遊主題？

　　旅遊主題有很多，例如賞櫻、賞楓、賞雪、祭典或歷史等等。

_____

_____

❸旅行的季節/月分？

　　可依據季節安排當下風景最美的路線。

❹能夠安排的旅行天數？

_____

STEP2→在地圖上圈出這些地方

　　建議看著日本地圖將目標一一圈出來，估算大略所需交通時間，以免排出不可能的行程。

02 住宿

Q.如何選擇住宿地點？

若沒有特殊考量，建議住在離車站較近的旅館，每天進出搭車較方便。以本書利用鐵道周遊券安排每日跨縣市或大範圍移動的行程而言，有兩種住宿模式：(1)每天換旅館，玩到哪住到哪；(2)固定住同一間旅館，每天需花費交通時間。兩種方式各有優缺點，視各人習慣及行程決定，也可以採折衷方案，單趟車程在90分鐘左右的可以當天往返，距離太遠的就乾脆換旅館；如果只有中間一天沒有續住，多數旅館可接受行李寄放(需徵詢旅館是否同意，也有少數會拒絕)，這樣只需攜帶貴重物品及1天份換洗衣物即可。

Q.有哪些推薦的訂房管道？

(1)請旅行社代訂：

可訂機加酒方案，最方便省事，缺點是選擇性少，有時無法取得滿意的價格。

(2)全球訂房網站：

3大網站(Booking.com、Agoda.com、Hotels.com)都有中文版介面，適合不懂日文的人。各家網站有不定時優惠，也可透過比價網站(www.hotelscombined.com)尋找最低價，並直接連結到訂房網頁。

(3)日本訂房網站：

じゃらん(www.jalan.net)、樂天(travel.rakuten.co.jp)是日本最大的訂房網站，有非常多房型及價位可選擇，例如膠囊旅館、民宿等。雖然這兩個網站也有製作中文版介面，但中文版收錄的旅館較少、價位也提高，若想搜尋經濟實惠的方案還是建議用日文版。

(4)日本官網：

很多連鎖商務旅館、溫泉旅館的官網有獨家優惠，例如折扣或贈送小禮物，比在訂房網站更划算，建議兩邊比價後再下訂。

那些平價又住得安心的日本連鎖商務旅館

日本有很多連鎖商務旅館，以中低價位提供一定水準的服務，雖房間不大，但基本設備一應俱全，整潔乾淨，品質及安全有保障，是C/P值不錯的選擇。

東橫Inn

全日本共200多家，絕大多數在車站附近，交通極為便利。一律提供免費早餐，以飯糰、味噌湯為主，有些店還有沙拉、香腸、蛋等簡單菜色。官網有中文版，十分方便，在官網訂房享折扣¥300。推薦常住宿者首次入住時繳費¥1,500加入會員，可享會員優惠，例如：住宿10晚贈送1晚、6個月前即可訂房(非會員是3個月前)、週日及國定假日享8折優惠。

$ 每人每晚約¥4,000～8,500
http www.toyoko-inn.com

東橫inn

房間

早餐

Super Hotel(スーパーホテル)

全日本共100多家，其中約一半有浴場可以泡溫泉。依入住順序，可選擇自己喜愛的枕頭。幾乎都附早餐，有些以麵包為主，有些提供其他菜色。官網訂房有集點卡，每晚每房1點，每年結算一次，集滿2點下次住宿可退現金¥1,000，5點可退¥3,000。有

Super Hotel黃底藍字的招牌很醒目

些店提供學生特惠價，記得攜帶學生證。

$ 每人每晚約¥4,000～8,500

http www.superhotel.co.jp

可自行挑選枕頭

公共浴場的天然溫泉

Dormy Inn(ドーミーイン)

全日本約50多家連鎖店，屬於較高級的商務旅館，每間都有大浴場，一半以上擁有天然溫泉。晚上21:30～23:00提供免費拉麵當宵夜。訂房時可選擇是否要加價吃早餐，菜色豐盛美味，通常

Dormy Inn

免費拉麵宵夜

含有當地特色料理。

$ 每人每晚約¥6,000～12,000

http www.hotespa.net/dormyinn

Comfort Hotel(コンフォートホテル)

全日本約60多家連鎖店，附免費早餐。官網訂房折扣¥200，每次住宿可累積點數兌換折價券。

$ 每人每晚約¥4,000～8,500

http www.choice-hotels.jp

Comfort Hotel

早餐

Via Inn(ヴィアイン)

隸屬JR西日本集團，全日本僅有10幾家連鎖店，分布在東京、大阪、京都、姬路、名古屋、金澤、岡山、廣島、下關。部分提供免費早餐，有些住宿方案搭配交通票券販售。加入會員免費，累積的住宿點數可折抵住宿費或

Via inn新大阪

兌換JR西日本伊勢丹指定贈品。

$ 每人每晚約¥4,000～10,000

http www.viainn.com

Route Inn(ルートイン)

全日本共200多家連鎖店，部分有天然溫泉或居酒屋。附免費早餐，每次住宿會累積Ponta Point，可用於住宿費折抵。

$ 每人每晚約¥6,000～10,000

http www.route-inn.co.jp

房間

早餐

Sunroute Hotel(サンルートホテル)

又稱燦路都飯店或太陽道飯店，全日本約70多家連鎖店，台北也有一家分館。入會費¥500，會員可享優惠價及住宿集點。

$ 每人每晚約¥5,000～12,000

http www.sunroute.jp

3人房

03
行李寄放

Q.如何輕鬆省力解決長途旅行的行李搬動問題？

投幣式置物櫃(Coin Locker/コインロッカー)

旅館不在車站附近但下車後想先玩先逛

通常設置在車站、地下街、百貨公司等地，價格依大小約¥200～800，上面都有標示價錢及使用時間，務必看清楚說明。投幣後拔出鑰匙即可，原則上需當日取回，若放置隔夜需再補繳一次費用。可使用「コインロッカーサーチ」網站(coinlockersearch.com)事先查詢置物櫃的所在地點及數量。

http coinlockersearch.com

觀光景點的寄放服務
免除提行李遊名勝景點的困擾

部分觀光景點的商店及觀光案內所可接受當日行李寄放，每件約¥300～600，例如天橋立、金刀比羅宮表參道、合掌村等景點的土產店有些提供此服務，需主動詢問店家。

連鎖商務旅館的寄放服務
適用於中間有一天換旅館

多數連鎖商務旅館可接受住宿日期前後各一天的行李寄放，可現場洽詢櫃台，或事先Mail詢問。

宅急便
直接把行李寄到下個住宿旅館

若旅館不在車站附近、行程不會走回頭路、或住在郊區的溫泉旅館，這些情境就很適合使用宅急便。一般商務旅館都有此服務，可洽詢櫃檯拿宅急便的單子，填寫目的地旅館的地址、名稱及訂房人的姓名和入住日期，通常中午前寄出、隔天就會收

宅急便託運單

到，但還是抓個兩天比較保險。價錢算法依行李長寬高總和計算，以25～27吋行李箱為例，寄送費用約¥1,404，與¥700的大型置物櫃兩天價格差不多，還能省去搬運的困擾。

有些觀光案內所提供便宜的行李寄放服務

路上隨處可見的黑貓宅急便

標示價錢及使用時間

↑方便的投幣式置物櫃 ↗關西有些地方的置物櫃可用Icoca取代現金付款

04 查詢交通資訊

Q.如何事先查詢時刻車資等資訊，以便規畫行程？

查詢搭乘的交通工具及路線、時間、車資是自助旅行一大難題，有許多網頁及App可供查詢，以下用Yahoo詳細說明，其他查詢方式均大同小異。

Yahoo!路線情報

網頁版：transit.yahoo.co.jp

App：Ｙ！乘換案內

出發與目的地：在「出発」的欄位輸入出發車站或地點，在「到着」欄位輸入目的地車站或地點，如果途中有一定要路過的車站或地點可在「経由1」輸入。

時間日期：「日時指定」可指定日期和時間，可查詢「出発」(出發時間)、「到着」(抵達時間)、「始発」(第一班車)、「終電」(最後一班車)，或「指定なし」(不指定時間)。

交通方式：「交通手段」指的是交通方式，有「空路」(飛機)、「新幹線」、「有料特急」(需加價的特快列車)、「高速バス」(高速巴士)、「路線/連絡バス」(一般公車)、「フェリー」(船)，可以把不要的選項打勾取消。

資訊排序方式：「表示順序」指的是希望網站建議排列順序的方式，包括「到着が早い順」(抵達時間最早的優先排序)、「乗り換え回数順」(轉車次數最少的優先)、「料金が安い順」(價格最便宜的優先)。

檢索：按下「検索」就會出現好幾種建議路線。

輸入資料查詢頁面(網頁版)

輸入資料查詢頁面(手機版)

> **其他查詢工具**
> http www.ekikara.jp
> http www.jorudan.co.jp
> http www.navitime.co.jp
> http 乗換案內(App)

新幹線車頭

操作範例

以「尾道」出發前往「米子」為例，選擇日期2017年1月31日17:00出發，其他條件不特別修改，結果可得到6條建議路線。

搜尋結果得到6條建議路線(手機版)

建議路線1(網頁版)

第一種為17:14出發、21:14抵達，從尾道搭乘JR山陽本線前往福山，再轉搭新幹線さくら560前往岡山(「2番線発」及「23番線着」分別指的是在第2月台出發，和在第23月台抵達)，然後從岡山轉搭高速巴士前往米子，所需費用為¥6,150(包括JR的¥1,320+新幹線自由席¥1,730以及高速巴士¥3,100)。

又如第三種路線為17:50出發、21:22抵達，從尾道搭乘JR山陽本線前往倉敷，然後轉搭特急やくも25號前往米子，所需費用為¥5500，包括JR的¥3670+特急料金¥1830，由於使用鐵道周遊券不能搭乘高速巴士，因此推薦選擇後者，費用可以都包在周遊券內，時間上也相差不多。

建議路線3(網頁版)

05

巴士搭乘方式

日本的巴士可粗略分為均一區間、多區間兩種計費方式，均一區間較簡單，僅需於上車或下車時付單一票價或刷IC卡即可。多區間則較為複雜，大多數為後門上車、前門下車，從後門上車時需拿「整理券」，上面會有一個數字表示上車地點編號，車內最前方有價目表，到站時看整理券數字相對應的價錢就是需要付的票價。

下車前，在前門司機旁邊有個透明的「運賃箱」就是投錢的地方，注意這是不找錢的。如果需要換錢，通常透明箱下面會有換紙鈔的「紙幣両替」和換硬幣的「硬貨両替」，把要換的紙鈔或硬幣放進去就會兌換零錢出來，注意紙鈔通常只收1,000日圓。如果是刷IC卡，通常上下車的地方都有機器，上下車都要刷卡。

巴士

京都市交通局公車搭乘教學

http www.city.kyoto.lg.jp/kotsu/page/0000191627.html

左側為整理券機器，右側為運賃箱及兩替機

車內最前方的價目表，不同整理券號碼對應不同價錢

| 京都 | 大阪 | 神戶 | 奈良 |

巴士・電車・城市自由行
Traveling in Kansai

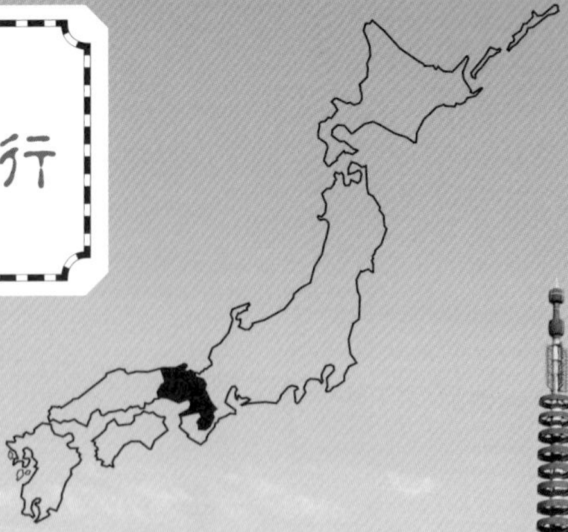

FUN TRIP

關・西・經・典

和風京都・美食大阪・歐風神戶
&奈良餵小鹿遊古城

最受世界各地觀光客青睞的京都，現代感與千年古文化兼容並蓄，
穿梭於神社寺宇間，駐足欣賞春櫻、夏綠、秋楓點綴的庭園美景。
繁華熱鬧的大阪市區是購物天堂，
色香味俱全的庶民美食包你從街頭吃到巷尾。
來到歐風洋溢的神戶，萬萬不能錯過神戶牛入口即化的好滋味。
喜歡「小鹿斑比」的朋友，不妨到奈良與可愛小鹿同遊古都吧！

照片提供：Shen

京都和服變裝秀

照片提供：京都夢館櫻書豪攝影師

京都賞櫻花見之樂

京都紅葉狩

大阪環球影城老少同歡

體驗的
樂事

心齋橋&道頓堀血拼美食之旅

神戶港無敵浪漫夜景

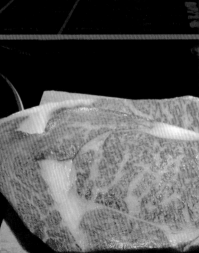

神戶牛奢華美味小確幸

奈良東大寺餵小鹿

曾被CNN票選為全球十大跨年景點的京都知恩院,每到年末由十多位僧侶合力敲響108下鐘聲,象徵煩惱消除(照片提供:Baozi)

京都

保留日本傳統文化的代表性觀光城市,藝妓、石板小路、人力車、古茶屋,都是千年古都特有的文化蘊涵。有許多名列世界遺產及日本國寶的古寺神社,擁有美麗庭園造景,成為知名的賞櫻或賞楓名勝。

人力車

大阪

是關西地區的門戶,繁華熱鬧程度不輸東京。想逛街購物血拼的人,去心齋橋絕不會失望;道頓崛是美食天堂,大阪燒、章魚燒、串炸都是代表性庶民美食;黑門市場可以吃到低價新鮮海產,還有便宜的零食和雜貨店,回國前來掃貨一定可以滿載而歸。梅田空中庭園、阿倍野Harukas300展望台、WTC宇宙大廈展望台都是欣賞夜景、浪漫度破表的約會聖地。環球影城各種刺激有趣的遊樂設施和表演更是大人小孩百去不厭的主題遊樂園!

神戶

自古受西方文化薰陶,是日本最具異國風情的城市,北野異人館一帶的歐風建築與神戶港的璀璨夜景是觀光客必訪之處。來到神戶絕對不能錯過神戶牛及各式各樣的精緻甜點,這可是只有神戶特有的頂級美食喔!

奈良

是日本知名的歷史古都,至今仍保留許多古文明及史蹟,最具代表性的是東大寺、春日大社,漫步此處,不時有成群結隊的小鹿環繞身旁,跟隨著可愛小鹿的蹤跡一起探訪這座美麗古都吧!

京阪神奈機場交通

搭乘JR

　　從關西機場往來京都或大阪，可搭乘JR特急列車Haruka，此列車停靠天王寺、新大阪、京都車站，可於關西機場綠色窗口購買「Icoca& Haruka」套票較划算。

　　Icoca類似台灣的悠遊卡或一卡通，每張￥2,000，內含儲值金￥1,500及押金￥500，押金可退還，但會扣除手續費￥220。可搭乘多種交通工具、在各大超商購物、或其他標示可使用的商店使用。其中Icoca&Haruka套票發售的Icoca，圖案為關西機場限定款的「風神雷神」或「Hello Kitty與大阪城」。

　　Icoca&Haruka套票是將Icoca儲值卡與Haruka車票包裝在一起，原本就有Icoca的旅客可出示Icoca單獨購買「Haruka割引券」。Haruka只能在天王寺、新大阪、京都車站下車，可再轉乘JR到附近其他車站。來回型僅限關西機場購買，單程型可於大阪、新大阪、天王寺、JR難波、京都、二之宮、奈良等車站購買。

　　此外，也可搭乘JR關空快速往返大阪，停留點較多，但速度較慢。需特別注意回程時，「關空快速列車」和「紀州路快速列車」為連結行駛，在日根野站進行車廂分離，後4節的「紀州路快速列車」會開往和歌山，因此前往關西機場務必確認搭乘前4節的

←Icoca&Haruka套票，
限定版Icoca款式二選一
↓綠色窗口購買車票

「關空快速列車」車廂。

　　註：台灣某些旅行社販售Haruka實體票，可直接在日本使用，節省排隊購票的時間。

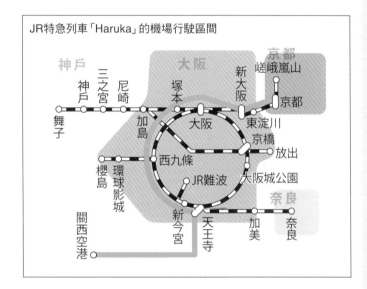

JR特急列車「Haruka」的機場行駛區間

神戶　大阪　京都

神戶　三之宮　尼崎　塚本　新大阪　嵯峨嵐山　京都

舞子　加島　大阪　東淀川　京橋

西九條　放出

櫻島　環球影城　JR難波　大阪城公園

奈良

關西空港　新今宮　天王寺　加美　奈良

出示Icoca享有的Haruka區間優惠票價

使用地區	Haruka搭乘區間	轉乘JR可到達點	單程型	來回型
大阪	關西機場～天王寺	JR難波、新今宮、大阪城公園、環球影城	￥1,120	￥2,240
大阪	關西機場～新大阪	大阪	￥1,320	￥2,640
京都	關西機場～京都	二条、太秦、嵯峨嵐山	￥1,630	￥3,260
神戶	關西機場～新大阪	三之宮、神戶、舞子	￥1,530	￥3,060
奈良	關西機場～天王寺	法隆寺、奈良	￥1,430	￥2,860

http www.westjr.co.jp/global/tc(中文版。選擇「優惠車票」→「Icoca&Haruka」)

搭乘南海電鐵

　　南海電鐵連結關西機場至難波區間，搭乘「空港急行」約43分，單程票價為¥930，另外也有更快的「特急Rapid(特急ラピト)」，但需多花¥520僅節省約12分鐘。抵達難波後再轉乘地鐵到大阪市區其他站，要前往大阪梅田的旅客，可轉搭地鐵御堂筋線。

http www.howto-osaka.com/tc(中文版)

搭乘巴士

　　從關西機場往來大阪或京都也可以搭乘巴士，有更多接駁點的選擇，可上官網查詢。另外，若有JCB信用卡，可至關西旅遊訊息服務中心購買關西機場出發的指定路線車票，可有票價8折的優惠，每人限購4張。

http www.kate.co.jp/tcn/timetable

1.關西機場JR與南海車站就在隔壁／**2.**特急列車Haruka／**3.**方便的南海電鐵空港急行列車／**4.**巴士選擇點多、班次也密集

京阪神奈交通連結

1. 大阪 ⇆ 京都

鐵道公司	大阪主要站	京都主要站	所需時間	單程價
JR	大阪	京都	新快速約30分	¥560
阪急	梅田	河原町	特急約40分	¥400
京阪	淀屋橋	祇園四条	特急約50分	¥410

2. 大阪 ⇆ 奈良

鐵道公司	大阪主要站	奈良主要站	所需時間	單程價
JR	天王寺	奈良	快速約36分	¥470
近鐵	大阪難波	近鐵奈良	快速急行約34分	¥560

3. 京都 ⇆ 奈良

鐵道公司	大阪主要站	奈良主要站	所需時間	單程價
JR	京都	奈良	快速約41分	¥710
近鐵	京都	近鐵奈良	急行約42分	¥620

4. 大阪 ⇆ 神戶

鐵道公司	大阪主要站	神戶主要站	所需時間	單程價
JR	大阪	三ノ宮	新快速約20分	¥410
阪急/阪神	梅田	神戶三宮	特急約30分	¥320
阪神	大阪難波	神戶三宮	快速急行約40分	¥410

官網路線圖

http 阪神電鐵：rail.hanshin.co.jp/station
http 阪急電鐵：www.hankyu.co.jp/area_info/search
http 京阪電車：www.keihan.co.jp/traffic/station
http 近鐵：www.kintetsu.co.jp/railway/rosen/A50001.html

京都·日本傳統之美代表城市

"優雅的和風小旅行，迷人登場"

2日
這樣玩

goo.gl/H3ZDdg

DAY 1

京都車站

↓ 🚌市巴士206號(20分)

五条坂或清水道

↓ 🚶徒步(10~15分)

清水寺、地主神社(2小時)

↓ 🚶徒步(5~10分)

三年坂、二年坂商店街(1~2小時)

↓ 🚶徒步(15~20分)

八坂神社(15分)

↓ 🚶徒步

祇園(30分)

↓ 🚌市巴士207號(3分)

四条高倉

↓ 🚶徒步(2分)

錦市場(30分)

2日可以
這樣玩

DAY 2

JR京都

↓ 🚃JR山陰本線(24分¥320)

JR馬堀

↓ 🚶徒步(10分)

トロッコ龜岡駅

↓ 🚃嵯峨野トロッコ列車(23分¥630)

トロッコ嵐山駅

↓ 🚶徒步(4分)

嵯峨野竹林(20分)

↓ 🚶徒步(1分)

天龍寺(1小時)

↓ 🚶徒步(2分)

野宮神社(15分)

↓ 🚶徒步(13分)

商店街/渡月橋(1~2小時)

↓ 🚶徒步(3分)

嵐電嵐山駅

↓ 🚃嵐電(20分¥220)

北野白梅町

↓ 🚶徒步(10分)

北野天滿宮(30分)

↓ 🚌市巴士101號(7分¥230)

金閣寺(1小時)

旅遊案內所
出發前先了解的事

以巴士為主要交通工具
如遇旅遊旺季以地下鐵為輔

京都交通以巴士為主，巴士大致上又可分兩種：❶市巴士：路線行經市區內主要觀光景點，採均一區間票價，每趟車資為大人￥230、小孩￥120；❷民營巴士：最常見為京都巴士，欲前往較遠郊區觀光時需搭乘，票價依路線及距離而定。

京都市內多古蹟，地下鐵興建不易，因此只有兩條線(烏丸線、東西線)，票價依距離而定，大人為￥220～360，但地下鐵能抵達的景點有限，較不方便。平時遊覽京都市區建議搭乘市巴士即可，若是賞櫻、賞楓旺季容易塞車，則建議地下鐵及巴士兩者配合。

京都地下鐵·巴士1日券

京都公車

乘車券種類分析

乘車券種類	巴士1日券	地下鐵1日券	地下鐵·巴士1日/2日券
價格	大人￥600，小孩￥300	大人￥600，小孩￥300	1日券：大人￥900、小孩￥450，2日券：大人￥1,700、小孩￥850
有效期間	使用當日	使用當日	1日券為使用當日，2日券為連續兩日
有效區間	指定之票價均一區間內的市巴士及京都巴士	京都市營地下鐵全線(烏丸線、東西線)	·京都市巴士全線 ·京都市營地下鐵全線(烏丸線、東西線) ·京都巴士(一部分)：大原、岩倉村松、岩倉実相院、京都產業大學前、一条山、大覚寺、清滝、苔寺 ·京阪巴士(一部分)：山科、醍醐區域及京都市中心路線
購票地點	市巴士及京都巴士車上、市巴士營業所、京都巴士營業所、京都車站前市巴士與地鐵案內所	地下鐵各站窗口、京都車站前市巴士與地鐵案內所	地鐵車站售票機、市巴士營業所、京都巴士營業所、京都車站前市巴士與地鐵案內所
免費或優惠設施/商店	弥栄会館ギオンコーナー、京都水族館、よしもと祇園花月、東映太秦映畫村、京都鐵道博物館	部分設施有優惠，例如二条城、京都府立植物園、東映太秦映畫村、京都鐵道博物館等等	部分神社佛寺、觀光設施或餐飲店出示車票有優惠或贈送紀念品(詳見官網)
適用對象	京都市區觀光，使用最普遍，只要搭3次巴士就回本	京都市區觀光，但多數景點離地鐵站有點距離，需再步行	京都市區觀光如需巴士及地鐵交替搭乘，每天搭4～5次以上就回本；也適合想前往大原或醍醐等郊區的旅客
官網	http www.city.kyoto.lg.jp/kotsu/		

祇園

白川與花見小路尋訪藝妓蹤跡

從八坂神社門前的四条通，一直到鴨川的周邊區域就是京都最有名的祇園，自古以來是著名花街，北邊的白川沿岸地區及南邊的花見小路，街道兩旁茶屋、料亭林立，傳統木造建築古色古香的氣息總是吸引不少國外觀光客，運氣好的話，在傍晚前來說不定有機會碰到正要赴約表演的藝妓喔！

{Info}
➡ 市巴士祇園駅下車徒步5分，或京阪電車祇園四条駅下車徒步5分

花見小路

白天的祇園白川

玩家提示　無料賞櫻路線推薦：祇園白川、圓山公園夜櫻

白川南通是白川畔的石坂街道，光是河川兩岸垂柳與木造町屋的古風情就足以令人流連忘返，春季櫻花綻放的畫面更是絕美，尤其夜櫻充滿詩情畫意，若時間充裕非常推薦白天、夜晚各來一趟白川體驗不同風情。

面積遼闊的圓山公園與八坂神社相通，為賞櫻名勝，不少人坐在樹下野餐、把酒言歡，最具代表性的「祇園枝垂櫻」高12公尺，氣勢驚人，尤其夜晚燈光照耀下宛如散發出粉紅色光芒，相當夢幻。

祇園白川，櫻花、楊柳、木造町家交織的唯美畫面

圓山公園夜櫻

清水寺&地主神社

京都最多遊客參拜的戀愛神社

清水寺是京都最古老的寺院，山號為音羽山，主要供奉千手觀音。清水寺本堂前的「清水舞台」突出高聳於懸崖峭壁上，是偉大的木造建築奇蹟，每逢春秋兩季，舞台上總是擠滿賞櫻、賞楓人潮。「音羽瀑布」是另一熱門排隊景點，由左至右分別是學業、戀愛、健康長壽三道泉水，可用勺子接取泉水飲用祈求願望實現，但據說只能選取一道泉水飲用，若太貪心可是會適得其反呢！

地主神社位於清水寺境內，兩者皆為世界文化遺產。祭祀被奉為良緣之神的大國主，身旁兔子是因幡白兔，為幫助大國主順利娶得美人歸的使者。最有名的是兩顆相距10公尺的戀愛占卜石，據說只要許願、想著意中人的名字，閉上眼睛從一端順利走直線走到另一端、蹲下摸到戀愛石，戀情就能如願以償。

{Info}

✉ 京都府京都市東山區清水1-294　🕐 清水寺06:00～18:00(春、夏、秋另有特定時段開放夜間參拜)，地主神社09:00～17:00　💲 成人￥300，學生票￥200　➡ 市巴士五条坂或清水道下車徒步10分

http 清水寺：www.kiyomizudera.or.jp，地主神社：jishujinja.or.jp

1.男女朋友各持一個的緣結御守，以及單身祈求桃花運的戀愛御守，是地主神社賣最好的兩款御守／2.音羽瀑布三道泉水／3.大國主與其使者因幡白兔／4.聳立在懸崖上的清水舞台(照片提供：Shen)／5.清水寺賞夜楓

茶寮都路里 祇園本店

豪華抹茶聖代，排隊也要吃到

　　京都最有名的宇治抹茶老鋪之一，除了高級茶葉，更是將抹茶發揚光大，製作成各式各樣美若藝術品的甜點。パフェ系列是以透明高腳玻璃杯盛裝的聖代，光是外型就相當誘人，最頂級的人氣商品「特選都路里パフェ」，內有抹茶冰淇淋、抹茶凍、抹茶蛋糕、紅豆、栗子等，豪華豐盛的程度堪稱抹茶甜點界的LV。

特選都路里パフェ(¥1,383)

{Info}

✉ 東山區四條通祇園町南側573-3(祇園辻利本店)　☎ 075-561-2257　🕙 10:00～22:00　🔗 www.giontsujiri.co.jp/saryo

三年坂(產寧坂)、二年坂

古老風情的傳統商街&各種愛不釋手的和風小物

　　離開清水寺後，沿著石坂坡道一路往下走，兩側商家都是傳統木造建築，相當具有京都的古老風情。和菓子、醬菜等各種土產任君挑選，精美如藝術品的清水燒瓷器、優雅細緻的京扇子，各種和風小物一再吸引遊客目光，若仔細一間間逛下來，說不定會耗上兩、三個小時呢！

精緻漂亮的清水燒瓷器

清晨沒有行人的石坂坡道非常寧靜美麗(照片提供：Shen)

錦市場

來「京都人的廚房」大飽口福

　　擁有400年歷史的錦市場被稱為「京都の廚房(台所)」，許多家庭主婦及餐廳的食材皆來自於此，食物種類繁多，舉凡京野菜、魚肉類、漬物、和菓子，應有盡有，是來京都必逛的美食商店街。

錦市場(照片提供：Baozi)

{Info}

🅒 各店不一，大多是09:00～10:00開始營業到17:00～18:00 ➡ 市巴士四条高倉(大丸百貨店前)下車徒步2分，或地下鐵烏丸線四条駅下車徒步3分 http www.kyoto-nishiki.or.jp

---

錦市場MUST EAT！

三木雞卵
暖呼呼的現做高湯蛋卷，歐伊細

　　有名的蛋類製品專賣店，有新鮮的生雞蛋、溫泉蛋、玉子燒。招牌商品高湯蛋卷(だし卷)是用雞蛋加入利尻昆布、柴魚片熬煮高湯製成，蛋香濃郁、美味爽口，有4種不同大小可選擇。除了基本款，也有加入鰻魚、蟹肉的鰻卷(う卷)及野菜蟹肉蛋卷(かやく卷)，雖價位較高但料多實在。

こんなもんじゃ
好吃的豆乳甜甜圈&冰淇淋

　　有名的京豆腐藤野直營店，販售各種豆類製品，最受歡迎的是豆乳甜甜圈，現炸熱騰騰的甜甜圈外酥內軟非常好吃，香濃的豆乳冰淇淋也是熱賣商品。

新京極商店街

錦市場旁的逛街購物好去處

　　四条河原町高島屋百貨對面的商店街，餐廳、土產店、藥妝店、服飾店，應有盡有，相當熱鬧，想在京都血拼的人來這裡可以一次買齊。

{Info}

➡ 市巴士四条河原町駅下車，或阪急電車河原町駅下車9號出口 http www.shinkyogoku.or.jp

京極スタンド

便宜美味的昭和食堂，最適合逛街後補充戰力

　　昭和2年創立的大眾食堂，關東大地震之後才從東京淺草遷徙到京都。店內是狹長型設計，牆上掛滿手寫菜單、日本名畫、昭和時代的海報與名人簽名。充滿復古懷舊氛圍，餐點傳統但便宜好吃，多介於¥500～800間，點個小菜、配個啤酒，很適合逛街血拼後來這兒用餐聊天。

鹽燒烤牛肉(牛ロース鹽燒)

炸豬排(とんかつ)

{Info}

➡ 京都府京都市中京區新京極通四條上ル中之町546 ☎ 075-221-4156 🅒 12:00～21:00，週二公休 http sutando.aa0.netvolante.jp

嵐山&嵯峨野觀光小火車

搭火車遊保津川溪谷,是嵐山的夢幻行程喔

嵐山地區是京都最熱門的市郊景點,半小時內可抵達如詩如畫的風景區,算相當方便。一年四季各有不同風情,尤其春秋時節各地遊客紛沓而至爭睹櫻花及楓葉美景。搭小火車遊覽溪谷、漫步竹林、逛逛渡月橋商店街,有時間可參拜山林野間的眾多神社,徹底洗淨身心靈,悠然度過一天時光。

嵯峨野觀光小火車(嵯峨野トロッコ列車)是嵐山地區的超人氣觀光列車,沿保津川溪谷緩緩行駛,共有嵯峨、嵐山、保津峽、龜岡4站,單程25分鐘,雙向行駛。沿途盡是山壁河谷的秀麗風景,而小火車速度緩慢可好好欣賞拍照,還能不時跟底下搭乘保津川遊船的遊客揮手打招呼,春秋兩季更是一票難求的賞櫻、賞楓熱門景點。

和底下搭遊船的遊客揮手打招呼

十分受歡迎的觀光小火車
(照片提供:Baozi)

{Info}

C 只有3/1～12/29運行,1～2月停駛,週三公休(若遇國定假日則照常行駛) **$** 大人￥630,小孩￥320 **?** **①**預購票:搭乘日1個月前可預購,在JR西日本各綠色窗口或日本各大旅行社預訂者可選位,在JR西日本的J-WEST網站預訂者無法選位。**②**當日票:在小火車各站購買(保津峽駅除外) **http** www.sagano-kanko.co.jp

玩家提示 哪些座位觀景最美?小火車劃位祕訣

5號車廂因兩邊窗戶沒有安裝玻璃,是最受歡迎的開放式車廂,只能當天在小火車各站購買(保津峽駅除外),下雨或天候惡劣時車廂會關閉。

建議選擇A、D的靠窗座位拍照較方便(B、C是靠走道)。買預購票時優先選4號車廂,如果5號車廂人潮不多時移過去較方便,搭乘當天可在小火車各站詢問5號車廂是否還有票,若有票可更換,不需另收費用(但換票只限1次)。

前往嵐山的交通攻略

快速解析4種交通工具

❶ JR:最適合想搭嵯峨野觀光小火車的遊客,可從JR京都駅搭到JR馬堀駅,走到トロッコ龜岡駅搭觀光小火車到トロッコ嵐山駅,參觀天龍寺、竹林,再走到商店街、渡月橋一帶,可於JR嵯峨嵐山駅搭回京都,也可往其他景點,方便彈性調整。

❷ 阪急電車:最適合住在阪急沿線或大阪的旅客,有買KTP或阪急1日券者適用。缺點是阪急嵐山駅在渡月橋南邊嵐山公園南側,必須走過渡月橋約十幾分鐘才到熱鬧的商店街,若受限於1日券來回都要搭阪急就需走兩次。

❸ 嵐電(京福電車):沿途風景優美的路面電車,可從四条大宮或北野白梅町搭往嵐山,單程￥210,若想沿線參觀仁和寺、龍安寺、東映太秦電影村,可購買嵐電1日券￥500。

❹ 巴士:購買京都巴士1日券者適用,優點為省錢,缺點是耗費時間,尤其是賞櫻、賞楓季節人潮塞爆時不建議。

天龍寺

京都五寺之首，山林環繞的開闊禪意庭園

天龍寺為臨濟宗天龍寺派大本山的寺院，位居京都五山(天龍寺、南禪寺、建仁寺、東福寺及萬壽寺)之首，因鄰近京都最負盛名的觀光勝地嵐山，始終人氣不減。最著名景觀莫過於以曹源池為中心的池泉回游式庭園，為日本國家特別名勝指定第一號，亦為世界文化遺產。池子裡的石頭配置象徵「鯉魚躍龍門」，如畫般山水庭園蘊含不需言說的禪意。遠借嵐山、近借龜山為景，繁花綠葉與蒼松相襯，以曹源池為鏡，池裡尚有錦鯉悠游其中，恬淡閒適，美不勝收。

{Info}

✉ 京都府京都市右京区嵯峨天龍寺芒ノ馬場町68 ☎ 075-881-1235 ⏰ 08:30〜17:30 💲 庭園(曹源池、百花苑)高中生以上￥500，中小學生￥300，諸堂(大方丈、書院、多寶殿)再多加￥300 ➡ JR嵯峨嵐山站徒步13分，或京都市巴士11、28、93號「嵐山天龍寺前」下車 http www.tenryuji.com

大方丈迴廊可觀賞曹源池美景，曹源池庭園是個遠借嵐山、近借龜山為景的借景式庭園

秋季紅葉盛開的天龍寺

嵯峨野竹林

漫步《藝妓回憶錄》唯美的竹之隧道

嵐山這段幽美絕倫的竹林小徑，是許多廣告及電影取景之地。茂密翠綠的竹林，無視歲月流轉、四季遞嬗，永遠蒼勁、挺拔。每年12月中上旬為時約10天的「嵐山花燈路」，從阪急嵐山駅到二尊院整條路都會點燈，夜晚燈火映照的竹林相當夢幻迷人。

{Info}

➡ JR嵯峨嵐山駅徒步17分，或京福電鐵嵐山駅徒步12分

12月點燈的嵐山花燈路

野宮神社

讓文豪以俳句歌詠的綠意幽靜美

竹林環抱、境內布滿青苔，野宮神社這股幽靜之美成為不少文人筆下題材，日本著名文學作品源氏物語亦有描述。以祈求良緣與安產為主，最大特色是使用保留樹皮的木材建造「黑木之鳥居」，這是日本鳥居最古老的樣式，相當珍貴罕見。

{Info}

http www.nonomiya.com

野宮神社的古老黑木鳥居

京豆庵

嵐山人氣甜品，倒立也不會掉下去的豆腐冰淇淋

　　許多電視節目曾報導的京豆庵是嵐山名店，嚴選國產黃豆製成冰淇淋、甜甜圈、仙貝、餅乾等多種食品。最有名的是豆腐冰淇淋，極其濃郁的豆香在嘴裡迸開來，這香氣連許多豆漿也無法與之匹敵。黑芝麻冰淇淋也是齒頰留香，想兩種口味都嘗試的可以點混合口味。除了真材實料的美味，讓店家爆紅的原因還有另一個，那就是將冰淇淋倒立也不會掉下去的噱頭，每當冰淇淋遞給顧客前，老闆都會逗趣地表演這招牌動作，好吃又好玩的體驗，來嵐山千萬別錯過。

老闆親自表演冰淇淋倒立

{Info}

✉ 京都府京都市右京区嵯峨天龍寺立石町2-1(野宮神社巴士站前) ☎ 075-572-2287 ⏰ 10:00～18:00 http kyozuan.fc2web.com

嵐山渡月橋

在長橋眺嵐山郊野，連月光都到此散步

　　渡月橋是嵐山著名景點，相傳是月亮在橋的上方移動軌跡猶如渡橋而得名，旁邊就是嵐山公園，常有許多居民在此聆聽潺潺流水聲、欣賞美麗風景。附近不少人力車，晒出一身黝黑皮膚、看似健壯的京都男兒，一邊拉著車、一邊解說沿途景致，這也是嵐山地區的獨特人文風景。

可從渡月橋搭人力車到竹林

{Info}

http 京都花燈路
www.hanatouro.jp

12月點燈的嵐山花燈路

嵐電(京福電車)

百年路面電車，春櫻隧道最迷人

　　搭乘傳統路面電車，在鐵軌上搖啊晃的沿途欣賞風景，別有一番風情，嵐電沿線的神社佛寺有不少列為世界文化遺產，例如天龍寺、仁和寺、龍安寺，可安排一趟文化之旅。春季時電車穿梭於櫻花叢間，是人氣最旺時節，尤其是宇多野到鳴瀧之間的櫻花隧道美如仙境。

櫻花隧道

{Info}

⏰ 12歲以上￥220，6～12歲￥110(均一區間票價) http randen.keifuku.co.jp

北野天滿宮

秋賞楓冬賞梅，順道逛逛京都市集

　　祭祀學問之神「菅原道真」的北野天滿宮，與九州太宰府天滿宮並列為日本全國天滿宮之總本社，為天神信仰發祥地。每個月25日固定在此舉辦跳蚤市集，有不少古物、二手和服及銅板美食可挖寶。2月與11月下旬盛開的梅花及楓葉是最美麗的季節，帶來不少賞花人潮。

{Info}

🕐 05:30～17:30；受付時間：09:00～17:00(隨季節微調) ➡️ 京都市巴士「北野天滿宮前」下車 🔗 kitanotenmangu.or.jp

紅葉季特別開放的「御土居 もみじ苑」是賞夜楓熱門景點(照片提供：Baozi)

金閣寺

旅人鏡頭必拍，水面上金光閃閃的國寶級殿宇

　　金閣寺是日本重要國寶與文化遺產，因貼滿金箔、外表金光閃閃而得此名，頂端還有隻象徵吉祥的金鳳凰，池泉回遊式庭園造景非常漂亮。

{Info}

🕐 09:00～17:00 💲 大人(高中生以上)￥400，中小學生￥300 ➡️ 搭乘市巴士在「金閣寺道」下車 🔗 www.shokoku-ji.jp/top.php

下雪後的雪金閣

下鴨神社

在戀愛神社的連理枝上，掛上自己的祈願繪馬

　　位於京都市左京區賀茂川、高野川匯流處，是京都最古老神社之一，境內的「糺の森」是京都市區少見的廣大原生林，與神社並列為世界遺產。「相生社」供奉緣結之神(姻緣之神)，連理枝(連理の賢木)是兩株同根糾結的樹，相當特別。

{Info}

🕐 06:30～17:00 ➡️ 搭乘京都市巴士於「下鴨神社前」下車 🔗 www.shimogamo-jinja.or.jp

晴明神社

平安京的五芒星奇譚，日本最強陰陽師安倍晴明

季節限定喔

　　主祭神是陰陽師安倍晴明，為驅魔除惡的神社，因小說、電影及動漫熱潮吸引許多參拜者。御守都印有「五芒星」標誌，是魔物的符咒，每年6～9月桔梗花盛開時還有限定的桔梗御守。

{Info}

🕐 09:00～18:00 ➡️ 搭乘市巴士於「一条戻橋・晴明神社前」下車，徒步約2分 🔗 www.seimeijinja.jp

伏見稻荷大社

京都人氣名景，朱紅鳥居相連至天邊

為日本全國4萬多間稻荷神社之總本社，祈求農作豐收、生意興隆。遍布山頭大大小小的鳥居眾多，非常壯觀，此「千本鳥居」為許多電影及動畫拍攝場景，也是蟬連3年外國觀光客人氣最高景點。

{Info}

✉ 京都市伏見区深草薮之內町68番地 🕐 08:30～16:30 ➡ JR奈良線「稻荷駅」下車直達；京阪電鐵「伏見稻荷駅」下車再徒步5分 http inari.jp

千本鳥居(照片提供：Shen)

宇治

平安貴族的幽靜度假地，源氏物語的舞台

日本文學鉅著《源氏物語》後段的背景舞台在京都宇治，沿街道漫步，處處可見相關景點的導覽指引，宇治橋畔有作者「紫式部」雕像。宇治步調悠閒，放鬆心情就能在這小鎮享受一天美好的文學之旅。此外，宇治也以高品質抹茶產地聞名，抹茶控別忘了來趟充滿詩意的茶屋，感受一抹綠意的幽雅。

櫻花盛開時節的宇治川

平等院

世界遺產，日幣10圓圖案

千年歷史的平等院為世界文化遺產，主要建築「鳳凰堂」為佛祖所在的西方極樂世界，屋頂有兩隻金銅鳳凰像，收藏許多國寶級文物，重要的歷史蘊含使其成為日幣10圓及萬圓紙鈔的圖案。

{Info}

✉ 京都府宇治市宇治蓮華116 🕐 08:30～17:30 💲 庭園+鳳翔館：大人￥600，中高生￥400，小學生￥300，鳳凰堂另外收費￥300 ➡ JR奈良線「宇治駅」下車，徒步10分；京阪電鐵宇治線「京阪宇治駅」下車，徒步10分 http www.byodoin.or.jp

鳳凰堂(照片提供：Shen)

美山町合掌村
仙境般合掌村美景

　　京都「美山町」與岐阜「白川鄉」及福島「大內宿」名列日本現存三大合掌村。每年約1月下旬舉辦的「かやぶきの里雪灯廊」是最熱門的造訪時間。如果搭乘觀光巴士，可選擇在「かやぶきの里」或「自然文化村」下車遊玩，或是選擇住宿一晚，隔天再搭回程巴士。

日本現存合掌造村落所剩無幾

「かやぶきの里雪灯廊」，山嵐飄來、華燈初上，是最美的一刻

玩家提示　前往美山的交通攻略

　　前往美山的交通比較不方便，必須搭乘JR至園部或日吉站轉乘公車，班次不多；或選擇搭乘觀光巴士(季節限定，非每日行駛，且需提前預約)。

觀光巴士「園部‧美山周遊巴士」(園部‧美山周遊バス)
$ 來回￥2,000
➡ 從京都車站搭乘JR前往園部車站，約45分，￥580
http www.keihankyotokotsu.jp(選擇「美山web預約」→「園部 美山周遊バス」)
⁉ 周遊巴士從JR園部車站西口出發，直接前往美山「かやぶきの里」，車程約50分。美山停留時間約3小時。

觀光巴士「美山自然號」(美山ネイチャー号)
$ 來回￥3,600(京阪電車樟葉站)或￥3,000(阪急電鐵西山天王山站)
➡ 從大阪出發，可由淀屋橋站搭乘京阪本線特急前往樟葉站，約26分，￥350；或由梅田搭乘阪急京都本線準急前往西山天王山站，約31分，￥320
http www.keihankyotokotsu.jp(選擇「美山web預約」→「美山ネイチャー号」)
⁉ 周遊巴士從京阪電車樟葉站、阪急電鐵西山天王山站出發，會先前往常照皇寺1小時，再前往美山。美山停留時間約2.5小時。

大眾交通工具
➡$ 從京都車站搭乘JR前往園部車站(約45分￥580)，轉搭南丹市公車於「北(かやぶきの里)」下車(約60分￥920)；或從京都車站搭乘JR前往日吉車站(約60分￥760)，轉搭南丹市公車於「北(かやぶきの里)」下車(約50分￥610)
http www.city.nantan.kyoto.jp(南丹市)
(查詢美山公車時刻表選擇「くらしのあんない」→「生活ガイド」→「公共交通」→「南丹市營バス」→「時刻表」)

宵山(照片提供：Baozi)

夏之祭&冬之祭

在熱鬧的傳統慶典中，
感受絢麗燦爛的民俗風情，
絕對是日本旅遊難忘的回憶。

京都・祇園祭

整個7月天天有活動

　　京都祇園祭為期一整個7月。在14～16日「宵山」這三天，32部搭建好的山車與鉾車會放在市中心街上給大家觀賞，街上有很多美食和玩樂的攤販，也有和服或浴衣的特賣。最高潮是17日的「山鉾巡行」，各町的山車和鉾車會在市中心巡行，約早上9點進行到下午2點。

http www.kyokanko.or.jp/gion

山鉾巡行(照片提供：Baozi)

大阪・天神祭

夏祭典&美麗花火

　　每年7月25日舉辦的天神祭，與京都祇園祭、東京神田祭並列為日本三大祭典。從大阪天滿宮出發，繞行天神橋筋商店街進行「陸渡御」，最後乘船進行「船渡御」，並施放奉納花火。人潮洶湧，還有小吃攤販，非常熱鬧，櫻宮橋、造幣博物館對岸靠河邊的公園綠地是觀賞煙火的最佳地點。

http www.tenjinsan.com/tjm.html

神戶・光祭(神戶ルミナリエ)

年底的夢幻燈祭

　　神戶光祭是在1995年的阪神大地震後，為了哀悼震災過世的人們以及為城市復興祈福在每年12月上旬所舉辦的點燈儀式。壯觀的燈飾搭配莊嚴的音樂，令人感動，如果前來參加，記得至少奉獻100日幣提供經費喔。

http www.kobe-luminarie.jp

↑奉納花火(照片提供：Baozi)
←陸渡御(照片提供：Baozi)
↓搭乘遊船欣賞花火是另一種選擇(照片提供：Baozi)

2016年的主作品「光の叙情詩」

41

金秋楓景・紅葉名所4選

京都秋意漸濃，從橙黃綠浪交錯，到漫天紅葉飛舞，
大自然的調色盤，為典雅的千年古都渲染出最美的天空。

永觀堂

不只賞楓，還有如畫美景

遍植3千株楓樹的永觀堂乃京都紅葉名勝首選，自古即流
傳「秋天是紅葉的永觀堂」。紅葉最盛的放生池，周圍遍植
楓樹銀杏，水面如鏡，天光雲影楓色相映，鴨子划水而來，
泛起滿池波光瀲灩，道不盡的綺麗，悄然溶化於一池秋水。

紅葉時間這裡查

京都紅葉期間為11月中下旬，通常由地勢較
高的山區開始變色，以下為幾個常用查詢網站：

http weathernews.jp/koyo
http koyo.walkerplus.com
http www.rurubu.com/season/autumn/koyo
http www.kyoto-np.co.jp/kp/koto/momiji

長岡京栗生光明寺

因Sony廣告而爆紅的紅葉隧道

慈祥和藹的老爺爺手指電視中漫天飛舞紅葉，悠悠地對孫女訴說「這是我跟妳奶奶相遇的地方喔！紅紅的陽光照在她的臉上，有幸福的顏色。」就是這段2005年Sony Bravia液晶電視的浪漫廣告，使光明寺一炮而紅成為賞楓名所。紅紅的陽光、豔麗的紅葉，映照出屬於旅人的幸福。

東福寺

鋪天蓋地的楓紅世界

京都境內神社大多同時種植櫻花與楓樹，唯獨東福寺僅有楓樹，從臥雲橋拍向對面的通天橋，就是東福寺經典之作「通天紅葉」的最佳角度。火紅放肆的紅葉，多層次的各種色澤錯落有致，豔麗又不失優雅。

{Info}

永觀堂
🕐 09:00～17:00，夜楓17:30～21:00　💲 平日大人¥600，秋季費用¥1,000，夜楓費用¥600　➡ 京都市巴士5號「南禅寺永観堂道」下車徒步3分　🌐 www.eikando.or.jp

東福寺
🕐 09:00～16:00(11～12月08:30開門)　💲 大人¥400　➡ 搭乘京都市巴士202、207、208在「東福寺」站下車　🌐 www.tofukuji.jp

神護寺
🕐 09:00～16:00，夜楓17:00～19:00　💲 大人¥600，夜楓費用¥800　➡ 從京都車站搭乘JR「高雄・京北線」約50分鐘到「山城高雄」下車，或搭乘京都市巴士8號到「高雄」下車，再徒步約20分鐘　🌐 www.jingoji.or.jp

長岡京栗生光明寺
🕐 09:00～16:30　💲 平時免費，紅葉期間￥500　➡ JR「長岡京」駅下車，走到西出口巴士搭乘阪急巴士20或22號，約20分鐘後於「旭が丘ホーム前」下車；或阪急「長岡天神」駅下車，走到「長岡天神」巴士站搭乘阪急巴士22號，約10分鐘後於「旭が丘ホーム前」下車　🌐 www.komyo-ji.or.jp

↑炸楓葉天婦羅

神護寺

初秋狩楓的好去處

京都西北市郊稱為高雄地區，因地勢較高，是早楓代表，並稱「三尾」的高尾山神護寺、槙尾山西明寺、栂尾山高山寺為高雄3大賞楓名勝。沿清滝川溪谷而建，扶疏紅葉掩映下的五大堂及毘沙門堂刻畫出早秋特有的幽美禪韻。

古都繁花・4大賞櫻春遊地

京都櫻花樹種豐富，花形、姿態、顏色各有異趣。在繁花似錦的時候，穿上和服漫步在落櫻繽紛的古雅街道，是許多人來京都最想體驗的事。

醍醐寺

京都賞櫻首選

擁有千年歷史的世界文化遺產，因豐臣秀吉舉辦「醍醐の花見」成為京都首席賞櫻名勝。範圍很大，除了三寶院、靈寶館、伽藍之外，後面還有上醍醐，可同時觀賞枝垂櫻與吉野櫻，為京都市區櫻花早開之地。

哲學之道

浪漫的櫻花河道

哲學之道因京都大學的哲學家西田幾多郎，經常在此思考、散步而得名。沿途小徑和水渠兩旁共種植有500株左右的關雪櫻。沿途除了茶室或咖啡屋，也有一些不錯的小店值得逛逛，如賣風鈴、人形等手工藝品的店家。

蹴上傾斜鐵道

新興的賞櫻熱點

建於明治時期的鐵道，早期是用於搬運船隻用，現已廢棄不用，但因鐵道兩旁種滿吉野櫻而成為賞櫻名勝。

櫻花時間這裡查

京都賞櫻期間約3月下旬～4月上旬，以下為幾個常用查詢網站：

🔗 hanami.walkerplus.com
🔗 sakura.weathermap.jp
🔗 www.rurubu.com/season/spring/sakura

二条城

夜櫻名所

修建於1603年的江戶時代初期，曾為德川家康居所，是德川幕府的權力象徵，著名的大阪冬之陣和夏之陣就是由此出征。每年3月底至4月初有夜間點燈的活動，可以欣賞夜櫻。

{Info}

醍醐寺
🕘 09:00～17:00(12～2月只到16:30) 💲 3館共通券(三寶院+靈寶館+伽藍)平日¥800，春秋季¥1,500 ➡️ 地下鐵東西線「醍醐駅」2號出口徒步約8分 🔗 www.daigoji.or.jp

哲學之道
➡️ 搭乘京都市巴士在「銀閣寺道」下車徒步約5～10分

蹴上傾斜鐵道
➡️ 地下鐵東西線「蹴上駅」徒步約3分 🔗 www.jingoji.or.jp

二条城
🕘 08:45～16:00，夜櫻18:00～21:30 💲 大人¥620 ➡️ 地下鐵東西線「二条城前駅」下車，或搭乘京都市巴士在「二条城前」下車 🔗 www2.city.kyoto.lg.jp/bunshi/nijojo

備受喜愛的

♡♡ 人氣點心&小物

優佳雅(よーじや/Yojiya)

京都藝妓吸油面紙

　　街頭隨處可見的Yojiya幾乎成了京都代名詞，以藝妓臉為圖案的明星商品吸油面紙，價位雖偏高，吸油力真的超強，後來漸發展出各式美妝品，甚至還有餐點飲食。

http www.yojiya.co.jp/chinese

中村藤吉

正宗宇治金時

　　1859年創業的茶屋老鋪，陸續開發以抹茶製成的甜品，本店位於宇治車站附近，平等院、京都車站伊勢丹也有分店。唯獨本店仍保留明治時代茶商宅邸的傳統建築，庭院裡樹齡200年的「寶來舟松」為珍貴名木。

http www.tokichi.jp

京都北山(マールブランシュ/Malebranche)

高雅美味的抹茶餅乾

　　雖然日本各地都有分店，「茶の菓」卻只有京都限定，嚴選自宇治白川茶園的抹茶製成外表及味道都相當高雅的抹茶餅乾。

http www.malebranche.co.jp

以竹筒盛裝的抹茶凍(生茶ゼリイ)
(照片提供：Baozi)

聖護院生八橋

京都代表性甜點

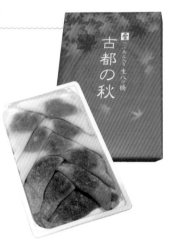

　　「生八橋」是京都最具代表性的土產，當中以聖護院最有名。外觀呈三角形，以麻糬般Q軟的薄皮包覆各種甜餡料，如抹茶、紅豆、芝麻等，依季節或節慶會推出限定版包裝，是理想的伴手禮。

http www.shogoin.co.jp

天下廚房在大阪・關西美食之城

"道頓堀、難波、心齋橋、黑門市場
滿足每個人吃逛樂購的心"

旅遊案內所
出發前先了解的事

大阪市區交通

大阪地鐵路線密集，是市區最方便的交通工具，票價視距離區間而定，約¥180～370，可視行程決定是否需購買1日券。1日乘車券「エンジョイエコカード」，可搭乘大阪市營地鐵全線、新電車(New Tram)及巴士全線，大人平日¥800，週末假日¥600，小孩¥300。

大阪周遊卡
能節省門票費用的超值玩樂卡

使用大阪周遊卡的重點不在於乘車，而是免費觀光設施，只要一天去3～4個免費設施就能回本，尤其2日券更加划算，合作商店與餐廳多為名店，9折或95折優惠或贈送的商品亦不無小補。

大阪周遊卡資訊

天數	1日券	2日券
價格	¥2,700	¥3,600
有效期間	限啟用當日	限連續2日
有效區間	比2日券增加私鐵(阪急、阪神、京阪、近畿、南海)的部分指定區間	大阪地鐵、新電車、市營巴士
購票地點	比2日券增加可乘坐區間的私鐵車站	大阪地鐵、新電車站長室、大阪地鐵站內定期券銷售地點(天神橋筋六丁目站除外)、大阪遊客指南中心(梅田、難波)、關西旅遊信息服務中心、大阪合作飯店、台灣合作旅行社
免費或優惠設施/商店	共50個免費觀光設施(部分設施只能某幾項限選一項)，30多個優惠設施，數十家優惠商店。注意某些設施只有特定期間有優惠	
使用方法	購買時會拿到1張乘車卡與1本指南手冊(內附「TOKUx2」優惠券)，搭車時使用乘車卡通過驗票機可無限次搭乘；進入免費觀光設施僅需出示乘車卡，注意同一設施只能使用一次。在景點、餐廳或商店享受優惠時需出示乘車卡並剪下「TOKUx2」優惠券使用	
注意事項	1.乘車與進入免費觀光設施必須同日使用，但景點、餐廳或商店優惠則不限與乘車卡同日使用，只要在「TOKUx2」優惠券有效期間內都能使用 2.無兒童版本，與大人價位相同；可購買大阪市交通局enjoy卡(兒童用)¥300	

http www.osaka-info.jp/osp/cht(中文版)

2日這樣玩

goo.gl/Q3aBRN

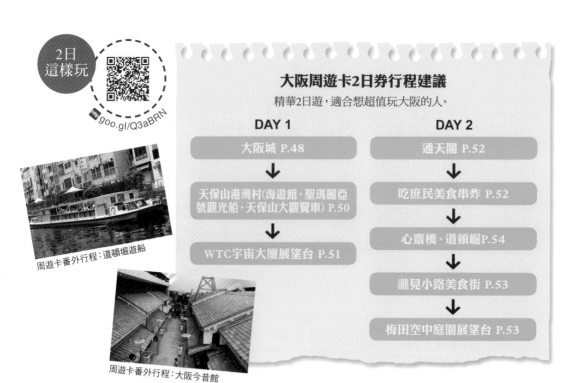

大阪周遊卡2日券行程建議

精華2日遊，適合想超值玩大阪的人。

DAY 1	DAY 2
大阪城 P.48	通天閣 P.52
↓	↓
天保山港灣村(海遊館‧聖瑪麗亞號觀光船‧天保山大觀覽車) P.50	吃庶民美食串炸 P.52
↓	↓
WTC宇宙大廈展望台 P.51	心齋橋、道頓崛 P.54
	↓
	瀧見小路美食街 P.53
	↓
	梅田空中庭園展望台 P.53

周遊卡番外行程：道頓堀遊船

周遊卡番外行程：大阪今昔館

大阪城&大阪城公園

大阪的歷史地標，戰國迷必訪

　　由豐臣秀吉建造的大阪城為大阪象徵性地標。歷經多次戰火，重建的大阪城為鋼筋水泥建築，內部甚至有電梯，儘管古城氣息不再，仍不損其重要歷史地位。館內展示許多歷史資料及豐臣秀吉物品，足以讓戰國歷史迷逛上好幾個鐘頭，也可付費體驗頭盔和陣羽織的試穿。8樓

大阪城(照片提供：Baozi)

為展望台，可欣賞大阪市區繁榮街景。外圍的大阪城公園為市民休憩綠地，遍植花卉展現四季之美，其中需付費的「西の丸庭園」為賞櫻名勝。

{Info}

✉ 大阪市中央区大阪城1-1　🕐 09:00～17:00　休 大阪城12/28～1/1，西の丸庭園每週一及12/28～1/4　$ 大阪城天守閣￥600，西の丸庭園￥200，國中生以下均免費，持大阪周遊卡均免費　➡ 地鐵谷町四丁目駅9號出口徒步7分　http 大阪城www.osakacastle.net，大阪城公園osakacastlepark.jp

展望台觀賞市街(照片提供：Baozi)

守破離

大阪城附近蕎麥麵名店

大阪蕎麥麵排名前十的名店,位居許多遊客必訪的大阪城附近,交通方便。選自日本各地品質優良的蕎麥,手工製麵,保留麵條原本風味,醬汁採用北海道昆布、青魚調和出自然甘味。基本款「ざるそば」是以竹簍盛裝的冷麵,咬勁十足,滿嘴蕎麥香。店內布置清幽,充滿濃濃和風味,許多附近上班族和居民前來用餐,是深受在地人喜愛的優良店家。

{Info}

✉ 大阪府大阪市中央区常磐町1-3-20安藤ビル1F ☎ 06-6944-8808 🕐 11:30～15:00,17:30～22:30(最後點餐21:30) ➡ 地鐵谷町四丁目駅6號出口徒步3分 🔗 shuhari.main.jp

用餐環境清幽,生意相當好

ざるそば(￥740),自己磨山葵搭配醬汁食用

玩家提示 大阪城附近的賞櫻名所

離大阪城不遠處的大阪造幣局,每年4月10日前後僅一週開放,櫻花品種繁多,是著名的櫻花百選名勝。

櫻花盛開的大阪造幣局

天保山港灣村 (天保山ハーバービレッジ)

玩上一天也不膩的海灣樂園+美食購物地

位於大阪港灣區，以大型水族館「海遊館」為中心，隔壁的天保山Market Place是集結商店街、美食街、遊樂園的大型商場，周圍有摩天輪和飯店，還可以乘船遊覽大阪灣風光，若要認真玩，待個大半天甚至一天都還意猶未盡。

{Info}

✉ 港區海岸通1-1-10　🚇 地鐵大阪港駅徒步約7分

由左而右是天保山摩天輪、天保山Market Place、海遊館、Suntory博物館(照片提供：Baozi)

天保山的玩樂重點

海遊館

重現太平洋生態的海底王國

多主題園區內共600餘種生物，充分展現環太平洋的自然生態。入口處魚群悠游的海底隧道，南極大陸冰天雪地的企鵝遊行，水母館中眾多品種的水母如海底燈籠散射出不同顏色光芒，與水獺、海獅、海豚、鯨鯊的邂逅，與魟魚的近距離接觸撫摸，無論大人小孩都能盡情享受這歡樂海底世界。

形態顏色迥異的水母

聖瑪麗亞號觀光船 (サンタマリア)

和哥倫布一起發現新大陸

模仿哥倫布發現新大陸時所搭乘的帆船放大兩倍製造的觀光遊船，從海遊館前出發，於大阪港繞行一圈。大阪港是日本少數面西的港口，乘坐傍晚觀光船能欣賞美麗夕陽景致。航行一圈不到1小時但票價不便宜，使用大阪周遊卡可免費搭乘，是所有設施中最划算的景點。

聖瑪麗亞號觀光船(照片提供：Baozi)

天保山大觀覽車

盡情飽覽海港風光的巨大摩天輪

超大摩天輪(照片提供：Baozi)

　　高達112.5公尺，曾經是全世界最高最大的摩天輪，自1997年開放至今始終人氣不減，晴天時可以東望生駒山、西望明石海峽大橋、南望關西國際機場、北望六甲山。想搭乘數量稀少的透明車廂有時需排隊等候，四周完全透明沒有視覺死角的遼闊景觀，彷彿騰雲駕霧般飄飄然，讓人想放聲尖叫。入夜後的摩天輪更加多彩繽紛，五光十色的LED燈與各種色彩鮮明的圖案變幻無窮，這耀眼光芒正是大阪灣夜晚的獨特魅力！

{Info}

海遊館
🕐 10:00～20:00(不同月分有微調，不定期公休，詳見官網) 💲 大人￥2,300，中小學生￥1,200，4～6歲幼兒￥600，3歲以下免費，持大阪周遊卡折扣￥100 🌐 www.kaiyukan.com

聖瑪麗亞號觀光船
🕐 白天航程(デイクルーズ)45分鐘：11:00～16:00每小時發船，4～9月到17:00；黃昏航程(トワイライトクルーズ)60分鐘：預約制，4～10月週末假日運行，惟8月每日運行。不定期公休，詳見官網 💲 白天航程：大人￥1,600、小學生￥800，黃昏航程：大人￥2,100、小學生￥1,050；持

大阪周遊卡可免費搭乘，限兩種航程二選一 🌐 suijo-bus.osaka

天保山大觀覽車
🕐 10:00～22:00(不同月分有微調，不定期公休，詳見官網) 💲 3歲以上￥800，持大阪周遊卡可免費搭乘 🌐 www.kaiyukan.com/thv/ferriswheel

---

WTC宇宙大廈 (大阪府咲洲庁舎展望台)

海景與夕陽夜景皆美的觀景台

　　高度252公尺的WTC展望台，要先搭乘高速透明電梯到52樓，再換乘長42公尺的電扶梯登上55樓，360度玻璃全景觀景台視野極為遼闊，彷彿整個城市都在腳下。雖名氣不如梅田空中展望台，景色卻是有過之而無不及，除了市景還有大阪港的美麗海景，夕陽更是迷人，推薦黃昏時刻前來，能細細品味天色變幻與地面建築物一連串的燈火變化。

{Info}

✉ 大阪市住之江区南港北1-14-16 ☎ 06-6615-6055 🕐 11:00～22:00，週一公休 💲 大人￥700、小學國中生￥400 🚇 地鐵於「貿易中心前(トレードセンター前)」下車徒步3分 🌐 www.wtc-cosmotower.com

由WTC展望台眺望大阪港夜景(照片提供：Baozi)

自由軒

→中央是生雞蛋的特色咖哩飯
(照片提供：Baozi)

百年經典味的月見咖哩飯

大阪最古老的西餐廳，本店位於難波，唯一分店在天保山。之所以成為百年歷史名店，全靠特色咖哩飯(名物カレー)，咖哩飯中央挖洞放了顆新鮮生雞蛋，淋上特製醬汁，將生蛋和飯整個拌勻後再吃。加了生蛋的咖哩飯口感較滑潤，有別於一般日式偏甜的咖哩醬，自由軒的咖哩稍稍偏辣，和香濃蛋汁交融的味道相當特別。

{Info}

✉ 難波本店：大阪市中央区難波3-1-34；天保山分店：Market Place 2F浪花美食横丁(なにわ食いしんぼ横丁) ⏰ 難波本店11:30～21:00(週一公休)；天保山分店10:00～20:00
🌐 www.jiyuken.co.jp

新世界&通天閣

走在熱鬧的老大阪庶民商街，感受舊日市井氣味

歷史悠久的古老娛樂區，第二次世界大戰後開始沒落，是許多中下階層平民聚集地帶。然而，舊建築保留昭和時代風格，擁有大阪地標之一的通天閣，也是庶民美食串炸發源地，濃厚下町風情仍吸引不少觀光客。

第一代通天閣建於1912年，外觀模仿巴黎艾菲爾鐵塔，可惜二戰後燒毀，目前所見為1956年重建的第二代，古樸外型與歷史意義成為大阪地標。頂端的圓形霓虹燈與氣象台相連，以白、橘、藍3色燈光組合做為隔日天氣預報信號。登上5樓展望台能360度俯瞰大阪市區，展望台的比利肯雕像(ビリケン像)出自一位美國女藝術家之手，相傳摸他的腳心就能帶來好運，因此整個新世界街頭及商店門口都能看到這可愛福神的蹤跡。

{Info}

✉ 大阪市浪速区恵美須東1-18-6 ☎ 06-6641-9555 ⏰ 08:30～21:30 💲 大人(高中生以上)￥800、5歲～中學生￥400，持大阪周遊卡僅限日免費入場 🚇 地鐵堺筋線「惠美須町駅」3號出口徒步5分，或地鐵御堂筋線「動物園前駅」1號出口徒步7分 🌐 www.tsutenkaku.co.jp

元祖串炸達摩(元祖串かつ だるま)

大阪國民美食！來新世界就是要吃串炸

串炸是大阪名物，新世界的串炸店如雨後春筍，其中人氣第一當屬達摩，是昭和4年創業的串炸始祖，光在大阪就有十幾家分店，打著每串￥120起跳的平民美食口號是超人氣祕訣。數十多種口味可隨喜好單點，也有超值組合套餐。熱騰騰現炸的麵衣相當酥脆，食材新鮮美味，桌上的公用沾醬記得只能沾一次，若想多沾點可以用高麗菜葉沾取醬汁後再滴到串炸上。

{Info}

✉ 大阪市浪速区恵美須東2-3-9(新世界總本店) ☎ 06-6645-7056 ⏰ 11:00～22:30，元旦公休 🌐 www.kushikatu-daruma.com

9支串炸套餐，包括豬肉、雞肉丸、麻糬、蝦子、起司、蘆筍等

梅田藍天大廈(梅田スカイビル)

空中庭園曬星星，看浪漫大阪夜景

　　高聳入雲霄的摩天大樓是梅田地區地標，先到B1瀧見小路美食街飽餐一頓，再到頂樓空中庭園觀賞夜景，幾乎成了大多數初訪大阪旅客的定番行程。

　　高173公尺的360度露天展望台，沒有窗戶玻璃阻撓，能盡情飽覽大阪最繁華市區街景，夜景更是奪目動人。此處為戀人聖地之一，情侶可在心形金鎖刻上雙方名字和日期，掛在高空庭園作為永恆見證，也可帶回家做紀念品。地面步道宛如星河般閃閃發光，充滿巧思的設計將梅田夜景點綴的更加浪漫。

梅田夜景(照片提供：Baozi)

{Info}

✉ 大阪府大阪市北区大淀中1-1-88　🕐 09:30～22:30　💲 大人¥1,500、4歲～小學生¥700，持大阪周遊卡18:00前免費入場　➡ JR大阪駅/地下鐵梅田駅徒步10分　http www.kuchu-teien.com

> 看夜景前先來飽餐一頓吧！

瀧見小路(滝見小路)

坐在昭和古街用餐，多元選擇+有氛圍的美食街

　　梅田大廈B1的美食街，重現昭和時代街景，昏黃燈光、復古裝潢，充滿濃濃的大正浪漫風情。十來家精選美食散布在古街巷弄中，人氣最旺的當屬きじ大阪燒、喝鈍豬排，還有來自博多的水炊雞肉鍋名店新二浦、連鎖咖哩店CoCo壹番屋，也有串烤、拉麵、鐵板燒、壽司、居酒屋、咖啡屋等多元化選擇。

復古風警局與忠犬

{Info}

http www.takimikoji.jp

木地大阪燒(お好み焼き きじ)

獲獎無數&征服世界饕客味蕾的大阪燒名店

　　店內牆上貼滿得獎獎牌、泛黃照片、顧客留言小卡，甚至還有各地遊客捐獻留念的各國紙鈔，可見這高人氣庶民美食成功征服世界各地饕客的胃。大阪燒價位多在¥600～900之間，用料豐富又實在，鹹鹹甜甜的醬汁很夠味但不會死鹹，擔心吃不飽的人，可以點裡面加了炒麵的摩登燒(もだん燒き)，吸附醬汁拌炒的麵條更香更好吃。

牛筋燒(すじ燒)，灑了豆芽和滿滿蔥花，上頭再打一顆蛋

{Info}

📞 06-6440-5970　🕐 11:30～21:30，週四公休

法善寺橫丁&夫婦善哉紅豆湯圓

繞進道頓堀小路，找低調的人氣甜品店

　　鄰近道頓堀有條古色古香的石板小路，這裡有座供奉不動明王的寺廟，還有一尊長滿青苔的佛像。小巷弄兩旁有許多小吃店和高級料亭，串炸名店達摩、橫綱在此都有分店，而最著名的是「夫婦善哉」，主要賣的是紅豆湯圓，一份兩碗，夫妻或情侶一起來吃就會永遠幸福美滿。

不動明王

夫婦善哉(照片提供：Baozi)

{Info}
✉ 大阪府大阪市中央区難波1-2-10 法善寺MEOUTOビル ⏰ 10:00～22:00 ➡ 地鐵難波駅14號出口

心齋橋筋商店街

購物&藥妝天堂，盡情比價滿載而歸

　　大阪市中央的購物區，有家規模很大的大丸百貨，也是服飾店、高級名牌、咖啡店的集中地，尤其成排的藥妝店可以比價比到眼花繚亂，簡直是讓人逛到腳軟的購物天堂。

{Info}
➡ 地鐵心斎橋駅下車 http www.shinsaibashi.or.jp

入夜仍不少人潮的心齋橋

道頓堀

越夜越熱鬧的美食一級戰區，要不吃撐也難

　　道頓堀原本是運河名稱，逐漸繁榮後運河兩岸是滿滿的商店及飲食店，有買大阪周遊卡的人可免費享受遊船之旅(原價20分鐘￥900)。固力果公司設置的大型跑跑男廣告看板是拍照地標，自1935年至今已是第六代商標廣告。很多大阪知名美食在這裡都有店面，有些營業到凌晨，只要肚子餓了來這裡覓食準沒錯！

{Info}
➡ 地鐵難波(なんば)駅或日本橋駅下車 http www.dotonbori.or.jp/ja

藍色跑道上的固力果跑跑男商標(照片提供：Baozi)

大阪美食特輯
時間不夠的話，可優先選擇這些店家！

來到有「天下廚房」美譽的大阪，怎能不放開懷的從街頭吃到巷尾呢？
大阪人講究吃，飲食五花八門，無怪乎人們說，來一趟大阪，就能吃遍全日本美食！

道頓堀

螃蟹道樂(かに道楽)
螃蟹的各種吃法

　日本全國都有分店，光是發祥地的道頓堀就有3家，小奢華的螃蟹大餐令人心滿意足。

http douraku.co.jp

本家章魚燒(本家大たこ)
真的可以吃到大塊章魚

　道頓堀的章魚燒老店，章魚切塊又肥又大，隨時都大排長龍。

http honkeohtako.jp

(照片提供：Baozi)

金龍拉麵
再晚都能吃到熱呼呼的拉麵

　幾乎每走幾步路就能看到一間，活靈活現的金龍相當傳神，自家製麵配上豚骨湯頭，便宜加上24小時營業，是宵夜或早餐的好去處。

(照片提供：Baozi)

達摩串炸
大阪定番美食

　看起來很兇兇的臉是達摩大招牌，是非常特別的店家吉祥物。

http www.kushikatu-daruma.com

老爺爺起司蛋糕(りくろーおじさんの店)
創店60年的大阪經典Cake

本店在難波，大阪有許多分店。選用丹麥進口起司，口感綿密，香氣濃郁。蛋糕上烙印著老爺爺招牌笑臉，如果遇到特殊節慶還會應景換圖案喔！

✉ 大阪市中央區難波3-2-28(難波本店) http www.rikuro.co.jp

↙老爺爺起司蛋糕￥675
(照片提供：Baozi)

Luke's Lobster
來自紐約的龍蝦三明治

從紐約到東京表參道都人氣指數爆表，基本款有龍蝦、螃蟹、蝦子3種口味，加￥400就有飲料和洋芋片，龍蝦是從美國空運直送，又大又Q彈的龍蝦肉吃來非常過癮。

(照片提供：Shen)

✉ 大阪府大阪市中央區心斎橋筋1-3-21(大丸百貨北館後方) ○ 11:00～21:00 http lukeslobster.jp

←龍蝦三明治(照片提供：Shen)

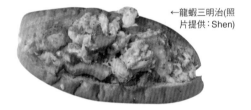

Pablo
掀起革命性創新風暴的起司蛋糕

2011年開幕後，陸續在日本各地開設分店。招牌起司蛋糕，外體是酥脆派皮，蛋糕烤到半熟狀態，切開後起司如半融化岩漿般緩緩流洩，介於奶酪與蛋塔之間、又有點恰似布丁的微妙口感，令人驚豔！此外，宇治抹茶起司千層派、黑珍珠巧克力餅都是美味伴手禮。

↑招牌起司蛋糕

http www.pablo3.com

多種餅乾及千層派，很適合買回家的伴手禮

北極星蛋包飯(オムライスの北極星)
蛋包飯始祖

大阪有多家分店，但只有心齋橋本店是有庭院的傳統和風建築，坐在榻榻米上吃蛋包飯，別有風味。蛋包飯有多種口味，火腿、雞肉、蘑菇、干貝、蟹肉，外加￥390還可以多3隻炸蝦和1碗味噌湯。

http hokkyokusei.jp

人氣套餐的雞肉蛋包飯+炸蝦+味噌湯

環球影城

大人小孩都愛的哈利波特歡樂世界

　　自從推出哈利波特魔法世界後人潮不斷，「哈利波特禁忌之旅」以4D技術呈現霍格華茲的天空，跟著哈利波特騎乘掃帚翱翔空中追尋金探子，驚險刺激。三根掃帚餐廳提供豐盛餐點及冰涼的奶油啤酒，魔杖及各種周邊商品令人荷包大失血，夜晚點燈的活米村更加夢幻。其他遊樂設施如「小小兵園區」、「好萊塢美夢」雲霄飛車、「蜘蛛人」等都非常熱門，一定要詳加規畫攻略才能在有限時間內達成目標。熱鬧的夜間遊行有千變萬化的光雕投影，令人驚豔，非常值得一看。

{Info}

🕐 每日變動詳見官網　💲 大人(12歲以上)1日券(入場券)依淡旺季有¥7,400~8,900多種價位，詳細票價及各種快速通關券詳見官網　➡ 從所在地搭車到西九條再轉JRゆめ咲線到ユニバーサルシティ下車　http www.usj.co.jp

玩家提示　**章魚燒美食主題樂園**

　　在環球影城玩了一整天，想必能量耗盡，車站附近的Universal Citywalk Osaka內有許多餐廳，適合離開前大吃一頓。特別是4樓的「章魚燒博物館」集合5間名店，還有各種章魚燒商品、土產、遊戲，好吃又好玩。

✉ 大阪市此花區島屋6丁目2番61號4樓
🕐 11:00~22:00
http ucw.jp/otm

→會津屋的章魚燒
↓章魚燒博物館

1.華麗森嚴的霍格華茲城堡／2.熱鬧的夜間遊行／3.貓頭鷹郵局／4.活米村重現電影場景／5.熱門遊戲蜘蛛人／6.三根掃帚餐廳的4人套餐，包括玉米、烤雞、沙拉

黑門市場

好吃好逛好好買の「大阪人的廚房」

黑門市場很大，海鮮、炸物、水果、零食、藥妝店、平價服飾、雜貨店，應有盡有，早上很早就營業，很適合搭機回國前來吃海鮮及大採購。

{Info}

▶ 地鐵日本橋駅10號出口　http www.kuromon.com

多元化的黑門市場

逛市場囉！海鮮、零食、小食堂

黑門中川超市(黑門中川スーパー)

24H掃貨方便的大型超市

販售各種生鮮、水果、冷凍食品、罐頭、調味料、飲料，貨色齊全，來一趟就能滿載而歸。

新鮮水蜜桃

高橋食品

入口濃稠豆香撲鼻の天然手工豆漿

大正14年創業的豆腐專賣店，以國產大豆全手工製作，標榜健康飲料的豆漿一杯￥70，天然不加糖，豆香非常濃郁。

豆香濃郁的豆漿

Green Beans Parlor

(グリーンビーンズパーラー)

咖啡癮迷來這裡挑世界各地的豆子吧

嚴選全世界有名產地的咖啡豆約40種，賣的是生豆，挑完後老闆會現場烘焙。

日進堂

黑門市場必吃，熱騰騰金黃麵衣的酥炸天婦羅

　　號稱是大阪最好吃的天婦羅，口味多又便宜，現炸熱騰騰的麵衣一口咬下還會發出喀滋喀滋的酥脆聲響。

黑門浜藤

一次體驗河豚的6種吃法

　　河豚料理因需要專門執照，店家不多。黑門市場內的「黑門浜藤本店」，是知名的河豚料理老鋪，店內最便宜的套餐是¥5,500的「浜」，共有付出(前菜)、湯引(涼拌河豚皮)、てつさ(河豚生魚片)、てつちり(河豚火鍋)、唐揚(炸河豚)、雜炊(河豚湯泡飯)等6道。

涼拌河豚皮、河豚生魚片

よしや

愛吃日本零食？為伴手禮煩惱？這裡買超經濟實惠

　　非常大的零食專賣店，固力果、明治、森永、樂天、不二家等知名廠牌通通都有，門口有每日特價商品，是回國前採買零食最好去處。

整屋子的糖果餅乾在向你招手呢

{Info}

黑門中川超市
✉ 大阪市中央区日本橋1-21-5
🕐 24小時營業

高橋食品
✉ 大阪市中央区日本橋1-21-31
🕐 08:00～18:00，週日公休

日進堂
✉ 大阪市中央区日本橋2-2-15
🕐 09:00～19:00

Green Beans Parlor
✉ 大阪市中央区日本橋1-22-18
🕐 09:30～19:00

黑門三平
✉ 大阪市中央区日本橋1-22-25 🕐 09:00～18:30

黑門浜藤
✉ 大阪府大阪市中央区日本橋1-21-8 🕐 11:00～22:00，4～9月週一公休

よしや
✉ 大阪市中央区日本橋1-21-9
🕐 09:00～20:00

黑門三平

便宜新鮮又人碗的市場海鮮，盡情大快朵頤吧！

　　有多種新鮮魚貨以及供外帶的生魚片、握壽司，現場也有座位供用餐，便宜又大碗的海鮮丼是觀光客最愛。

阿倍野Harukas 300

逛百貨、美術館，在日本最高大樓賞夕陽夜景

300公尺高的Harukas是日本最高的摩天大樓，內有近鐵百貨、美術館、飯店、展望台。16樓有個免費的空中花園，也能欣賞夜景，但要上最高的60樓展望台就要門票了。搭高速電梯直上60樓，360度環景視野非常遼闊，還有搭配音樂的3D投影燈光秀，非常夢幻。58樓是天空

庭園廣場及咖啡餐廳，59樓是紀念品賣店，主要是Harukas吉祥物雲朵熊的周邊商品。建議黃昏時分前來，可以同時欣賞夕陽和夜景，雖然門票稍貴，美麗景色和浪漫氣氛絕對值回票價。

{Info}

✉ 大阪市阿倍野区阿倍野筋1-1-43 🕐 09:00～22:00 💲 大人(18歲以上)￥1,500，中高生￥1,200，小學生￥700，幼兒(4歲以上)￥500 ➡ 地鐵天王寺駅下車 http www.abenoharukas-300.jp

1.展望台夕陽／**2**.Harukas賣店是以吉祥物雲朵熊為主的周邊商品／**3**.58樓的天空庭園咖啡座／**4**.展望台夜景

洋風小旅行in神戶
走進歐洲小鎮度假散步
"北野異人館吃水尋風見雞
港町賞浪漫夜景&一定要享用神戶牛排"

今日
這樣玩

http goo.gl/xvhdiU

旅遊案內所
出發前先了解的事

↑環城巴士
←神戶港夜景

環城巴士(City Loop Bus)

輕鬆市區1日遊

　為促進觀光，神戶推出環城巴士，行經主要觀光景點，是非常方便的交通工具，且購買1日券可享有許多觀光設施門票優惠，非常划算。

◎ 09:00發車，約每12～18分鐘1班車，平日末班車17:40發車，週末假日末班車19:00發車

$ 每回乘車￥260，1日券￥680，小孩(小學生以下)為大人半價

http kobecityloop.jp/jp

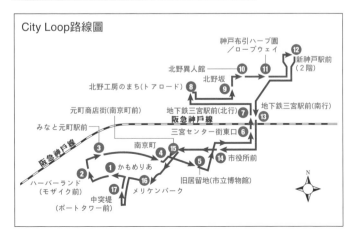

City Loop路線圖

神戶布引ハーブ園／ロープウェイ

新神戶駅前(2階) 12

北野異人館 10 11

北野工房のまち(トアロード) 北野坂

8 北野坂 9

地下鉄三宮駅前(北行) 7 地下鉄三宮駅前(南行) 13

元町商店街(南京町前) 阪急神戶線

三宮センター街東口 6

みなと元町駅前

阪急神戶線

3 南京町

15 14 市役所前

4 5 旧居留地(市立博物館)

1 かもめりあ

2 ハーバーランド(モザイク前) 16 メリケンパーク

17 中突堤(ポートタワー前)

N

北野異人館

神戶小歐洲，愜意浪漫的異國風街區

從三宮車站沿著北野坂一路往北走，坡度平緩的斜坡路兩側洋房林立、繁花綠蔭，彷彿來到歐洲街頭，這就是神戶著名的北野地區。自明治時代神戶港開港後，許多外國富商聚居此地，這些洋風建築保留至今並開放參觀，洋溢著濃厚的異國風情，成為神戶特別一隅。

{Info}

➡ JR/阪急/阪神/地下鐵三宮駅下車徒步15分，或搭乘City Loop Bus在北野異人館下車徒步5分 🌐 www.kobeijinkan.com

洋館長屋

綠藤爬滿外牆的にしむら咖啡館

必見！異人館的定番景點

風見雞之館

德式小洋樓，異人館必遊地標

德國建築師為德國貿易商G. Thomas設計的私人宅邸，內部設計為德式傳統建築風格，色彩鮮明的紅磚外壁與尖塔頂端指示風向的風見雞最廣受歡迎，是北野異人館眾多建築物的代表。

會客室

北野天滿神社

在制高點遠眺神戶市街

和其他天滿宮同為奉祀學問之神菅原道真，雖隱身於歐風建築群中，因位於制高點絲毫不覺突兀。爬上一道高高的石階，眼前豁然開朗，神戶港與市街景色盡收眼底，同時也是欣賞風見雞之館建築美學的最佳角度。

神社是拍攝風見雞之館的最佳地點

萌黃之館

優雅的淡綠色西洋建築

　　曾是美國領事住宅，為兩層木造建築，從2樓走廊能遠眺神戶港灣海景。內外牆皆為淡綠色，更能烘托出高雅格調，內部擺設及家具優雅氣派，與風見雞之館並列為重要文化財。

萌黃之館

北野星巴克

登錄文化財的歐風小巴概念店

歐風洋溢的北野星巴克

　　這棟綠白相間外牆的典雅建築，是星巴克概念店之一，雖然慕名而來的遊客絡繹不絕，步上2樓依然保持該有的靜謐。2樓有許多隔間，每個房間的燈光、擺設各異其趣，營造出不同氛圍，光是決定要坐在哪個房間裡的座位就是道難題。拿起隨身攜帶的小書，就能悠然度過一段充滿書香、咖啡香的美好時光。

牆上掛滿畫作的藝術風格房間

神戶六甲牧場

香濃冰淇淋&黃金傳說巧克力起司蛋糕

　　以六甲山麓牧場的高級生乳製成多種產品，來到這總是會看到人手一支冰淇淋，以牛奶、抹茶、巧克力口味最受歡迎。另一項明星商品巧克力起司蛋糕，嚴選自歐洲進口的白巧克力及黑巧克力，融合醇厚巧克力及香濃起司的極致口感，曾登上日本超高收視率電視節目黃金傳說的美食介紹。

北野遊客人手一支冰淇淋

(左)巧克力起司蛋糕￥1,500、白巧克力起司蛋糕￥1,400／(右)抹茶牛奶冰淇淋￥400

↑白巧克力起司蛋糕

{Info}

風見雞之館

✉ 神戶市中央区北野町3-13-3 ☎ 078-242-3223 🕐 09:00～18:00 休 2、6月的第一個週二 $ 大人￥500，高中生以下免費。兩館券(風見雞之館+萌黃之館)￥650 http www.kobe-kazamidori.com/kazamidori

萌黃之館

✉ 神戶市中央区北野町3-10-11 ☎ 078-222-3310 🕐 09:00～18:00 休 2月的第三個週三及週四 $ 大人￥350，高中生以下免費 http www.kobe-ka

北野天滿神社

✉ 神戶市中央区北野町3-12 ☎ 078-221-2139 http www.kobe-kitano.net

神戶六甲牧場

✉ 神戶市中央区北野町3-11-4 ☎ 078-252-0440 🕐 09:00～18:00 http www.rokkobokujyo.com

北野星巴克

✉ 神戶市中央区北野町3-1-31 ☎ 078-230-6302 🕐 08:00～22:00

Umie購物中心&神戶港夜景

海港旁逛街賞夜景，城市燈火絢爛迷人

露天歐風mosaic購物廣場

神戶港是日本貿易重要港口，也是積極宣傳的觀光地標。港邊大型購物中心Umie非常好逛，集結各大廠牌與知名美食，共有3棟，North Mall及South Mall較接近百貨公司型態，Mosaic則是歐風洋溢的露天購物廣場，這裡有個大型摩天輪，當夜晚五光十色的燈光亮起，更添浪漫。

許多人在傍晚來Mosaic逛逛街、吹吹海風，靜靜地等待夕陽西下，迎接即將到來的絢麗夜色。紅色鼓形曲線的神戶塔、網狀帆船造型的神戶海洋博物館、白色郵輪外觀的Kobe Meriken Park Oriental Hotel，紛紛在夜晚點燈後大放異彩，交織成神戶港充滿魅力的璀璨夜景。

{Info}

✉ 神戶市中央区東川崎町1丁目7番2号　🕐 商店10:00〜21:00，摩天輪10:00〜22:00(週六及假日前一天到23:00)　💲 摩天輪￥800(未滿3歲免費)　➡ JR神戶駅徒步5分，地下鐵ハーバーランド駅徒步5分　http umie.jp

南京町中華街

到日本華人街嚐嚐人氣中式小食

南京町是日本三大中華街之一，燈籠與廟宇建築呈現濃厚中國風味。幾家有名的中華美食，例如老祥記豚饅頭、曹家包子館都是排隊名店。

{Info}

➡ JR神戶線或阪神電車「元町駅」下車徒步約5分　http www.nankinmachi.or.jp

老祥記豚饅頭

(左)神戶港遊覽船／(右)夜晚五光十色的mosaic摩天輪／(下)神戶港璀璨夜景

元町商店街

神戶購物哪裡去？來這就對了

元町是神戶最熱鬧的地區，商店街有各式美食、藥妝店、服飾店，在神戶想好好逛街購物的話，來這裡準沒錯！

{Info}

➡ JR神戶線或阪神電車「元町駅」下車徒步約3分 🔢 www.kobe-motomachi.or.jp

兩旁商店林立的元町商店街

Mouriya(モーリヤ)

神戶牛百年名店

↑坐在吧檯前欣賞主廚鐵板秀
→Mouriya嚴選牛

來到神戶不可不吃神戶牛！生活在兵庫縣北部(古稱但馬國)的但馬牛就已相當美味，其中經過嚴格認證篩選的箇中極品才是神戶牛。請來名模林志玲代言的百年老店モーリヤ，店內氣氛及食物皆屬上乘水準。頭戴白色高帽的大廚，一邊用流利的英語和客人聊天，一邊帥氣俐落地揮舞著鍋鏟煎牛排。大多數人都是沙朗與菲力牛排各點1份，主廚會平均分配讓兩人分食。沙朗油脂極豐，鮮美肉汁隨著每一口咀嚼在嘴裡迸發開來；頂級肉質的菲力極其鮮嫩，入口即化。最便宜的神戶牛排午間套餐也要上萬日幣起跳，若

預算有限則推薦「Mouriya嚴選牛午間套餐」，此乃精挑細選與純種但馬牛在同一牛舍生活、吃相同食物的牛，較便宜但口感絲毫不遜色。

{Info}

✉ 神戶市中央区下山手通2丁目1-17 ☎ 078-391-4603 🕐 11:00～22:00(不定期公休) ➡ 阪急「神戶三宮駅」下車徒步3分 🔢 www.mouriya.co.jp(官網可寫英文信預約訂位)

午間Mouriya嚴選牛套餐(照片為其中的一小部分)

外觀氣派的Mouriya本店

Juchheim元町本店 (ユーハイム)

德國蛋糕王！年輪Cake裡藏著整顆蘋果

創始人為德國人，將號稱德國蛋糕之王的「巴姆庫漢」烘焙技術在日本發揚光大。明星商品Baumkuchen(バウムクーヘン)是外觀如樹幹年輪的蛋糕，外層裹上白巧克力。蘋果年輪蛋糕則是元町本店限定商品，包覆一整顆蜜漬蘋果，酸酸甜甜的口感相當討喜。

{Info}

✉ 神戶市中央区元町通1-4-13 ☎ 078-333-6868 🕐 10:00～20:00，週三公休 🌐 www.juchheim.co.jp

Juchheim元町本店

蘋果年輪蛋糕，裏頭是完整一顆蜜漬蘋果

Frantz

↘草莓巧克力

神戶高人氣話題甜點，日銷2萬的魔法壺布丁

Frantz是神戶代表性甜點，各大電視節目與雜誌競相報導的魔法壺布丁，全國每日銷售量高達兩萬個，相當驚人。神戶有多家分店，以Umie Mosaic購物中心規模最大，還設有咖啡廳座席。魔法壺布丁以小巧可愛的陶壺盛裝，濃濃的卡士達布丁上頭淋上一層微甜奶油，底部是極香的焦糖醬，3種絕妙滋味在口中交相纏繞。另一項人氣商品草莓巧克力，酸酸甜甜的滋味讓心也跟著融化了。

{Info}

✉ 神戶市中央区東川崎町1-6-1 umie Mosaic 2F ☎ 078-360-0007 🕐 10:00～21:00

魔法壺布丁

神戶皮耶那飯店 (Hotel Piena Kobe/ホテルピエナ神戶)

神戶好評住宿，全國飯店早餐第一名

自2013年至今，神戶皮耶那飯店始終蟬連全國飯店早餐第一名寶座，許多旅客都是慕冠軍早餐之名而來。自助式Buffet吃到飽，和食、洋食、各類甜點和飲料，種類多到目不暇給。女孩們最愛的甜點，季節性水果派、蛋糕、馬卡龍、布丁、提拉米蘇……應有盡有，自家手工製果醬是一大特色，搭配法國吐司、丹麥麵包都很對味。各地嚴選道地食材製成和、洋食料理，米飯則是產量有限、有夢幻米之稱的蛇紋岩米。挑高大廳豪華氣派，沙發休憩區提供免費紅茶及咖啡，自家烘培坊的甜點及手工果醬是神戶連續10年金賞名物，可買回家當伴手禮。

{Info}

✉ 神戶市中央区二宮町4-20-5 ☎ 078-241-1010 💲 住宿1晚含早餐每人約¥8,300～14,000 ➡ JR「三ノ宮駅」或阪急、阪神「神戶三宮駅」徒步7分 🌐 www.piena.co.jp

早餐供應甜點

寬敞舒適的房間

自家手工製果醬是金賞禮品

"BiBi～有鹿出沒，注意手中仙貝"
與進擊的小鹿玩耍&拜訪千年東大寺

今日這樣玩

http goo.gl/SEFbIR

旅遊案內所
出發前先了解的事

奈良市內交通
以巴士為主喔！

以巴士為主，有均一區間及多區間兩種計費方式，觀光客通常搭乘市內循環線就能抵達主要景點，每回車資￥220。

http www.narakotsu.co.jp

奈良交通巴士

春日大社

千盞石燈籠祈願

咬著籤詩的小鹿與厄除御守

奈良建都時為了祈求國運昌隆而興建，至今有1,200餘年歷史。最有名的是神社境內共有2千多盞石燈籠，2月和8月的「萬燈籠」會點亮，在意味著淨化作用的火焰中祈求消災平安。漫步在兩側石燈籠佇立的綠蔭參道，周圍是如此幽靜，步行到朱紅色的壯麗社殿前，迴廊下也滿滿懸掛著吊燈籠，充滿莊嚴神聖的氛圍。春日大社的御守和繪馬都相當別致，不妨買個千年古神社御守隨身攜帶保平安。

春日大社石燈籠參道

{Info}

✉ 奈良市春日野町160 ☎ 0742-22-7788 ⏰ 4～9月06:00～18:00、10～3月06:30～17:00；本殿參拜時間08:30～16:00，祭典期間不開放參觀 💲 本殿￥500 ➡ JR或近鐵奈良駅搭巴士到「春日大社本殿」下車(乘車時間約13分)，或搭奈良交通巴士(市內循環、外循環線)在「春日大社表參道」下車徒步10分 http www.kasugataisha.or.jp

大佛殿(照片提供：Baozi)

東大寺

與鹿同遊世界最大木造佛殿

　　距今1,200多年歷史的東大寺於日本佛教全盛時期興建，為世界文化遺產之一，其中大佛殿是世界最大的木造建築，供奉盧舍那佛，俗稱奈良大佛，高15公尺以上，是世界最大的青銅佛像。大佛右後方有根巨大木柱，底部有個方形洞孔，俗稱「大佛的鼻孔」，只要順利鑽過洞就能長保平安、無病無災，因此排隊等著鑽洞的人潮成了東大寺特殊景觀。若時間充裕，建議沿鐘樓旁的石坂路到地勢較高的二月堂，爬上階梯可以俯瞰大佛殿及奈良古都風景。

　　東大寺另一大特色是有成群的鹿聚

東大寺紅葉

溫馴的小鹿一看到鹿仙貝可是會衝動的喔

集，看過日劇鹿男的人一定對這場景相當熟悉，這兒的鹿一點都不怕生，只要買個鹿仙貝，就能立刻吸引鹿群追著你跑，可以自由自在地和可愛小鹿一同玩耍！

{Info}

✉ 奈良縣奈良市雑司町406-1 🕐 11～2月08:00～16:30，3月08:00～17:00，4～9月07:30～17:30，10月07:30～17:00 💲 大佛殿、法華堂(三月堂)、戒壇堂：一般￥500、小學生￥300 ➡ JR或近鐵奈良駅徒步20分，或搭巴士到「大仏殿春日大社前」下車徒步5分 http www.todaiji.or.jp

中谷堂

榮獲電視冠軍介紹的艾草紅豆麻糬

曾上過電視冠軍節目的中谷堂為奈良名店，以超高速度激動地搗麻糬，因此博得「高速餅」之稱。陳列在店門口一顆顆的麻糬總是吸引不少人潮排隊，よもぎ餅每個￥130，可單買也有盒裝。每

隨時充滿人潮的中谷堂

艾草紅豆麻糬(よもぎ餅)

天下午不定時有現場搗麻糬表演，加了艾草的麻糬呈現誘人的翠綠色，老闆揮汗如雨的用杵臼搗完後，包入紅豆內餡，裹上黃豆粉，現做熱騰騰麻糬外皮Q軟，北海道十勝紅豆顆粒飽滿，艾草與黃豆粉散發出淡淡香氣，是不容錯過的在地小吃美味。

{Info}

✉ 奈良縣奈良市橋本町29 ☎ 0742-23-0141 🕙 10:00～19:00 ➡ 近鐵奈良駅2號出口徒步5分 🌐 www.nakatanidou.jp

東大寺繪馬堂茶屋

←Q滑好吃的蕨餅(わらび餅)

在世界遺產茶屋享用鄉土料理

奈良公園範圍很大，許多人逛到東大寺或春日大社時正值中午用餐時間，這時候繪馬堂茶屋成了很好的午餐選擇。座落於東大寺二月堂旁的茶屋，是質樸的木製裝潢，菜單圖文並茂，即使看不懂日文也不必擔心。餐點相當平價，單品約￥500～800，定食約￥800～1,000，也

有冰淇淋和甜點。烏龍麵是令人再三回味的Q彈口感，加藥御飯(かやくごはん)是在飯上頭添加一些提味的香辛料，配著漬物一起吃很下飯。蕨餅(わらび餅)是以澱粉加水和砂糖製成的和菓子，再灑上黃豆粉，又Q又滑，作為飯後甜點是個完美句點。邊用餐邊隔著窗戶觀賞世界遺產及悠哉鹿群，是非常難得的體驗。

{Info}

✉ 奈良市雜司町407(東大寺二月堂前) 🕙 10:00～15:00

(左)他人丼定食，不使用雞肉的親子丼，關西地區是使用牛肉／(中)定食(豆皮烏龍麵、加藥御飯、漬物)／(右)烏龍麵和烤飯糰
(以上照片提供：Baozi)

| 岡山 | 直島 | 城崎 | 天橋立 | 滋賀 |

關西廣域鐵路周遊券
Kansai Wide Area Pass

5日

深・遊・關・西

岡山倉敷
╳城崎溫泉鄉
╳滋賀琵琶湖

寧靜坐落在岡山的倉敷美觀，保留江戶城鎮風貌，吸引越來越多旅客專程造訪；
古樸小鎮的人情味是城崎溫泉的魅力，讓來自遠方的旅客不僅是度假，也是歸家；
滋賀集近江琵琶湖美景與歷史文化氣息於一身，近江牛亦是饕客心尖的極上美味。
藉由5日的時空戀旅，細細感受與京阪神奈不同的關西風光。

岡山
桃太郎故鄉

倉敷
楊柳溪畔泛舟

直島
瀨戶內海藝術小島

城崎溫泉
溫泉街七外湯

拜訪的城市

彥根
國寶古城&近江牛產地

天橋立
飛龍狀沙洲

長濱
琵琶湖&文創小鎮

關西
かんさい

關西地區位於本州中西部，保留許多傳統文化，向來深受外國旅客喜愛。

｜岡山縣｜

雨量少、氣候溫暖，有「晴天之國」美譽，最著名景點為日本三大名園的後樂園及岡山城，也是桃太郎故事起源地；倉敷美觀地區保存傳統建築，在兩岸垂柳的倉敷川搭乘遊船欣賞白壁街道，悠閒愜意。岡山與倉敷的代表性土產分別是吉備糰子與群雀餅，各有趣味典故，都是適合配茶的點心。從岡山宇野港搭船20分鐘就能到直島，安藤忠雄等多位大師的建築設計讓小島充滿藝術氣息，尤其草間彌生創作的兩顆大南瓜更是風靡全球。
(岡山縣屬於山陽地區，除了本張關西廣域周遊券，也適用於山陽山陰周遊券)

｜城崎｜

溫泉有千年悠久歷史，隨處可見觀光客穿著浴衣木屐漫步於溫泉街，泡完七外湯就能獲得7種福氣，大啖松葉蟹與但馬牛料理更是一大享受。同在北邊的天橋立是日本三景之一，搭纜車上展望台以倒頭栽的姿勢眺望天橋立沙洲，有飛龍及昇龍兩種姿態，不禁讚嘆大自然的鬼斧神工；前往天橋立的京都丹後鐵道特別推出觀光列車，能沿途欣賞美麗海景。

｜滋賀縣｜

距京都不遠，以琵琶湖為中心的山湖美景恬靜迷人，彥根、長濱保留古代街道與傳統建築物，彷彿時光倒流至江戶時代，若不想在京都人擠人就來這兒吧！

1.倉敷美觀地區／2.倉敷阿智神社／3.日本三大名園之一「後樂園」／4.城崎溫泉一帶盛產松葉蟹

關西廣域鐵路周遊券資訊

這張票券範圍很大，除了關西，還遠至鳥取、岡山、高松，深入探索西日本之美。三景之一的天橋立，以及南北兩端點的白濱溫泉、城崎溫泉，是關西較遠但很有名的景點，約2.5～3小時車程，可發揮票券最高C/P值。

票價

海外事先購買¥9,200，日本當地購買¥10,200，兒童(6～11歲)半價。

使用期間

自起始日起連續使用5天。

使用範圍

指定區間內可無限搭乘，東北邊到福井縣的敦賀，東南邊到和歌山縣的新宮和紀伊勝浦，西北邊到鳥取縣的鳥取車站，西南邊到岡山縣的岡山和倉敷，甚至四國的宇多津和高松，範圍非常廣。

可搭乘列車包含山陽新幹線的新大阪～岡山的自由席，所有特急列車的自由席(Kuroshio、Haruka、Kounotori、Thunderbird、Super Hakuto)，JR西日本在來線的新快速、快速、普通列車等。亦可搭乘部分西日本JR巴士，以及京都丹後鐵道、智頭急行線、和歌山電鐵等非JR路線。

售票地點

可先在海外旅行社購買兌換券，再到JR西日本的指定車站兌換(京都、新大阪、大阪、三之宮、關西機場、奈良、和歌山、豐岡、城崎溫泉、福知山、西舞鶴、東舞鶴、岡山、綾部、Travel Service Center Osaka)；或先在網路上預約，然後在JR西日本的指定車站領取(京都、新大阪、大阪、關西機場)；或直接在JR西日本的售票處購買。

注意事項

■只能搭自由席，不可劃位搭指定席(若要搭指定席需另購特急券)

■新大阪～京都不可搭乘新幹線(因隸屬於東海道新幹線)

■台灣某些旅行社有販售實體票，不需兌換就能直接在日本使用，節省排隊換票的時間

官網

http www.westjr.co.jp/global/tc(中文版)

(選擇「優惠車票」→「JR西日本鐵路周遊券」→「關西廣域鐵路周遊券」)

機場交通

關西機場

從機場搭車到新大阪(JR特急はるか車程50分鐘¥2,330)；尚未啟用周遊券者可搭乘南海電鐵至難波，「空港急行」約43分¥920較便宜。

岡山機場

於2號乘車處搭乘巴士，約30分鐘到岡山車站，單程票價¥760。

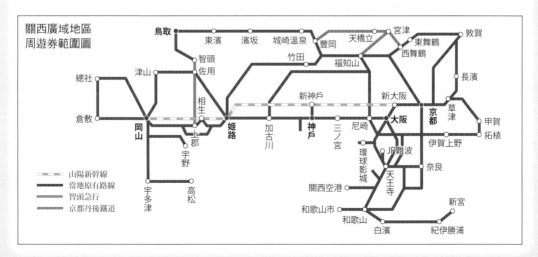

關西廣域地區周遊券範圍圖

山陽新幹線
當地原有路線
智頭急行
京都丹後鐵道

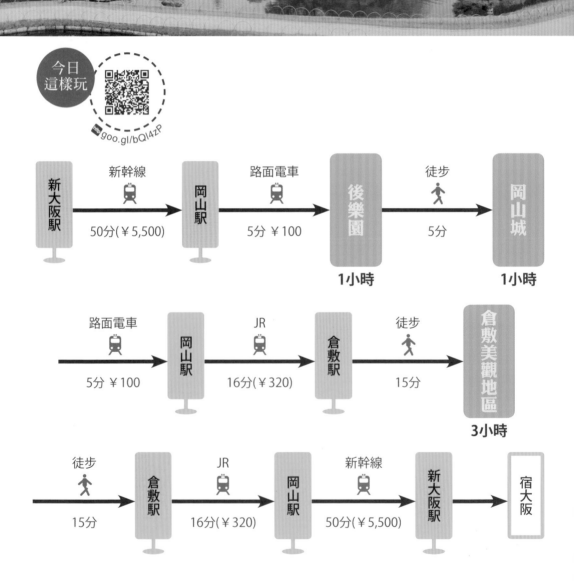

桃太郎故鄉探險
倉敷美觀輕舟遊古鎮
"小橋垂柳日式屋敷&老街上的文創雜貨咖啡香"

今日
這樣玩

goo.gl/bQl4zP

新大阪駅	新幹線 50分(￥5,500)	岡山駅	路面電車 5分 ￥100	後樂園 **1小時**	徒步 5分	岡山城 **1小時**

路面電車 5分 ￥100	岡山駅	JR 16分(￥320)	倉敷駅	徒步 15分	倉敷美觀地區 **3小時**

徒步 15分	倉敷駅	JR 16分(￥320)	岡山駅	新幹線 50分(￥5,500)	新大阪駅	宿大阪

岡山

晴天王國&桃太郎的故鄉

岡山處處可見桃太郎蹤跡，岡山車站的代表性鐵路便當「桃太郎の祭ずし」為桃子形狀，以當地鄉土料理入菜。桃太郎傳說起源的「吉備津神社」，全長360公尺的迴廊相當漂亮，來此參拜別忘了買個可愛的桃太郎開運健康御守喔！

←岡山駅弁「桃太郎の祭ずし」¥1,000
↓吉備津神社迴廊

岡山城

黑色烏城。無料換裝變身城主大人與公主

岡山城因天守閣的牆板被漆成黑色，而有「烏城」之稱，也是日本100名城之一。城內有多種歷史文物可參觀，2樓每天有5個梯次可以扮成公主或將軍的免費體驗，相當有趣。

1.岡山城外觀為黑色，因此有「烏城」之稱／2.城上的金鯱／3.頂樓可以眺望岡山市街及後樂園／4.城門之不明門／5.傳統交通工具「大名駕籠」／6.岡山城對面的林原美術館，收藏岡山藩主池田家代代相傳的家飾

{Info}

✉ 岡山縣岡山市北區丸之內2-3-1　☎ 086-225-2096　⏰ 09:00～17:30，12/29～12/31休館　💲 大人¥320，中小學生¥130；後樂園與岡山城套票大人¥580　➡ 從岡山車站步行約25分；或從岡山車站搭乘路面電車「東山線」約5分於「城下」下車，再步行約7分　🔗 okayama-kanko.net/ujo

後樂園

超美的江戶大名(諸侯)庭園

岡山後樂園與金澤兼六園、水戶偕樂園並稱「日本三大名園」。後樂園是個庭園造景優美的回遊式庭園，距今已有300年以上歷史，為代表江戶時代的大名庭園。步出南門，路過城見茶屋、穿過月見橋後就是岡山城，可順道一遊。

{Info}

✉ 岡山縣岡山市北區後樂園1-5 ☎ 086-272-1148 🕐 3/20～9/30為07:30～18:00，10/1～3/19為08:00～17:00 💲 大人¥410，高中生以下免費；後樂園與岡山城套票大人¥580 ➡ 從岡山車站步行約25分；或從岡山車站搭乘路面電車「東山線」約5分於「城下」下車，再步行約10分 http okayama-korakuen.jp

1.「延養亭」是主要建築物，藩主來訪時的居住地／2.澤之池／3.搭乘岡山路面電車前往後樂園／4.「流店」是藩主散步的休憩處／5.花交之池與花交之滝／6.茂松庵／7.在「流店」內欣賞庭園造景

走累了可以吃個點心、
喝杯抹茶

味司野村

岡山B級美食褐醬豬排丼

平價的褐醬豬排丼(デミカツ丼)為岡山庶民美食,褐醬指的是來自歐洲的Demi-glace醬汁,由這家昭和6年創立的味司野村引進後,成為岡山特有鄉土料理。菜單主要有褐醬豬排丼和玉子丼兩種,也有兩種混合的「孫膳」,附有醃漬物及味噌湯。

{Info}

✉ 岡山縣岡山市北區平和町1-10野村ビル1F ☎ 086-222-2234 🕐 11:00～21:00 ➡ 從岡山車站步行約8分(過了西川綠道公園後第一條巷子右轉不久就可看到,在右手邊)

孫膳¥1,000,玉子丼、褐醬豬排丼各一小碗,褐醬味道很濃郁

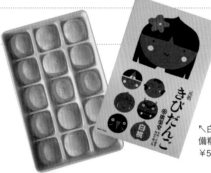
玉子丼裡面也有炸豬排

廣榮堂本店

岡山土產吉備糰子
桃太郎就是靠它征服動物夥伴的心

桃太郎故事中用於收服雞、狗、猴子的就是吉備糰子(きびだんご),岡山很多甜點老鋪都有賣,其中較有名的是廣榮堂,創業160年,糰子有很多口味,包裝可愛,價位不貴,是很適合買回國的伴手禮。岡山車站及倉敷美觀地區皆有分店。

{Info}

✉ 岡山市中區中納言町7-32 (本店) ☎ 086-272-2268 🕐 平日08:00～19:00,週末假日09:00～18:00 ➡ 從岡山車站搭乘路面電車「東山線」約12分於「中納言」下車 🌐 www.koeido.co.jp

白桃口味吉備糰子,15個¥570

元祖、黑糖、海鹽3種口味的吉備糰子,有個別包裝,1盒10入¥380

倉敷美觀地區

1.倉敷川搭乘遊船／2.美麗的倉敷川／3.古色古香的本町區／
4.傍晚打上燈光的倉敷川非常浪漫／5.大橋家住宅2樓窗戶為
「倉敷窗」，1樓是「倉敷格子」／6.布滿常春藤的Ivy Square／
7.大原美術館／8.桃太郎機關博物館

小橋流水詩意風情

　　倉敷美觀地區保存江戶時代住宅、商店、倉庫等建築以及石板路，兩岸垂柳的倉敷川充滿詩情畫意，可搭乘人力車或遊船，彷彿置身於畫中。日本第一座西洋美術館「大原美術館」收藏許多世界名畫；「大橋家住宅」可入內參觀古代生活器具；Ivy Square為紡織廠改建，裡面有飯店、商店、餐廳、博物館，長春藤爬在紅磚牆上特別搶眼。倉敷川畔旁邊的小街道，整排木造建築的「本町區」有許多特色小店，其中有賣和紙膠帶的知名店家。

8

5

6

　　若時間充裕，可爬上厄除坡，位於鶴形山的阿智神社是倉敷地區的總鎮守神社，傍晚上山能欣賞夕陽餘暉下的倉敷市。

{Info}

➡ 從岡山車站搭乘JR約16分於倉敷車站下車，再步行約15分到美觀地區

阿智神社的
合格祈願御守

7

旅館くらしき

日式庭園下午茶
在老宅改建的場域，體驗原味江戶美學

江戶時代建築改建的和風老鋪旅館，唯有白天對外營業供應午餐及下午茶。午餐是數量限定或預約制的懷石御膳，觀光客大多是來喝下午茶，手作蕨餅非常香Q，抹茶濃郁順口，望著窗外美麗日式庭園，度過愜意的午後時光。

手作蕨餅加抹茶組合￥950

{Info}

✉ 岡山縣倉敷市本町4-1　☎ 086-422-0730　🕐 午餐11:00～14:30，下午茶14:00～17:00，週一公休　http www.ryokan-kurashiki.jp

---

→琥珀の女王

倉敷珈琲館

原木日式洋風咖啡屋，復古的大人情調

一進門就聞到咖啡香，原木裝潢和桌椅打造出特有質感。店家招牌品項「琥珀の女王」為10～6月限定，除了黑咖啡、生奶油，還加了蜂蜜及利久酒調味，中間再放個冰塊，口味相當特別。喜歡的話，也可以購買咖啡豆回家。

{Info}

✉ 岡山縣倉敷市本町4-1　☎ 086-424-5516　🕐 10:00～17:00　http www.kurashiki-coffeekan.com

原木的裝潢和桌椅

橘香堂

倉敷名物群雀餅的百年始祖店

群雀餅(むらすゞめ)是倉敷知名的傳統糕點，以雞蛋和麵粉煎製餅皮，裹入紅豆泥，捲成如草笠般半圓形，不甜不膩，很適合配茶的小點心。橘香堂是創始元祖的百年老店，還提供觀光客DIY體驗課程喔！

{Info}

✉ 岡山縣倉敷市阿知2-22-13
☎ 086-424-5725　🕐 09:00～
18:00　http kikkodo.com

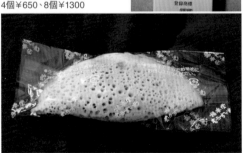

→群雀餅，每個售價￥140，盒裝4個￥650、8個￥1300

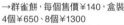

外觀似草笠狀的群雀餅

瀨戶內海藝術島嶼之旅

"去看風靡全世界的大南瓜吧!"

今日
這樣玩

goo.gl/Aub3A2

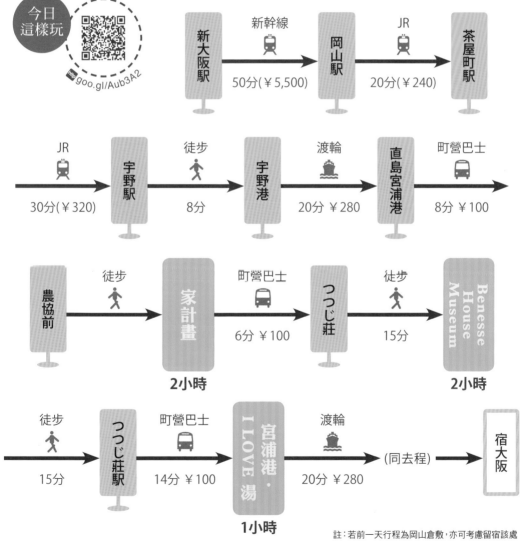

新大阪駅 —新幹線→ 岡山駅 —JR→ 茶屋町駅
50分(￥5,500)　20分(￥240)

—JR→ 宇野駅 —徒步→ 宇野港 —渡輪→ 直島宮浦港 —町營巴士→
30分(￥320)　8分　20分 ￥280　8分 ￥100

農協前 —徒步→ 家計畫 —町營巴士→ つつじ莊 —徒步→ Benesse House Museum
　　　　2小時　6分 ￥100　　15分　2小時

—徒步→ つつじ莊駅 —町營巴士→ 宮浦港・I LOVE 湯 —渡輪→ (同去程)→ 宿大阪
15分　14分 ￥100　1小時　20分 ￥280

註:若前一天行程為岡山倉敷,亦可考慮留宿該處

旅遊案內所
出發前先了解的事

前往直島的渡輪

直島町營巴士

從岡山搭船前往直島比較近喔！

將藝術、建築與大自然融為一體的直島，被英國旅遊雜誌評為全世界最值得旅遊的7個文化名勝，每3年舉辦一次的「瀨戶內國際藝術祭」，也以直島為主要舞台。

直島雖隸屬於四國香川縣，但從高松港搭船需時50分鐘，反而從岡山縣宇野港搭船只要20分鐘，很多旅客會在岡山住宿一晚，隔天一早就能搭船前往直島。

島上交通可搭乘町營巴士或租借自行車，許多饒富趣味的藝術作品與大海美景，玩一整天還嫌時間不夠呢！

http www.naoshima.net
http benesse-artsite.jp

宮浦港

直島觀光入口，草間彌生與多位藝術家作品迎接你

宮浦港是直島的玄關，港口建築融合碼頭、旅遊諮詢處、商店等多功能，候船、等巴士時可利用時間選購紀念品。港口邊有草間彌生創作的紅色南瓜，外觀如紅色瓢蟲，相當療癒。「I♥湯」為藝術家大竹伸朗作品，是非常有特色的錢湯，內外觀運用許多創意圖案拼貼，風格大膽前衛，泡湯放鬆之餘還能欣賞藝術作品。

宮浦港旁，草間彌生的作品紅色南瓜

{Info}
I♥湯
✉ 香川県香川郡直島町2252-2 🕐 平日14:00～21:00，週末假日10:00～21:00(最後入場20:30) 休 每週一，若遇假日延至隔天休館 $ ¥510，3～15歲 ¥210

←「I♥湯」為男女分開的錢湯，「湯」就是日文的「ゆ」，發音等同I Love You

外觀前衛創新的I♥湯

將各種磁磚拼貼而成的藝術澡堂

家計畫(家プロジェクト)

本村地區的藝術改造景點

　　家計畫是直島本村地區針對舊房舍與神社的藝術改造計畫。目前共有7棟建築參與改造，包括角屋、南寺、きんざ、護王神社、石橋、碁会所、はいしゃ，皆為知名建築師或藝術家作品，屋內不能拍照，也有很多是身處當下情境才能領略箇中涵義，值得慢慢玩味。

1.「南寺」進屋後有個漆黑的密閉空間，適應後眼前出現一絲微光，引人黑暗中思考，頗具禪意／2.「角屋」是200年歷史的古老建築，為家計畫第一個作品。屋內呈現島居民一起完成的Sea of Time '98，水面上閃爍著計數器數字倒數／3.「石橋」為明治時代製鹽業者石橋家住宅，能靜靜坐在簷廊上欣賞庭園／4.「はいしゃ」以前為牙科醫院，有各式各樣的拼貼，屋裡還有個自由女神像／5.「碁会所」以「椿」(山茶花)為主題，庭園裡有五色椿，屋內榻榻米上有幾朵木雕椿花／6.本村地區也有幾家餐廳可以用餐／7~8.「護王神社」位於小山丘上，以玻璃階梯連接地上本殿與地下石室，從石室出來後，眼前是美麗的瀨戶內海

{Info}

✉ 香川縣香川郡直島町850-2 🕐 きんざ11:00～13:00、14:00～16:30，採預約制；其餘6館10:00～16:30 休 きんざ週一～三休館；其餘每週一休館，若遇假日延至隔天休 💲 きんざ￥510，其餘各館￥410，也有六館共通套票￥1,030，15歲以下免費；購票地點為Benesse House Museum、直島町觀光案內所、公車站「農協前」的Honmura Lounge & Archive(本村ラウンジ＆アーカイブ) ➡ 從宮浦港搭乘町營公車約8分於「農協前」下車 http benesse-artsite.jp/art/arthouse.html

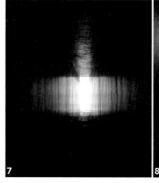

貝尼斯之家 (Benesse House)

安藤忠雄代表作&草間彌生「大南瓜」裝置藝術

Benesse House為美術館和度假飯店合為一體的設施，是安藤忠雄以「自然、建築、藝術共生」的概念所設計。美術館建於高台上，外面是瀨戶內海，收藏不少繪畫、雕刻、攝影作品。美術館B1的日本料理餐廳「扇」以及2樓的咖啡廳，在內用餐可坐享瀨戶內海美景。

除了館內，也有不少館外作品，其中最有名的是坐落在海灘旁的黃色大南瓜，這是草間彌生創作於1994年的第一顆南瓜，也是吸引全球無數觀光客前來直島朝聖的主要焦點。

美術館的館外作品

美術館B1的日本料理餐廳「扇」，午餐「瀨戶の和」￥2,000，依季節不同而有不同食材，兼具視覺和味覺享受

{Info}

✉ 香川縣香川郡直島町琴弾地ミュージアム ☎ 087-892-3223 🕐 08:00～21:00 (最後入館20:00) 💲 ￥1,030，15歲以下及住宿客免費 ➡ 從宮浦港搭乘町營公車，約15分於終點站「つつじ莊」下車，再步行15分或轉搭美術館接駁車 📶 benesse-artsite.jp/art/benessehouse-museum.html

美術館的館外作品

草間彌生創作的黃色大南瓜

"城崎小鎮泡湯&食指大動吃松葉蟹
不只溫泉暖呼呼,人情味也親切溫厚"

穿著浴衣木屐漫步千年溫泉鄉

今日
這樣玩

goo.gl/f8yFvx

有空歡迎到玄武
洞公園走走喔!

大阪駅	JR特急	城崎溫泉駅	徒步	城崎溫泉街		宿城崎溫泉
	165分(¥5,080)		1分			

6小時

玩家提示　**推薦返抵時間**

　　城崎溫泉值得花一整天時間細細品味,當天往返的旅客建議搭最早車次前往,從京都出發可搭乘「特急きのさき1號」(07:32～09:52),從大阪出發可搭乘「特急こうのとり1號」(08:14～10:58)。抵達後可視時間安排行程及午餐,若時間充裕可先搭乘纜車前往大師山眺望溫泉街風景。住宿旅客建議下午3點準時Check In,除了旅館內溫泉,還有七外湯可泡,外湯營業至晚上11點,能好好體驗白天、夜晚不同的溫泉街風情。

JR特急こうのとり

地藏湯

城崎溫泉

讓人神清氣爽掃除旅途疲憊的海內第一泉

　　城崎溫泉位於兵庫縣北邊，鄰近日本海側，具1,300年悠久歷史，江戶時代有「海內第一泉」稱號。泉質為鈣鈉塩化物溫泉，標榜治療神經筋肉疼痛、恢復疲勞。沿著兩岸種滿柳樹的大谿川漫步，盡是溫泉旅館、公共溫泉與足湯、飲湯，溫泉街風情濃厚。住宿一晚能享用旅館美味的松葉蟹與但馬牛料理，尤其冬天可以品嘗當季捕撈的新鮮松葉蟹。

{Info}

➡ 從京都車站搭乘JR特急約140分，從大阪車站搭乘JR特急約165分 🔗 www.kinosaki-spa.gr.jp

大谿川兩岸種滿柳樹

車站旁的「下駄奉納」，所有溫泉旅館的木屐都展示在此

城崎溫泉街&七外湯

好酥湖～7種外湯任你泡

　　城崎溫泉最大特色是擁有相當知名的公共溫泉「七外湯」，各自有不同傳說與療效，7個都泡完就能獲得7種福氣。沿大谿川步行來趟七外湯巡禮，隨處可見穿著浴衣木屐的遊客穿梭於各外湯，是難得一見的溫泉街風情。

{Info}

💲 七外湯除了「さとの湯」和「御所の湯」大人¥800、小孩¥400以外，其餘都是大人¥600、小孩¥300，各外湯窗口販售「城崎溫泉外湯めぐり券」，大人¥1,200、小孩¥600，1天內可無限泡湯，只要泡兩個就值回票價，推薦當天往返的旅客購買。至於住宿旅客，都可向旅館免費索取外湯券，使用期間是下午3點到隔天上午10點

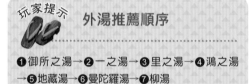

玩家提示　外湯推薦順序

❶御所之湯→❷一之湯→❸里之湯→❹鴻之湯→❺地藏湯→❻曼陀羅湯→❼柳湯

良緣　御所之湯

　　命名來自天皇的姐姐曾在此入浴，主打火伏防災、良緣成就的「美人之湯」。

🕐 07:00～23:00，第一及第三週的週四公休

考試　一之湯

　　仿桃山樣式歌舞伎院的豪華外觀，內部為洞窟風呂，溫泉醫學始祖曾評為天下第一湯，主打合格祈願、交通安全的「開運招福之湯」。

🕑 07:00～23:00，週三公休

里之湯(さとの湯)

　　位於城崎溫泉車站旁，是日本最大的站舍溫泉，樓上有景觀露天溫泉，外面也有足湯。

🕑 13:00～21:00，週一公休

夫妻幸福　鴻之湯

　　因治癒鴻鳥腳傷而得名，有露天庭園風呂，主打夫婦圓滿、不老長壽的「幸福之湯」。

🕑 07:00～23:00，週二公休

闔家平安　地藏湯

　　泉源自地藏尊湧出，主打家內安全、水子供養的「眾生得救之湯」。

🕑 07:00～23:00，週五公休

興盛　曼陀羅湯(まんだら湯)

　　相傳道智上人誦念曼陀羅經1千日後湧出溫泉，主打商賣繁盛、五穀豐穰的「一生一願之湯」。

🕑 15:00～23:00，週三公休

求子　柳湯

　　規模較小，從中國西湖移植而來的柳樹下湧出溫泉，主打求子安產的「子授之湯」。

🕑 15:00～23:00，週四公休

吉祥物玄武君&熱鬧好逛的溫泉街

好吃好玩又好買

除了林立的溫泉旅館與七外湯，還有各式餐廳、土產店、文學館、美術館，是數一數二好逛又熱鬧的溫泉街。因距離玄武洞公園不遠（為柱狀節理洞窟的觀光名勝），以「玄武君」作為溫泉鄉吉祥物代表，會不定時出現在車站或溫泉街，如果遇到可愛的玄武君別忘了把握機會合照喔！

掛著大螃蟹招牌的店家是溫泉街地標之一

古色古香的木屋町小路，裡面集合許多店家

連水溝蓋都很有特色

城崎溫泉街土產、紀念品大集合

溫泉街有多家土產店，買到手軟

→螃蟹煎餅
每盒¥1,000

←螃蟹溫泉饅頭
每盒¥1,000

↙螃蟹造型的可愛紀念品

↓香住鶴地酒
3瓶組合價¥1,870

↓但馬牛咖哩包，每包¥540

↓地啤酒
兩瓶¥1,000

おけしょう鮮魚の海中苑

溫泉街人氣最旺的海鮮餐廳，冬季大吃松葉蟹

有本店、站前店兩間，用餐時段大排長龍，1樓是鮮魚販賣部，2樓是餐廳，提供單品、海鮮丼、會席料

海膽甜蝦丼￥2,410

理等多重選擇，松葉蟹及各種魚貝料理的豐盛菜單可憑自己喜好組合。

{Info}

✉ 兵庫縣豐岡市城崎町湯島132 (本店) ☎ 0796-29-4832 ⏰ 11:00～18:45(1月1～2日公休) 🌐 www.okesyo.com

圓山菓寮

快速完售的限量溫泉布丁，務必趁早排隊

以花林糖(かりんとう)聞名的點心店，口感類似麻花條，口味多、包裝精美，是很受歡迎的伴手禮。另

限量版溫泉布丁(每個￥315)

有限量發售的溫泉布丁，只要一出爐就立刻搶購一空，要提早來排隊才吃得到。

{Info}

✉ 兵庫縣豐岡市城崎町湯島665 ☎ 0796-32-2361 ⏰ 09:30～18:00(4～10月每週二公休) 🌐 www.maruyamakaryo.com

元湯・溫泉寺・大師山

自己煮溫泉蛋的樂趣✕纜車眺小鎮

行經熱鬧的溫泉街之後，跨過藥師橋來到藥師公園，此為藥師堂、藥師源泉及元湯所在地，不少觀光客在這裡煮溫泉蛋。搭纜車到半山腰的「溫泉寺駅」下車，溫泉寺是城崎溫泉的守護寺，一旁還有城崎美術館可參觀。續搭纜車到「山頂駅」，大師山標高231公尺，於展望台遠眺，整個美麗的溫泉小鎮盡收眼底。

←城崎溫泉元湯
↓元湯旁的溫泉玉子場可以自己煮溫泉蛋(1袋3顆)

←古色古香的溫泉寺

{Info}

城崎溫泉纜車

⏰ 上行09:10～16:50，下行09:30～17:10，每隔20分鐘一班。注意12:30的班次只有週日、假日運行 🈳 每個月第2、第4個週四(如遇例假日會營業) 💲 搭到山頂駅來回票大人￥900、小孩￥450，中途可自由於溫泉寺駅下車。只到溫泉寺駅的來回票大人￥560、小孩￥280 🚶 從JR城崎溫泉車站步行20分 🌐 www.kinosaki-ropeway.jp

溫泉寺

✉ 兵庫縣豐岡市城崎町湯島985-2 ⏰ 09:00～17:00，公休日與纜車相同 💲 ￥300(城崎美術館共通券￥400) 🌐 www.kinosaki-onsenji.jp

搭纜車上大師山一覽溫泉街風光

別具心思的晚間料理，也是入住亮點

吸引人的溫泉旅館除了設施、氣氛、服務、泉質以外，
料理的美味也是玩家級旅客挑選時會注意的細節喔！

　　住宿城崎除了可以泡溫泉，各家旅館的豐盛晚餐是吸引觀光客的一大賣點，非常推薦冬天來品嘗當季捕撈的松葉蟹，依晚餐會席螃蟹的使用量或是否為活蟹，有不同價錢方案可選擇，例如森津屋旅館，冬季每人2.5隻活蟹的頂級方案約￥35,000。此外，也有別具特色的料理，例如山莊足輕旅館是包廂式的「圍爐裏料理」，在地板挖出一個四方形的洞，鋪上灰燼後燃燒木炭，有烤海鮮、烤但馬牛，邊烤邊吃邊聊天，十分有趣。

森津屋旅館每人2.5隻活蟹會席，1泊2食每人約￥35,000

山莊足輕旅館的圍爐裏料理，豐盛的烤海鮮及烤但馬牛(此圖為3人份)，1泊2食每人約￥10,000～20,000

三木屋

名作家志賀直哉筆下的城崎溫泉旅館

　　三木屋具有300年悠久歷史，3層木造建築已列入文化財，作家志賀直哉有名的小說《城の崎にて》就是下榻此地的著作。旅館建築後方有個約300坪的池泉回遊式庭園，四季都有不同美景。晚餐會席料理以但馬牛和松葉蟹為主，冬天有津居山漁港捕獲的「津居山蟹」活蟹方案可選擇。旅館內湯有兩個，「ひいらぎの湯」為2013年整修後新設立，充滿木頭香氣；「つつじの湯」外觀則較為復古。另外也有預約制的家族風呂。

{Info}

✉ 兵庫縣豐岡市城崎町湯島487
☎ 0796-32-2031　💲 1泊2食每人約
￥16,000～40,000　➡ 城崎車站徒步
約15分　http www.kinosaki-mikiya.jp

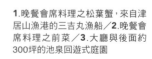

1.晚餐會席料理之松葉蟹，來自津居山漁港的三吉丸漁船／2.晚餐會席料理之前菜／3.大廳與後面約300坪的池泉回遊式庭園

天橋立

"倒頭栽觀賞「飛龍在天」的日本三景"

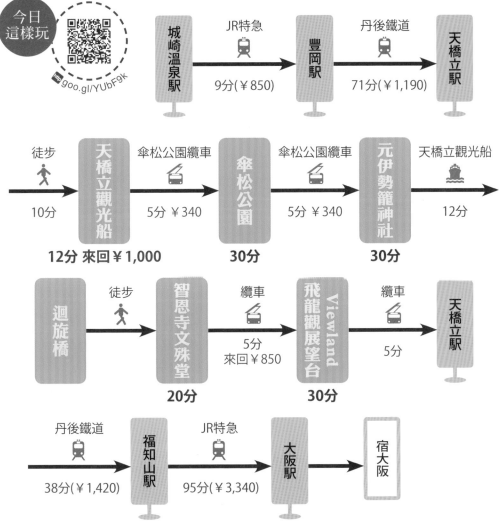

今日
這樣玩
goo.gl/YUbF9k

城崎溫泉駅 → JR特急 9分(¥850) → 豊岡駅 → 丹後鐵道 71分(¥1,190) → 天橋立駅

徒步 10分 → 天橋立觀光船 12分 來回¥1,000 → 傘松公園纜車 5分 ¥340 → 傘松公園 30分 → 傘松公園纜車 5分 ¥340 → 元伊勢籠神社 30分 → 天橋立觀光船 12分

迴旋橋 → 徒步 → 智恩寺文殊堂 20分 → 纜車 5分 來回¥850 → 飛龍觀展望台 Viewland 30分 → 纜車 5分 → 天橋立駅

丹後鐵道 38分(¥1,420) → 福知山駅 → JR特急 95分(¥3,340) → 大阪駅 → 宿大阪

＊ 註：如行程有搭乘天橋立觀光船(來回¥1,000)及傘松公園纜車
(來回¥680)，共計¥1,680，建議可購買「傘松観光券1,600円券」

旅遊案內所
出發前先了解的事

前往天橋立的方式
必須使用京都丹後鐵道

丹後半島有自己的鐵道公司「京都丹後鐵道」，包括宮福線、宮舞線、宮豐線，雖不隸屬日本國鐵，但最新版本的「關西廣域鐵路周遊券」、「關西&廣島地區鐵路周遊券」、「關西&北陸地區鐵路周遊券」已包含這些範圍，不須另外付費。丹後鐵道的觀光列車：有黑松、赤松、青松，各具特色，可視時間及路線安排搭乘，部分需另外付費。

■京都或大阪出發，經「福知山」路線：

從京都搭乘「特急きのさき」或從大阪搭乘「特急こうのとり」到福知山換車，轉乘丹後鐵道宮福線到天橋立；每天也有幾班從京都直達天橋立不需轉車的「特急はしだて」；注意坐對車廂，此列車開到綾部會進行車廂分離作業，部分開往福知山，部分開往東舞鶴。

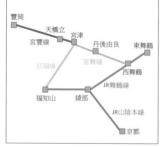
天橋立JR、京都丹後鐵道之交通示意圖：

丹後神崎～丹後由良有跨過由良川的「由良川橋」，鐵軌架在橋上

■京都出發，經「西舞鶴」路線：

從西舞鶴到天橋立是走海線，風景較漂亮，推薦想看海景或搭赤松觀光列車的人搭乘。先從京都搭「特急きのさき」或「特急はしだて」到綾部，注意坐對車廂，列車在綾部進行車廂分離作業，部分開往福知山，部分分離後名稱改為「特急まいづる」並開往西舞鶴、東舞鶴，抵達西舞鶴再轉乘丹後鐵道宮舞線或赤松號到天橋立。赤松號每週四至一行駛，費用¥540，為預約制需先上網預約。

觀光列車青松號外觀

■城崎溫泉出發，經「豐岡」路線：

城崎溫泉與天橋立都在北邊，很多人會排在一起，從城崎溫泉先搭到豐岡，再轉乘丹後鐵道宮豐線到天橋立。

http 京都丹後鐵道trains.willer.co.jp

丹後天橋立伊根フリー乘車船券
用這張2日券，搞定天橋立、伊根交通

2日券票價¥2,600，可於天橋立站內觀光諮詢櫃檯、天橋立橋及一の宮棧橋等觀光船票券出售處、及天橋立傘松公園纜車站成相營業所購買。可無限搭乘路線巴士(宮津市、京丹後市、伊根町、與謝野町區域內)、天橋立觀光船、天橋立傘松公園纜車、伊根灣遊覽船、成相寺登山巴士提供折扣優惠，注意不包括Viewland飛龍觀的纜車。

http 丹後海陸交通www.tankai.jp/kanko_ticket/

丹後天橋立伊根フリー乘車船券

觀光列車青松號內裝

天橋立Viewland

換個視角倒立看世界，發現隱藏的天橋

　　天橋立位於京都北部的丹後半島，因經年累月海潮流動與地殼推擠作用，在海上形成狹長沙洲的獨特自然景觀，與宮島、松島並列為「日本三景」。車站附近景點包括智惠

股のぞき台

の湯溫泉、天橋立Viewland、智恩寺文殊堂、迴旋橋，沙洲對岸景點包括元伊勢籠神社、傘松公園、成相寺。

　　天橋立Viewland(ビューランド)位於車站附近文珠山上的小型遊樂園，可搭乘登山吊椅或纜車上山。除了遊樂設施，還有個名為「股のぞき台」的展望台，來到這兒一定要做一個動作，就是背對天橋立站在台上，以倒頭栽的姿勢從胯下望去，可見沙洲如天橋般曲折迂迴直上天際，此即「天橋立」之名由來；又如飛龍在天、直衝雲霄，稱之為「飛龍觀」。

搭乘登山吊椅上天橋立Viewland

飛龍觀倒立看

{Info}

🕐 09:00～17:00，7/21～8/20為08:30～18:00，10/21～2/20為09:00～16:30 💲 登山吊椅或纜車(來回)+入園費￥850，官網列印折價券￥800 http www.viewland.jp

飛龍觀正面看

智慧餅

扇子形狀籤詩

智恩寺文殊堂

吃智慧餅，祈求增長智慧

智恩寺文殊堂為日本三大文殊之一，供奉的文殊菩薩能賜予智慧，許多考生前來祈求考運亨通。這裡的籤詩為扇子形狀，相當特別。

智恩寺前的街道有許多土產店、餐廳、旅館，名產是智慧餅(智惠の餅)，是一種上頭鋪有紅豆餡的年糕，相傳吃了能增長智慧。

{Info}

✉ 京都府宮津市字文殊466　🕐 自由參拜，御守販賣08:00～17:00

天橋立沙洲

搭船橫渡日本三景，或單車輕遊松林道路

不搭觀光船的話，可散步或騎單車橫渡沙洲，看8,000多棵松樹在白砂灣上漫無邊際延展開來，這條幽靜的道路為日本百大名松地，也是道路百選之一。沿途觀賞不同典故命名的松樹與騷人墨客題下的詩句石碑，悠閒愜意。

有兩個地方可搭纜車上展望台眺望天橋立沙洲，分別是天橋立Viewland的「飛龍觀」，與傘松公園的「昇龍觀」，各從沙洲兩端眺望的視野角度不同。

名水百選「磯清水」，但不能飲用

天皇御手植松

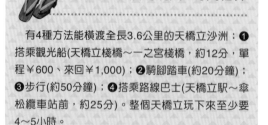
玩家提示　**天橋立沙洲的玩法&時間估算**

有4種方法能橫渡全長3.6公里的天橋立沙洲：❶搭乘觀光船(天橋立棧橋～一之宮棧橋，約12分，單程￥600、來回￥1,000)；❷騎腳踏車(約20分鐘)；❸步行(約50分鐘)；❹搭乘路線巴士(天橋立駅～傘松纜車站前，約25分)。整個天橋立玩下來至少要4～5小時。

沙洲沿途盡是綠松與蔚藍大海美景

元伊勢籠神社

丹後一宮&天橋立錦繡四季御守

元伊勢籠神社相傳是三重縣伊勢神宮的故鄉，為丹後半島地位最高的古神社，有「丹後一宮」之稱，歷史悠久。「天願橋立守」是非常漂亮的一款御守，有春夏秋冬4種圖案，難得來了可以買來當紀念、保平安。

春夏秋冬4種圖案的天願橋立守(￥800)

{Info}

✉ 京都府宮津市字大垣430 　⏰ 07:00～17:00

傘松公園

搭纜車到公園展望台眺天橋奇景

成相寺

在元伊勢籠神社旁可搭乘吊椅或纜車往上到傘松公園，這裡也有個展望台，從跨下望去，天橋立看似以40度斜角連結天際之天橋，此即「斜一文字」景觀，又稱為「昇龍觀」。若有多餘時間，可搭乘巴士繼續往上到成相寺，此乃西國三十三所觀音靈場第28番札所，保存許多文化遺產，也是俯瞰天橋立的制高點。

{Info}

⏰ 08:00～17:30(12～2月到16:30，3月和11月到17:00) 　💲 到傘松公園的登山吊椅或纜車(來回)￥680，到成相寺的登山巴士(含入山費)￥1,120、持觀光券優惠價￥800

炸豬排墨魚咖哩飯￥1,000，傘松公園上的餐廳「天橋立パノラマハウス」可以邊吃午餐、邊欣賞昇龍觀

伊根町

海之京都 祕境船屋小鎮

　　位於京都府北部丹後半島的伊根町，圍繞著海灣，自江戶時代起出現具在地特色的傳統建築「舟屋」(船屋)，1樓停泊船隻及收納漁具，2樓則為住家，共有200多棟，2005年起被列入日本指定為重要傳統建築物群保存地區。可以選擇搭乘遊覽船、騎腳踏車、前往展望台等方式，從不同角度欣賞船屋美景，部分船屋也提供餐飲或住宿體驗。大部分船屋仍居住著當地居民，在欣賞之餘也不要隨意進入船屋拍照造成居民困擾喔。

{Info}

✉ 京都府與謝郡伊根町 ➡ 自天橋立車站搭乘丹海巴士約55分可抵達伊根，單程票價￥400 http www.ine-kankou.jp

1.2017年才開幕的「舟屋日和」系列，其中「INE CAFE」是具文青風的咖啡甜點店／2.搭乘「伊根 めぐり遊覽船」從海上欣賞船屋／3.伊根在地經營的向井酒造，其中紅色外觀口味偏甜的「伊根滿開」赤米酒頗受歡迎／4.丹後半島是日本三大鰤魚漁場，冬季前來可別忘了品嘗當季的鰤魚／5.伊根傳統建築「舟屋」

琵琶湖賞波光山色‧
彥根長濱逛江戶老街

"品味大名鼎鼎的近江牛，見識長濱古街重生的文創奇蹟"

北国街道

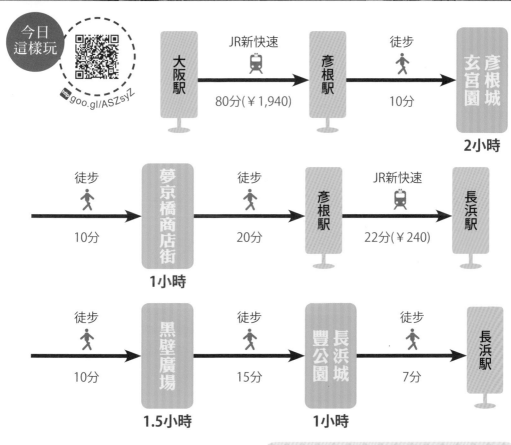

今日
這樣玩
goo.gl/ASZsyZ

大阪駅 —— JR新快速 80分(￥1,940) → 彥根駅 —— 徒步 10分 → 彥根城 玄宮園　2小時

徒步 10分 → 夢京橋商店街　1小時 —— 徒步 20分 → 彥根駅 —— JR新快速 22分(￥240) → 長浜駅

徒步 10分 → 黑壁廣場　1.5小時 —— 徒步 15分 → 長浜城 豐公園　1小時 —— 徒步 7分 → 長浜駅

JR新快速 105分(￥1,940) → 大阪駅 → 宿大阪

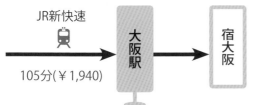

玩家提示

彥根： 從京都車站搭乘JR新快速約46分，從大阪車站搭乘JR新快速約80分
長濱： 從京都車站搭乘JR新快速約65分，從大阪車站搭乘JR新快速約105分
注意：本票券無法搭乘從新大阪或京都到米原的東海道新幹線

彥根城&玄宮園

碩果僅存木造國寶四城之一

彥根城在1600年由德川家康的家臣井伊直政開始規畫建造，由於時逢戰亂，原料不足，有不少建材是從其他城拆替使用，例如天秤櫓即豐臣秀吉的長濱城大手門所移建。美麗的彥根城為「琵琶湖八景」之一，並與姬路城、犬山城、松本城合稱為「國寶四城」，是目前僅存的4座木造城堡。

護城河旁的玄宮園為第4代藩主模仿唐玄宗在洞庭湖的離宮庭園所建，引自琵琶湖的水，為池泉回遊式庭園，小橋、古亭與池中倒影相映成趣，是知名賞櫻及賞楓勝地。

{Info}

✉ 滋賀縣彥根市金龜町1-1 🕐 08:30～17:00 💲 彥根城與玄宮園套票大人￥600，中小學生￥200 ➡ JR彥根駅徒步約10分 🔗 www. hikoneshi.com/jp/castle

1.彥根貓的可愛紀念品／2.天守閣聯外的廊下橋／3.玄宮園中間的池塘為「魚躍沼」，可以看到彥根城／4.玄宮園為池泉回遊式庭園／5.彥根城

夢京橋商店街(夢京橋キャッスルロード)

白牆黑瓦的江戶風情老街

「夢京橋」是在興建彥根城時所規畫的城下町，短短350公尺街道兩側盡是江戶時代的傳統建築，白牆黑瓦的木造屋，以特色商店、茶屋、近江牛料理餐廳為主，古樸幽靜的氣氛恰如其名般夢幻綺麗。

{Info}

➡ JR彥根駅徒步約20分 🌐 yumekyobashi.jp

洋溢著懷舊風情的夢京橋商店街

千成亭 伽羅(近江肉せんなり亭 伽羅)

在地人首推的知名近江牛餐廳

產於滋賀縣的近江牛，食用天然飼料、飲用琵琶湖湖水，最大特徵為肉質纖細、油脂鮮甜且帶有黏性，和神戶牛、松阪牛並稱為三大和牛。位於夢京橋商店街的千成亭伽羅，是在地人首推的近江牛專門料理店，牛隻來自於自家的千成亭牧場。餐廳為木造建築，裡頭有個日式庭園，用餐區為榻榻米座席。除了價位較高的會席料理以及極上近江牛壽喜燒、涮涮鍋、牛排，中午有提供價格較優惠的近江牛鐵火丼、伽羅御膳、壽喜燒鍋膳等，是品嘗高貴而不貴的和牛料理超值方案。

{Info}

✉ 滋賀縣彥根市本町2-1-7 ☎ 0749-21-2789 ⏰ 11:30～14:30，17:00～22:00，週二公休 ➡ JR彥根駅徒步約15分 🌐 kyara.sennaritei.jp

↑2樓的榻榻米用餐區
↓油脂鮮甜的近江牛

中午優惠價的「近江牛すき焼き鍋膳」¥3,080，除了壽喜燒，還有一盤稍微烤過的牛肉

黑壁廣場 (黑壁スクエア)

古建築改造重生的文創藝術街區

為了保護江戶至明治時期的銀行、倉庫等老建築免於被拆除，由政府及民間集資陸續將古老建築物改裝成玻璃製品商店、美術館、民藝品店、土產店、餐廳。黑壁1號～30號館各具特色，轉型成功後成為琵琶湖北邊最大觀光景點。本區以彩色玻璃藝術及萬花筒聞名，此外，每年4月中旬舉行的長濱曳山祭典已有400年歷史，有「日本三大山車祭」之稱，平時也可前往曳山博物館參觀美麗的花車。

←↓玻璃製品小物

{Info}

✉ 滋賀縣長浜市元浜町12-38 🄲 各店不一，大部分為10:00～18:00(11～3月只到17:00) ➡ JR長浜駅徒步約5分 🆠 www.kurokabe.co.jp

黑壁文化藝術街道

黑壁5號館「札の辻本舖」為玻璃、土產及雜貨商店

長濱城&豐公園

長濱城歷史博物館

長濱歷史博物館&湖畔櫻花勝地

長濱城最早於1573年由豐臣秀吉所建，在1615年廢城，直到1983年又以犬山城、伏見城為模型再度模擬復元天守，目前作為歷史博物館，介紹長濱的歷史文化發展與豐臣秀吉的故事，頂樓天守閣可眺望琵琶湖美景。城外是豐公園，種有800株染井吉野櫻，是知名的櫻花百選勝地。

長濱車站前紀念豐臣秀吉與石田三成首次相遇的銅像

{Info}

✉ 滋賀縣長浜市公園町10-10 📞 0749-63-4611 🄲 09:00～17:00 💲 歷史博物館大人￥400，中小學生￥200 ➡ JR長浜駅徒步8分 🆠 www.city.nagahama.shiga.jp/section/rekihaku

櫻花季的豐公園與琵琶湖格外迷人

鳥喜多

親子丼名店，溫馨小食堂

　　1931年創業的老鋪，為在地名店，不少名人曾來訪，每天還沒開門就已數十人在排隊。店內空間狹小約只能容納20人，充滿溫馨的家庭式食堂氛圍。大家幾乎清一色點親子丼，軟嫩雞蛋與雞肉搭配白米飯相當美味，上頭還有顆金黃色的半熟蛋，蛋汁流溢出來更加滑潤可口。

{Info}

✉ 長浜市元浜町8-26 📞 0749-62-1964 🕐 11:30～14:00，16:30～19:00，週二公休 ➡ JR長浜駅徒步3分

親子丼(¥580)，金黃色半熟蛋非常可口

號tetu(コテツ)

長濱必嘗的雞白湯拉麵

　　長濱人氣第一名的拉麵，主打雞白湯湯頭，美食雜誌評選獲獎後脫穎而出。招牌菜單是「濃厚雞そば(塩味)」，配料有筍干、韭菜、蔥粒與提味用的唐辛子辣椒絲，叉燒肉厚度適中，麵條富有彈性。雞白湯經數小時熬煮後濃縮成極其濃郁的湯底，撲鼻香氣中喝的出自然甘甜味，是整碗拉麵的靈魂所在。

{Info}

✉ 滋賀県長浜市南呉服町5-24 📞 0749-63-4340 🕐 11:30～16:00，每週一及每月第1個週二公休 ➡ JR長浜駅徒步3分

濃厚雞そば 塩味(¥780)，湯頭是相當濃厚的雞白湯

延伸行程

琵琶湖
乘船飽覽日本最大湖的優美風光

↑琵琶湖遊覽船有各種不同航程，此為賞櫻時期限定的花見遊覽船

　　滋賀縣中央的琵琶湖是日本最大的湖泊，四周群山環抱，被指定為國家公園。有多個港口可搭乘不同方案的遊覽船遊湖，最熱門的是「密西根號」(ミシガン)，從大津港出發繞行一圈；若想前往湖中央的竹生島尋訪神仙居住地，可搭乘長濱港或今津港出發的「竹生島遊船」。特定季節也有期間限定的遊船，例如長濱港出發的春季賞櫻船，中間有半小時可下船在櫻花百選名勝「海津大崎」欣賞櫻花盛開美景。

{Info}

💲 密西根號從大津港出發繞行一圈80分鐘¥2,780；長浜港出發的賞櫻船150分鐘¥3,090 ➡ JR大津駅步行約15分鐘或搭巴士5分鐘到大津港；JR長浜駅步行約10分鐘到長浜港
http www.biwakokisen.co.jp

海津大崎盛開的櫻花

| 福井 | 石川 | 富山 | 兵庫 | 和歌山 |

關西&北陸地區鐵路周遊券
Kansai-Hokuriku Area Pass

7日

關・西・&・北・陸・玩・到・飽

富山・金澤・加賀
╳和歌山與姬路城

地鄰日本海的北陸，以雪和富饒的海洋物產聞名。
我們一起去看古典美的金澤、造訪著名的加賀溫泉、
登上奇峭險峻的日本海斷崖「東尋坊」、
在富山盡情享受感動味蕾的峽灣豐富漁產。
還能關西＋北陸一魚兩吃，去鄰近的和歌山追夕陽美景、
到兵庫朝聖世界聞名的白色姬路城與明石跨海大橋。
想體驗超值滿載的行程，快來看看這張周遊券要如何規畫使用吧！

敦賀
舊歐亞玄關港口

金澤
北陸小京都

富山
自然風光與風味海鮮

拜訪的
城市

山中溫泉
靜謐溫泉小鎮

福井
越前歷史遺跡

姬路
雪白夢幻白鷺城

白濱溫泉
古老溫泉巡禮

關西&北陸
かんさい&ほくりく

兵庫縣

關西的姬路城為世界文化遺產，賞櫻旺季更是人潮洶湧；雄偉的明石海峽大橋是世界最長的海上吊橋，距離神戶不遠，造訪神戶時也可順道一遊。(關西廣域周遊券的城崎溫泉以及神戶亦屬於兵庫縣)

和歌山縣

白濱溫泉有1,400多年歷史，名列三大古湯，海岸邊的斷崖峭壁、白色沙灘都是知名景點。有「熊野三山」稱號的「熊野本宮大社」、「熊野速玉大社」、「熊野那智大社」是著名的神社與靈場，充滿神祕的氛圍，參拜道「熊野古道」已登錄為世界文化遺產。

富山縣

高山環抱、地處沿海，自然景觀優美，立山連峰有日本阿爾卑斯山美稱。港灣帶來豐富物產，鮮甜透明的白蝦、春季散發神祕藍光的螢烏賊及冬季肥美的寒鰤魚，都是在地特有的好味。哆啦A夢作者的故鄉高岡市、富山市富岩運河環水公園的迷人夜景與世界最美的星巴克，皆是旅人最愛造訪之地。

福井縣

北臨日本海，長年受海浪侵蝕形成奇岩怪壁的「東尋坊」，擁有全世界只有3個地方能看到的輝石安山岩岩柱，附近三國港可品嘗美味海鮮。永平寺依山而建，階梯式迴廊相當壯觀。敦賀市是個海港，在金之崎綠地的海濱棧道漫步，停泊港口的船隻一覽無遺；祈求戀愛的金崎宮是年輕人的熱門朝聖地。世界規模數一數二的「恐龍博物館」展示恐龍模型與化石，有興趣的人可前往一遊。越前蘿蔔泥蕎麥麵、醬汁豬排丼是便宜好吃的B級美食；產量稀少無法外銷的越前蟹只有冬天來福井才吃得到，頂級美味有味覺王者之美譽。

石川縣

知名溫泉鄉。加賀溫泉歷史悠久、風景優美，有「關西後院」之稱。金澤是北陸最大城市，擁有許多充滿文化古韻的知名景點：三大名園之一的「兼六園」、大規模重建後積極申請世界文化遺產的「金澤城」、濃厚江戶情懷與藝妓風華的「三大茶屋街」，讓人感受穿越舊時光之美。還有，金澤盛產金箔，擅以金箔入食，貴氣的金箔冰淇淋、金箔蜂蜜蛋糕只有在這裡吃得到喔！

1.和歌山城旁的紅葉溪庭園／2.日本最古天守閣之丸岡城／3.富山灣才有的螢烏賊／4.金澤東茶屋街附近淺野川畔是熱門櫻花景點／5.姬路城旁之好古園／6.富山灣寶石之富山白蝦

2

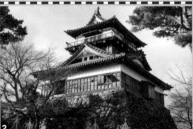
3

1

和倉溫泉駅 七尾駅

冰見駅

高岡駅 富山駅

津幡駅 富山縣

兼六園・ 金澤駅
21世紀美術館・
東茶屋街 瑞龍寺・
高岡大佛

東尋坊 加賀溫泉駅 山中溫泉

蘆原溫泉駅 石川縣 岐阜縣

永平寺
福井駅

新潟縣

上越妙高駅

新高岡駅 富山駅 北陸新幹線
（金澤⇔上越妙高）

群馬縣

金澤駅 富山縣

石川縣 長野縣

福井縣 岐阜縣 山梨縣

城崎溫泉駅 天橋立駅 敦賀駅

鳥取駅 金崎宮・氣比神宮・金之崎綠地

鳥取縣 京都府 京都駅

兵庫縣 滋賀縣 愛知縣 靜岡縣

姬路城・ 好古園

岡山縣 姬路駅 新大阪駅

岡山駅 新神戶駅 奈良駅

倉敷駅 山陽新幹線 大阪
（新大阪⇔岡山）

兒島駅 明石海峽大橋 奈良縣 三重縣

和歌山駅

和歌山縣

白濱駅 紀伊勝浦駅

白濱溫泉

關西&北陸地區周遊券與關西廣域周
遊券在關西地區的使用範圍幾乎是
完全重疊的，因此本章節第1天敦賀、
第6天姬路明石、第7天白濱，與前章
節5天的所有行程，皆可依各位喜好
自行混搭，行程安排上更有彈性。

4

5

6

關西北陸周遊券資訊

特急黑潮號(Kuroshio)

這張票券範圍很大,是關西廣域和北陸的綜合版,適合關西搭機進出,玩了關西又想玩北陸的人。北陸地區自從新幹線開通後,觀光客漸增,福井縣、石川縣、富山縣都各有特色,建議住宿在交通方便又熱鬧的金澤,好好體驗這三個縣的自然風光。

票價

海外事先購買¥15,270,日本當地購買¥16,290,兒童半價(6~11歲)。

購票方法

在海外旅行社購買兌換券,再到JR西日本的指定車站兌換	富山、新高岡、金澤、小松、福井、敦賀、京都、新大阪、大阪、三之宮、關西機場、奈良、和歌山、豐岡、城崎溫泉、福知山、西舞鶴、東舞鶴、岡山
在JR西日本網上預約,再到指定車站兌換	京都、新大阪、大阪、關西機場、富山、金澤、小松、東舞鶴、西舞鶴
到指定車站直接購買	富山、新高岡、金澤、小松、福井、敦賀、京都、新大阪、大阪、神戶、新神戶、三之宮、姬路、二條、宇治、嵯峨嵐山、京橋、鶴橋、天王寺、新今宮、弁天町、西九條、關西機場、奈良、JR難波、和歌山、豐岡、城崎溫泉、福知山、西舞鶴、東舞鶴、岡山、綾部、關西旅遊訊息服務中心(第1候機樓、第2候機樓)、Travel Service Center OSAKA

使用期間

自起始日起連續使用7天。

使用範圍

指定區間內可無限搭乘自由席。可搭乘的列車包含新大阪及岡山區間內的山陽新幹線、金澤及上越妙高區間內的北陸新幹線、特急列車「Haruka(はるか)、Thunderbird(サンダーバード)、Kuroshio(くろしお)、Kounotori(こうのとり)、Super hakuto(スーパーはくと)(京都~上郡)」,JR西日本在來線的新快速、快速、普通列車。

注意事項

■只能搭自由席,不可劃位搭指定席。

■上越妙高往東京方向的北陸新幹線、新大阪往京都及名古屋方向的東海道新幹線不可搭乘。

■IR石川鐵道線(金澤~津幡),Ainokaze富山鐵道線(富山~高岡)只能乘車通過,不可上下車。若搭乘Ainokaze富山鐵道線的快速「Ainokaze Liner」時,要另外支付乘車整理料金。

■每次在日本停留期間,每人限購買1張。

官網

🔵 JR西日本中文版官網:www.westjr.co.jp/global/tc(選擇「優惠車票」→「JR西日本鐵路周遊券」→「關西&北陸地區鐵路周遊券」)

機場交通

關西機場

先從機場搭車到新大阪(JR特急はるか車程50分鐘¥2,330),再從新大阪搭乘JR特急雷鳥號(Thunderbird)(サンダーバード),到敦賀75分鐘¥4,100,到福井110分鐘¥5,510,到金澤155分鐘¥7,130

小松機場

於1號乘車處搭乘利木津巴士,約40分鐘於金澤車站西口下車,單程票價大人¥1,130,小孩¥620,注意巴士沒有固定時刻表,而是班機抵達後約15分鐘發車

富山機場

搭乘巴士到富山車站約40分鐘¥410

歐風港口漫步，
古老神社祈求良緣
"敦賀的舊車站、戀之宮以及氣比神社"

今日
這樣玩

goo.gl/6vHlko

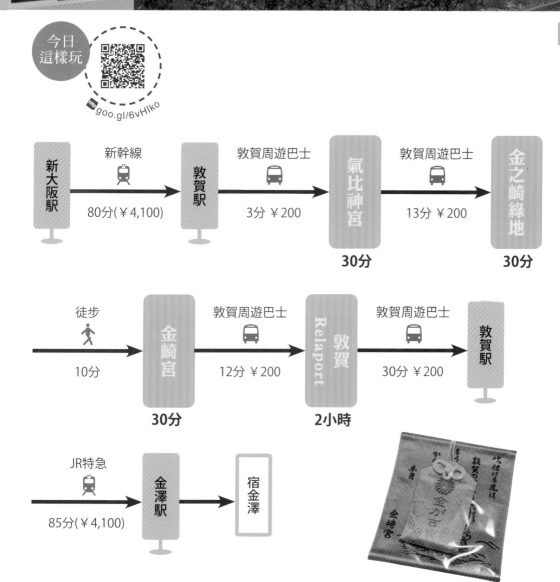

| 新大阪駅 | 新幹線 🚄 80分(￥4,100) | 敦賀駅 | 敦賀周遊巴士 🚌 3分 ￥200 | 氣比神宮 30分 | 敦賀周遊巴士 🚌 13分 ￥200 | 金之崎綠地 30分 |

| → 徒步 🚶 10分 | 金崎宮 30分 | 敦賀周遊巴士 🚌 12分 ￥200 | 敦賀 Relaport 2小時 | 敦賀周遊巴士 🚌 30分 ￥200 | 敦賀駅 |

| → JR特急 🚄 85分(￥4,100) | 金澤駅 | → | 宿金澤 |

旅遊案內所
出發前先了解的事

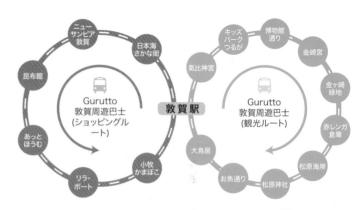

敦賀周遊巴士1日券
無限搭乘巴士，重要景點都能輕鬆到達

　　敦賀市區內的移動大多仰賴巴士，其中「ぐるっと(Gurutto)敦賀周遊巴士」是市區針對重要景點停留的循環巴士，有以觀光為主(觀光ルート)及以採購為主(ショッピングルート)的兩條循環路線，每次搭乘費用為大人¥200、小孩¥100，因此只要會搭到3次以上就可購買當日無限搭乘的1日券。

外國人旅行者專用フリーパス乘車券

外國人旅行者專用
フリーパス乘車券

票價	1日券大人¥500，小孩¥250
購票地點	上車後跟司機購買
使用方法	下車時出示給司機看

http www.turuga.org/category/access/gurutto.html(含時刻表)

氣比神宮

日本三大木造鳥居

　　氣比神宮歷史悠久，主祭神為有「御食津大神」之稱的「伊奢沙別命」，總管海上交通、農漁業衣食住生活，有「北陸道總鎮守‧越前國一宮」之稱。

　　最顯眼的就是11公尺高的朱紅色鳥居，與奈良春日大社、廣島嚴島神社並列為「日本三大木造鳥居」，也是國指定重要文化財。

　　初建立於西元810年，然遭暴風毀壞，後來在1645年使用「椋樹」重建，並躲過二戰的敦賀空襲戰火至今。

氣比神宮11公尺高的朱紅色鳥居是日本三大鳥居之一

豆知識　文化財小知識

　　「重要文化財」是日本認為有需要保存的有形或無形的文化財產，有可能是建築物、藝術品等等，至於會有「國指定」、「縣指定」、「市指定」等是因為各級政府都可以自行指定，日本網站上沒有特別註明的通常就是「國指定」以和其他區別，至於其他「縣指定」、「市指定」的文化財等通常不會加上「重要」兩個字。

{Info}
📮 福井縣敦賀市曙町11-68　📞 0770-22-0794　🕐 06:00～17:00　🚶 從敦賀車站步行約15分；或從敦賀車站搭乘巴士約3分鐘後於氣比神宮下車　http kehijingu.jp

敦賀舊車站

昔日連結歐洲門戶的車站

「金之崎綠地」為敦賀港的中心綠地，漫步於海邊的木棧道上，海風徐徐吹來，十分舒服，這裡可以眺望敦賀港與停泊港口的船隻，綠地周邊有舊車站及紅磚倉庫等史蹟可參觀，充滿懷舊浪漫情趣。

敦賀港於1899年開港後，成為與外國聯絡的重要海港，金ヶ崎(敦賀)與新橋(東京)聯絡的「國際列車」，透過與海參崴的連絡船，經由西伯利亞鐵道來往歐洲，此外，當時日本大部分的國際郵件也都是經由敦賀港。

敦賀舊車站現為兩層樓敦賀鐵道紀念館，於1999年也就是開港100周年起重現當年歷史，內有列車模型展示、敦賀鐵道相關史料。

附近的「人道の港・敦賀ムゼウム紀念館」，為二次世界大戰期間日本對猶太人施予人道救援的地方，讓他們前來敦賀再到各地逃難。

「敦賀紅磚倉庫」(敦賀赤レンガ倉庫)建於1905年，當時為儲藏石油的倉庫。

1.金之崎綠地的時計塔／2.曾為連結歐洲門戶的敦賀舊車站，現為鐵道紀念館／3.曾為儲存石油倉庫的敦賀紅磚倉庫

{Info}

✉ 福井縣敦賀市港町1-25 ☎ 0770-21-0056 🕐 09:00～17:00，週一休館 ➡ 從敦賀車站搭乘Gurutto敦賀周遊巴士(觀光ルート)，約10分鐘後於「金之崎綠地」下車 🌐 www.turuga.org/places/minatoeki/minatoeki.html

金崎宮

小豆袋守 ¥1,000

戀愛神社與春日賞櫻勝地

金崎宮建於西元1336年，主要祈求戀愛、姻緣、突破難關、開運招福、財運亨通。

金崎宮境內種植上千株櫻花，為賞櫻名所，每年4月1～15日舉行花換祭(花換まつり)，祭典起源於明治時代，男女趁著花換祭來訪，將自己手上的櫻花與心儀對象交換，因此金崎宮也有「戀之宮」稱號，吸引人們來尋求良緣。

1.金崎宮／2.金ヶ崎城址／3.從金ヶ崎城址眺望敦賀港

另外，金崎宮隔壁的「金ヶ崎城址」，是戰國時代著名的「金崎之戰」所在地。1570年，織田信長進攻越前的朝倉義景，淺井長政率軍援救朝倉。然而，長政之妻、替他生下戰國三公主的「阿市」，是織田信長的妹妹，在長政決定出兵時感到左右為難，於是送出兩端都打結且裡面袋有紅豆的小袋暗示信長。信長得知腹背受敵後，下令全軍撤退，因而免除潰敗。目前金崎宮內販售有此形狀的「小豆袋守」或稱「難關突破守」。

{Info}

✉ 福井縣敦賀市金ヶ崎町1-4 ☎ 0770-22-0938 ➡ 從敦賀車站搭乘Gurutto敦賀周遊巴士(觀光ルート)，約8分鐘後於「金崎宮」下車，再步行10分 🌐 kanegasakigu.jp

敦賀Rela Port

美人之湯&冬季限定螃蟹大餐

　　敦賀きらめき溫泉リラ・ポート(Rela Port)是位於半山腰的船形建築，提供日歸溫泉(純泡湯不住宿)與用餐。溫泉在3樓，有大浴場也有露天風呂，泉質為鹼性的單純溫泉，標榜是美人之湯。

　　2樓是休息區和餐廳，除了日式和中式定食，也有蓋飯、烏龍麵、蕎麥麵，另外也可預約會席料理。如果是冬季前來，還會推出期間限定的螃蟹會席，需事先預約，除了會席料理，還有蟹腳、握壽司、沙拉、飲料、甜點等無限取用，相當豐盛。

{Info}

✉ 福井県敦賀市高野91-9-3 📞 0770-24-1126 🕐 10:00～22:00，每月第1及第3週的週二公休 💲 泡湯費用大人￥1,000，小孩￥500 ➡ 從敦賀車站搭乘Gurutto敦賀周遊巴士(ショッピングルート)，約15分於「Rela Port」(リラ ポート)下車 🌐 www.relaport.com

1.一整隻的松葉蟹／2.外觀氣派的Relaport／3.泡完溫泉的休息處／4.冬季限定螃蟹會席／5.螃蟹蒸蛋／6.享用完會席料理，還有握壽司、蟹腳、甜點吃到飽

吃富山灣肥美魚鮮
╳看高岡市哆啦A夢

" 來到大自然恩賜的海洋寶庫請務必一嘗
晶瑩鮮甜的白蝦、螢烏賊、冬季鰤魚和黑拉麵 "

今日
這樣玩

goo.gl/PPMWQG

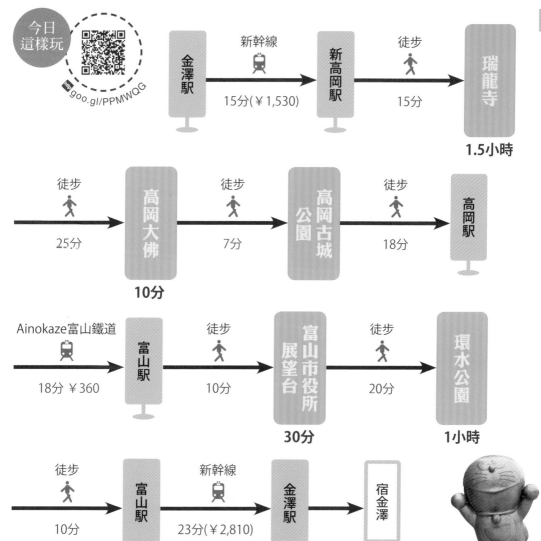

金澤駅 → 新幹線 🚄 15分(￥1,530) → 新高岡駅 → 徒步 🚶 15分 → 瑞龍寺 **1.5小時**

→ 徒步 🚶 25分 → 高岡大佛 **10分** → 徒步 🚶 7分 → 高岡古城公園 → 徒步 🚶 18分 → 高岡駅

→ Ainokaze富山鐵道 🚆 18分 ￥360 → 富山駅 → 徒步 🚶 10分 → 富山市役所展望台 **30分** → 徒步 🚶 20分 → 環水公園 **1小時**

→ 徒步 🚶 10分 → 富山駅 → 新幹線 🚄 23分(￥2,810) → 金澤駅 → 宿金澤

哆啦A夢散步道

高岡車站熱門拍照景點

富山縣高岡市是超人氣漫畫哆啦A夢作者藤子・F・不二雄先生的故鄉，高岡車站出來有條「哆啦A夢散步道」，共有12尊漫畫人物的銅像，表情生動逗趣，是拍照熱門景點，走訪高岡市區也不時可以發現小驚喜喔！

{Info}
➡ 高岡車站對面

高岡車站前的「哆啦A夢散步道」

高岡大佛

日本三大佛之一

位於高岡市區、高達16公尺的阿彌陀如來坐像，為高岡市指定文化財，與「奈良大佛」、「鎌倉大佛」並稱為「日本三大佛」。

日本三大佛之一的高岡大佛為銅造重建

高岡銅器因鑄造技術佳及作品細緻而相當聞名，全日本約有95%銅製品生產於此。高岡大佛原為木造，於13世紀初由躲避承久之亂的源義勝所建，後因多次遺失或燒毀重建，直到1907年由高岡在地銅器職人們花了26年的時間改為銅造重建。1933年重建完成後，日本歌人與謝野晶子來訪，說了一句「比鎌倉大佛還美」，因此高岡大佛也有「美男」的稱號。

{Info}
✉ 富山縣高岡市大手町11-19　☎ 0766-23-9156　🕐 06:00～18:00　💲 免費　➡
Ainokaze富山鐵道高岡車站步行約12分　🌐 www.takaokadaibutsu.xyz

瑞龍寺

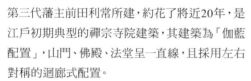

禪宗國寶建築

瑞龍寺由加賀藩第二代藩主前田利常所建，約花了將近20年，是江戶初期典型的禪宗寺院建築，其建築為「伽藍配置」，山門、佛殿、法堂呈一直線，且採用左右對稱的迴廊式配置。

瑞龍寺是加賀藩第二代藩主前田利長公的「菩提寺」，所謂「菩提寺」指的是有祖先位牌，用以弔念先祖的寺院。瑞龍寺最後面的「法堂」，

可以脫鞋走上榻榻米，置於最中央的就是利長的位牌。第三代藩主利常是第二代藩主利長同父異母的弟弟，瑞龍寺是就是為了感念兄長所建。

瑞龍寺為北陸地區唯二的國寶建築物之一，另一個是福井縣小浜市的明通寺。其中山門、佛殿、法堂為國寶，總門、禪堂、高廊下、迴廊、大茶堂為「國指定重要文化財」，值得花點時間好好欣賞。

{Info}
✉ 富山縣高岡市關本町35　☎ 0766-22-0179　🕐 09:00～16:30，冬季09:00～16:00　💲 大人￥500，中高學生￥200，小學生￥100　➡ JR新高岡車站步行約15分；Ainokaze富山鐵道高岡車站步行約10分　🌐 www.zuiryuji.jp

1.瑞龍寺販售的仙貝￥700／2.參道上的加賀藩第二代藩主前田利長／3.瑞龍寺的迴廊／4.瑞龍寺的山門為國寶

高岡古城公園

北陸著名的賞櫻名所

位於高岡市區，為高岡城城跡所在處、富山縣指定史跡，擁有日本100名城、賞櫻名所100選、日本歷史公園100選等頭銜。

高岡城於1609年由加賀藩第二代藩主前田利長所建，但1615年因一國一城令政策而廢城，後為大火所焚毀。

高岡古城公園名列賞櫻百選

高岡古城公園目前為市民休憩所，境內有射水神社、弓道場、古城公園動物園、高岡市民會館、高岡市立博物館、高岡市民体育館、遊覽船等。

射水神社歷史悠久，創建於至少距今1,300年以上的奈良時代，為越中唯一的「名神大社」，有「越中總鎮守」之稱。

有「越中總鎮守」之稱的射水神社

{Info}

✉ 富山縣高岡市古城1-9　☎ 0766-20-1563　➡ Ainokaze富山鐵道「高岡駅」步行約18分，或JR冰見線「越中中川駅」步行約5分，或路面電車「急患医療センター前」步行約3分　http www.kojyo.sakura.ne.jp

鮨金

豐富新鮮的漁產╳山脈雪水灌漑之米絕配而成的「富山灣鮨」

富山縣北邊的富山灣，是日本海最大的外洋性內灣，由於立山連峰與富山灣落差4,000公尺的急峻地形、豐富的自然環境、四季分明的氣候、地處寒暖流交匯帶，所以富山盛產各種魚類和海鮮，有「海之幸之寶庫」及「天然魚塘」的稱號，尤其白蝦、鰤魚、螢烏賊等都是富山灣最具代表性的美食。

「富山灣鮨」相當出名，由於旁邊就是立山連峰常有雪水，富山也是擁有「全國名水百選」的縣別，利用

雪水灌漑的富山縣產米亦頗富盛名，新鮮的魚產搭配富山縣產米，壽司自然是相當美味。

位於高岡車站附近的「鮨金」，是提供「富山灣鮨」的五十多家店家之一。午間的無菜單握壽司套餐(おまかせコース)價格為¥3,500，造訪當天共有14貫握壽司以及味噌湯和細捲，師傅動作相當俐落，從第一貫到最後一貫只花了約25分鐘，滑嫩鮮甜的富山蝦及冬季肥美的鰤魚令人印象深刻。

1.(上)滑嫩鮮甜的富山蝦，(下)冬季肥美的鰤魚／2.外觀不是很起眼的「富山灣鮨」店家「鮨金」

{Info}

✉ 富山県高岡市末廣町50-13　☎ 0766-23-5781　🕐 12:00～13:30、17:30～21:30，週日公休　➡ Ainokaze富山鐵道「高岡駅」步行約3分　http www.toyamawan-sushi.jp/shop/takaoka/post-53.html

富山市役所展望塔

遠眺立山連峰的免費觀景臺

富山市役所展望塔，離富山車站不遠，位於富山市政府(市役所)最上層，不需門票可自由進出。

展望塔可看到富山市街

展望塔約70公尺高，可看到富山市街，南邊為富山城，西邊為吳羽丘陵，北邊為富山灣，天氣好的時候可看到遠方的立山連峰。

{Info}

✉ 富山縣富山市新櫻町7-38　📞 076-431-6111　🕐 4～10月，平日09:00～21:00，週末及假日10:00～21:00；11～3月，平日09:00～18:00，週末及假日10:00～18:00　💲 免費　➡ 富山車站南口步行約10分　http www.city.toyama.toyama.jp (選擇「展望塔情報」)

市役所旁的松川在賞櫻季節可搭乘遊覽船

富岩運河環水公園

與世界最美的星巴克邂逅

位於富山車站北邊不遠處的富岩運河環水公園，於1997年開園，面積約9.7公頃，內部有天門橋、星巴克環水公園店、野外劇場、牛島閘門、泉と滝の廣場、富岩水上遊覽船、人工島「あいの島」、綜合體育場等，會不定期舉辦各種活動。

天門橋長約58公尺，兩側展望塔高約20公尺，天氣好時可眺望立山連峰，晚上可以欣賞打燈後的美麗夜景。連接兩個塔頂的紅線及電話，是不少情侶告白的地點。

星巴克環水公園店，是日本第一家位於都市公園內的店鋪，也是特色概念店之一，由於環繞店鋪的綠色草皮、美麗運河及天門橋景色、以及夜晚浪漫氛圍，有「世界第一美的星巴克」稱號。

1.夜間打燈的天門橋(照片提供：Shen)／**2.**世界最美的星巴克／**3.**公園與周邊運河的浪漫夜景(照片提供：Shen)

{Info}

✉ 富山縣富山市湊入船町　📞 076-444-6041　🕐 無(星巴克08:00～22:30)　➡ 富山車站北口步行約10分　http www.kansui-park.jp

一心拉麵 (ラーメン一心)

湯頭醇厚的富山黑拉麵，不使用化學調味喔！

店家招牌「黃金煮玉子拉麵」

「黑拉麵」為富山在地美食，起源於二次大戰後，作為年輕勞動者的午餐，由於勞動者大量流汗需補充鹽分，拉麵湯頭使用了非常濃厚的醬油，湯汁看起來很黑，故稱黑拉麵。

位於富山車站附近的「一心」，標榜完全不使用化學調味料。店家招牌為「黃金煮玉子拉麵」(￥830)，使用國產小麥經手打及24小時短時間熟成的麵條，將和歌山濃厚醬油加入各種小魚熬製成湯頭，搭配滑嫩的半熟蛋，風味十足。

{Info}

✉ 富山縣富山市櫻町1-1-36(地鉄ビル1F) ☎ 0766-23-5781 🕐 11:30～15:00，18:00～22:30，週日公休 ➡ 從富山車站步行約5分 🔗 www.r-isshin.com

鱒壽司本舖 源 (ますのすし本舖 源)

特產鱒魚、鰤魚做成的醋飯鐵路便當

擁有眾多河川的北陸為河魚盛產地，大自然恩賜使鱒魚壽司成為富山縣引以為傲的代表性鄉土料理，曾榮獲全國美味土產第四名。富山灣也是鰤魚的知名產地，尤其冬季的冰見寒鰤魚肥美鮮甜，堪稱極品。

「源」起家自富山高級料亭旅館，100年前鐵路開通後開始製作鐵路便當，飯盒有圓形，也有小箱長條型。醃漬過的鱒魚、鰤魚覆蓋於酸度香氣適中的醋飯上，重壓成緊實的押壽司，加上竹葉保鮮。豐厚油脂均勻分布於結實魚肉，融入比例完美的醋飯，入口滿是感動。

鐵路便當

{Info}

✉ 鐵路便當販售地點包括北陸新幹線列車，新幹線的富山、新高岡車站，あいの風とやま鉄道的富山、高岡、魚津車站 🔗 www.minamoto.co.jp

白蝦亭

富山灣當日現撈白蝦做成的丼飯

白蝦是富山灣最具代表性的特產，幾近透明、僅略帶一點淡粉紅色光澤，晶瑩剔透而擁有「富山灣寶石」之美名。

「白蝦亭」是打著元祖白蝦仙貝名號的「白蝦屋」旗下企業，菜單上除了白蝦，也有螃蟹、章魚。白蝦料理主要有兩種吃法，白蝦刺身丼(￥2,480)是用人工一隻隻剝殼後，將約90隻刺身鋪在白飯上，可吃出原味的鮮美與淡淡的甜味。白蝦天丼(￥1,260)是選用較大較肥美的白蝦，裹上一層薄薄酥炸麵衣，一口咬下滿是酥脆口感與炸蝦香氣，隨餐附贈的白蝦仙貝也很好吃，喜歡的話可直接在店內採買，當作伴手禮。

白蝦亭：有兒帶專區，比內用便宜約￥100(照片提供：Shen)

白蝦刺身丼￥2,480

{Info}

✉ 富山市明倫町1-220 JR富山駅1Fきときと市場「とやマルシェ」內 ☎ 076-433-0355 🕐 10:00～21:30 🔗 www.shiroebiya.co.jp

北陸小京都・金澤1日典雅散策

"兼六園、東茶屋街薰染古風美
在處處暗藏設計驚喜的現代美術館「玩藝術」"

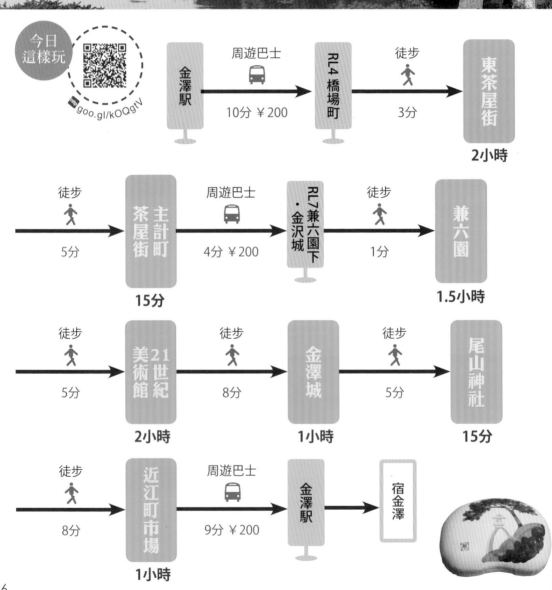

今日
這樣玩

goo.gl/kOQgtV

金澤駅 → 周遊巴士 🚌 10分 ￥200 → RL4橋場町 → 徒步 🚶 3分 → 東茶屋街 2小時

徒步 🚶 5分 → 主計町茶屋街 15分 → 周遊巴士 🚌 4分 ￥200 → RL7兼六園下・金沢城 → 徒步 🚶 1分 → 兼六園 1.5小時

徒步 🚶 5分 → 21世紀美術館 2小時 → 徒步 🚶 8分 → 金澤城 1小時 → 徒步 🚶 5分 → 尾山神社 15分

徒步 🚶 8分 → 近江町市場 1小時 → 周遊巴士 🚌 9分 ￥200 → 金澤駅 → 宿金澤

旅遊案內所
出發前先了解的事

↑→周遊巴士有多種不同造型及顏色

城下町金澤周遊巴士
(城下まち金沢周遊バス)

觀光客在金澤市區最方便的交通工具

從金澤車站東口7號乘車處出發，有順時針(RL右回)、逆時針(LL左回)兩條路線，幾乎市區主要景點都有站牌，繞市區一圈40分鐘，每15分鐘1班車，非常方便。首班車於08:30、末班車於18:05從金澤車站發車，每回乘車大人¥200、小孩¥100。

北鐵巴士1日乘車券

假日兼六園班車半價

「北鉄バス1日フリー乗車券」1天內可無限搭乘城下町金澤周遊巴士、兼六園班車，及指定區間內的路線巴士。

城下町金澤周遊巴士、兼六園班車每15～20分鐘就一班車，市區觀光非常方便，但晚上6點過後就只能搭乘路線巴士(到晚上10點多)，市區內均一價每回¥200，若預計搭乘3次以上就可買1日券。如果是週末假日，兼六園班車半價優惠每回¥100，可多加利用，若預計會搭乘超過5次才需買1日券。

北鐵巴士1日券，背面有可搭乘路線地圖

兼六園班車
(兼六園シャトル)

停靠點較周遊巴士少，假日票價優惠

從金澤車站東口6號乘車處出發，行經路線比周遊巴士略微小圈，除了片町、西茶屋街、寺町寺院群之外，其餘主要景點都有站牌，繞市區一圈35分鐘，每20分鐘一班車，首班車於09:30、末班車於17:50從金澤車站發車，每回乘車大人¥200、小孩¥100，但週末假日只要大人¥100、小孩¥50。

票價	大人¥500，小孩¥250
購票地點	❶北鐵駅前中心(金澤車站東口巴士總站1號乘車處附近，07:00～20:00) ❷金澤駅東口巴士總站北鐵Group案內所(金澤車站東口巴士總站7號乘車處附近的金澤駅東廣場交通案內所內) ❸片町旅客服務中心(片町「パシオン前」巴士站附近) ❹北鐵巴士服務中心武蔵エムザ店(めいてつ・エムザ1樓黑門小路內)
優惠	許多地方出示乘車券當日可享門票優惠，例如金澤21世紀美術館、志摩、懷華樓、武家屋敷跡野村家等
使用方法	下車時出示給司機看
注意事項	不可搭乘金澤點燈巴士、定期觀光巴士

http www.hokutetsu.co.jp/tourism-bus/oneday

金澤點燈巴士
感受金澤夜之魅力的觀光巴士

金澤是個越夜越美麗的城市,從金澤車站的「鼓門」為起點,共16個景點傍晚後會打上燈光,主計町茶屋街、東茶屋街、金澤21世紀美術館、金澤城石川門、尾山神社神門等知名景點為每日點燈,至於金澤城玉泉院丸庭園只有週五、週六及假日前一天才會點燈。此外,金澤城與兼六園一年四季各有為期數日的夜間點燈活動,現場還有小型音樂會演奏。悠揚樂音中,百年古城與庭園在各種光的意境展現無窮魅力,如夢似幻。

「金澤點燈巴士」固定於每週六晚上及配合兼六園不定期點燈日行駛,是遊覽金澤夜景最方便的交通工具,晚上就來感受夢幻夜景的魅力吧!

票價	每回¥300,小學生¥150;若會搭乘兩次以上可購買金澤點燈巴士1日券¥500,小學生¥250
使用時間及範圍	每週六晚上及配合活動不定期加開,繞行一圈43分鐘,每10~20分鐘一班車,首班車於19:00、末班車於21:10從金澤站東口7號乘車處發車
購票地點	❶北鐵駅前中心(位於金澤車站東口1號乘車處附近,售票至20:00) ❷交通案內所內北鐵Group案內所(金澤車站東口7號乘車處前,到20:00) ❸片町服務中心(到19:00) ❹部分飯店亦有售票
注意事項	點燈巴士車上沒有販售1日券,務必事先購買;北鐵巴士1日乘車券無法搭乘點燈巴士;金澤城與兼六園的不定期點燈活動會提早半年以上公告,請上網查詢www.hot-ishikawa.jp/shiki/index.html

http www.hokutetsu.co.jp/tourism-bus/lightup

1.主計町茶屋街∕2.東茶屋街∕3.金澤城∕4.玉泉院丸庭園(1~4照片提供:Shen)

金澤車站(金沢駅)

現代和風藝術建築╳逛街勝地

    金澤車站的設計從裡到外都相當藝術，玻璃帷幕很有現代感，最讓人印象深刻的則是紅色「鼓門」，左右兩根梁柱是金澤傳統藝能的小鼓造型，非常特別，曾榮獲美國知名旅遊雜誌評為「世界最美車站」之一。車站門口的噴泉也是精心設計，以不斷變化的字體歡迎觀光客來訪。車站附近有許多價位公道的旅館，晚上可以到車站逛街購物、大吃美食，和車站共構的「金澤百番街」是結合あんと、Rinto、くつろぎ館3棟建築的購物商場，光是這三棟就逛不完了，若嫌不夠隔壁還有Forus百貨。幾乎所有土產、紀念品、金箔相關製品都可以在車站商場一次買齊。

金澤車站的紅色鼓門

噴泉中央不斷變化的字體是由小水柱組成

箔座&箔一

金澤超人氣名店，各式各樣金箔商品都能買到

    金澤占了全日本99%金箔生產量，也因此金箔工藝及各種金箔製品相當普遍。漫步東茶屋街，可看到許多人圍著「箔座ひかり藏金箔倉庫」拍照，這是座外表金光閃閃的金箔倉庫，使用24K純金箔打造，可預約體驗金箔製作；はくひとつまみ則是箔座的賣店，販售金箔吸油面紙、美容金箔、食用金箔等商品。

    箔一也是排隊名店，店內販售兩款金箔冰淇淋，只灑上些許金箔粉和珍珠顆粒的只要¥450，整支冰淇淋都包上一層金箔紙的要價¥891，店內的美容保養品全都加入金箔，令人大開眼界。

{Info}

箔座ひかり藏金箔倉庫
✉ 石川縣金沢市東山1-13-18
☎ 076-251-8930 ◷ 09:30～18:00(冬天到17:30)

箔一(東山店)
✉ 石川縣金沢市東山1-15-4 ☎ 076-253-0891 ◷ 09:00～18:00

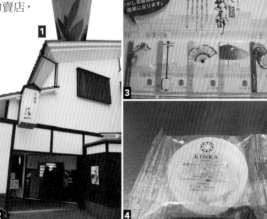

1.箔一的金箔冰淇淋¥450／2.排隊名店箔一／3.箔座的金箔吸油面紙，有各種古典及可愛圖案可選擇／4.金箔香皂

香林坊

冬天晚上街道兩旁會點燈，非常浪漫

北陸最熱鬧商圈，冬季有浪漫氛圍

香林坊、片町周邊是整個北陸地區最繁華熱鬧的商圈，香林坊有好幾家大型百貨公司，如大和百貨、109百貨，還有名牌專賣店，藥妝店、超市應有盡有，附近也有許多旅館，喜歡逛街的人可以考慮住在這裡。冬季是金澤最美的季節，整條街道晚上會點燈，配合金澤最大特徵「雪吊」，非常浪漫。

{Info}
➡ 搭乘周遊巴士於「香林坊」下車

東茶屋街

穿越舊時光，北陸小京都最迷人的古街

石川縣金澤，素有「北陸小京都」之美譽，而最能感受古都風情之處莫過於茶屋街。金澤三大茶屋街包括東茶屋街、西茶屋街和主計町茶屋街，昔日和京都祇園同為著名花街。古樸石疊小徑上，兩側盡是木造樓房與細格子窗櫺，江戶街景彷若錯置般隱身於現代化都市中。當中又以東茶屋街規模最大最完整，被指定為傳統建造物保存地區，收取門票費用供旅客入內參觀的有「懷華樓」、「志摩」兩間茶屋。

玩家提示　散步攻略

從金澤車站搭乘周遊巴士在「橋場町(ひがし・主計町茶屋街)」下車，先逛東茶屋街，主要商家都集中在此(例如烏雞庵、ちょう吉、箔座)，遊客很多很難拍照；走過淺野川大橋就是主計町茶屋街，沿淺野川而建，溪邊綠樹成蔭，遊客較少較能感受古街氣息。至於西茶屋街是在不同區域，可搭乘周遊巴士在「広小路」下車，安排與妙立寺、寺町寺院群一起參觀。

{Info}
➡ 搭乘周遊巴士在「橋場町(ひがし・主計町茶屋街)」下車

1.東茶屋街／2～3.河畔綠樹成蔭的主計町茶屋街(照片提供：Shen)

志摩

江戶茶屋內感受藝妓與茶道的優雅風華

位於東茶屋街的志摩建於西元1820年，名列金澤重要文化財產。兩層木造屋，1樓陳列飲酒喝茶器具，2樓是藝妓表演房間，儘管佳人已逝，昔日演奏的古琴、三弦、琵琶卻仍完好無缺，閉上眼，彷彿見娉婷袖舞、賓主盡歡的繁華景象。

1樓茶室「寒村庵」，以一道半垂掛竹簾與庭院區隔，覆上青苔的石燈籠透露些許歲月流轉的痕跡。坐下來喝杯抹茶、嘗口和菓子點心，思緒彷彿進入時光隧道，體驗塵囂中難得的孤獨與寧靜，就這樣任憑自己享受這片刻吧！

{Info}

✉ 石川県金沢市東山一丁目13-21　☎ 076-252-5675　⏰ 09:00～18:00　$ 入場費大人￥500，中小學生￥300，抹茶(附和菓子)另外收費，生菓子￥700，乾菓子￥500　➡ 搭乘周遊巴士「橋場町」下車徒步4分　http www.ochaya-shima.com

1.志摩／**2.**藝妓演奏用琵琶／**3.**藝妓演奏用古琴／**4.**乾菓子茶點／**5.**生菓子茶點／**6.**門口的招財蟾蜍／**7.**茶室庭院的石燈籠／**8.**洗手台是古老的竹筒與石缽／**9.**坐在茶室欣賞庭院美景

兼六園

必看的日本三大名園之一

　　約300年前由前田家所建，是江戶時代的池泉回遊式庭園代表作。因符合「宏大、幽邃、人力、蒼古、水泉、眺望」等六勝，六者兼具，故名兼六園，與岡山市後樂園、水戶市偕樂園並稱為「日本三大名園」。

　　「霞之池」是園內面積最大的池塘，虹橋橫跨池上，許多景觀環繞池邊，四季各有不同美景。「徽軫石燈籠」是兼六園最具代表性的景觀之一，最大特色是有兩支腳，狀似支撐琴弦的琴柱，與周邊小橋池水景致融為一體。「唐崎松」為第13代藩主從近江八景之一的琵琶湖畔，取唐崎松種子在此栽培的黑松，冬天為防大雪壓垮樹枝，會從上面用繩子吊起來，狀似傘的骨架，此即「雪吊」，是兼六園最獨特的代表性景觀。古意盎然的「時雨亭」，可以坐在這兒品茗吃點心，享受藩主般坐擁名園之樂。

{Info}

✉ 石川県金沢市丸の内1-1 ☎ 076-234-3800 🕐 園區3/1～10/15為07:00～18:00，10/16～2月底為08:00～17:00，時雨亭09:00～16:30 💲 大人￥310，小孩(6～18歲)￥100 ➡ 搭乘周遊巴士於「兼六園下・金沢城」下車 http www.pref.ishikawa.jp/siro-niwa/kenrokuen/t

1.櫻花季期間限定的夜間點燈免費入園／**2.**唐崎松及雪吊／**3.**雁行橋，使用11枚赤戶室石，形狀猶如成列的雁在空中飛翔／**4.**徽軫石燈籠環繞池邊 (照片提供：Shen)／**5.**根上松，大小40多個根長到地面上，最高達2公尺／**6.**噴水，據說是日本最早的噴泉(照片提供：Shen)

金澤21世紀美術館

讓人玩在一起的互動藝術

2004年開館的金澤21世紀美術館,主要設計者為SANAA事務所的名建築師「妹島和世」,完工前一個月就榮獲威尼斯建築雙年展的金獅獎,備受國際矚目。

美術館本身就是件藝術品,正圓形建築相當罕見,以玻璃取代水泥牆,增加自然採光,也融入周圍景觀變成藝術的一部分。館外草坪有許多裝置藝術,「彩色屋」利用光之三原色圍出圓形空間,站在不同點、從不同角度望出去就有截然不同的視覺效果。館內外有許多特殊造型的椅子,每個空間都充滿設計巧思。

最著名的作品「泳池」,其實是在地下室天花板用強化玻璃支撐一層水,地下室整個漆成藍色空間,因此外觀看去就像是游泳池,天氣好的時候甚至還有水波紋。在幾可亂真的泳池,水面上、下的遊客相互揮手打招呼,非常有趣,箇中奧妙一定要親自來體會。

{Info}

✉ 石川県金沢市広坂1-2-1 ☎ 076-220-2800 ⏰ 交流區09:00～22:00,展覽區10:00～18:00(週五、六延長至20:00) 休 展覽區週一休館(遇假日改隔日休),12/29～1/3全部休館,建議先上網查詢 💲 交流區免費,展覽區大人￥360,大學生￥280,未滿18歲免費;有特別展時另外計費 ➡ 搭乘周遊巴士於「広坂・21世紀美術館」下車 http www.kanazawa21.jp

1.彩色屋,應用光之三原色的原理感受彩色世界／2.草坪上有12個兩兩成對的揚聲器,可玩傳話遊戲／3.外觀彷彿真正游泳池,為本館代表性作品／4.玻璃牆外綠草如茵／5.加賀友禪花柄設計的一面牆／6.成排的兔子椅,供遊客休憩／7.正圓形的美術館／8.屋頂上雕像「測量雲朵的男子」,激勵對生死及人身自由問題的思考(本頁照片提供:Shen)

金澤城(金沢城)

「加賀百萬石」居城

金澤城最早是1583年由前田利家開始築城，利家原為織田信長的家臣，逐步成為加賀藩藩主。金澤城歷經多次火災後重建，現今規畫為公園，以重建史蹟為宗旨。

主要出入城門「石川門」在1788年重建後保存至今，是城內最古老的建築物。「三十間長屋」重建於1858年，曾是存放子彈武器及軍糧的倉庫，與石川門皆為國指定重要文化財。

主要代表性建築為2001年重建的「菱櫓、五十間長屋、橋爪門續櫓」，採用傳統工法將木頭之間卡榫組合後固定，沒有使用任何鐵釘或螺絲，結構非

金澤城是金澤市區最著名的賞櫻景點

常耐震，是明治時期後全國最大規模的木造城郭重建工程。玉泉院丸庭園是池泉回遊式庭園，池裡的小島、小橋景色優美，深受藩主喜愛。

長屋與護城河

{Info}

🕐 園區3/1～10/15為07:00～18:00，10/16～2月底為08:00～17:00，菱櫓、五十間長屋、橋爪門續櫓、河北門09:00～16:30 💰 免費入園，「菱櫓、五十間長屋、橋爪門續櫓」大人￥310，小孩(6～18歲)￥100 ➡ 搭乘周遊巴士在「兼六園下・金沢城」下車，徒步1分 🌐 www.pref.ishikawa.jp/siro-niwa/kanazawajou

尾山神社

中日荷混搭風的另類神社

祭祀加賀藩主前田利家與夫人阿松的神社，大河劇《利家與松》就是描述這對夫妻的精彩故事，是歷史迷不能錯過的景點。神社的最大特徵是東西合璧的神門，融合了和、漢、洋三種不同風格，這獨樹一格的創意來自荷蘭建築師所設計，上層裝置荷蘭的彩色玻璃窗，曾經作為燈塔，塔頂是日本最古老的避雷針。

{Info}

✉ 石川縣金沢市尾山町11-1 📞 076-231-7210 ➡ 搭乘周遊巴士於「南町・尾山神社」下車，徒步4分；從神社的「東神門」可步行到金澤城 🌐 www.oyama-jinja.or.jp

融合和漢洋三種風格的神門

近江町市場

金澤市民的廚房，遍嘗在地味

　　號稱金澤廚房的近江町市場，共有百餘家商店，現撈海鮮、新鮮蔬果、以及店家自製熟食、醬菜、魚板等小吃，餐廳從平價到高檔，應有盡有。活蹦亂跳的海鮮之多令人咋舌，碩大肥美的螃蟹在眼前一字列開，另一頭店家的現烤花枝、烤干貝、烤鰻魚又飄來陣陣香氣，愛吃海鮮的人可千萬別錯過。

揮舞著大鉗子的螃蟹

近江町市場

{Info}

✉ 各店不一，很多只營業到17:00，也有許多店週三公休，請事先查詢 ➡ 搭乘周遊巴士於「武蔵が辻・近江町市場」下車 🔗 ohmicho-ichiba.com

---

市の蔵

海鮮市場料理

　　大多數人都是點海鮮丼，不吃生魚片的人也可以點天婦羅定食，也有些鄉土

大漁海鮮丼

料理可單點，很適合當下酒菜。推薦大漁海鮮丼（￥2,500），可以一次吃到10種以上的海鮮，包括甜蝦、蟹肉、海膽、鮭魚卵、花枝、鰻魚、鮪魚、鮭魚等，魚料非常新鮮，甜蝦和蟹肉尤其鮮甜。

{Info}

✉ 石川縣金沢市青草町88番地近江町いちば館2階(位於近江町市場) ☎ 076-224-3371 🕐 11:00～23:00 🔗 www.ichi-no-kura.jp

---

刺身屋

海鮮丼￥2,600 (照片提供：Shen)

市場內的美味海鮮丼

　　顧名思義，是以刺身(生魚片)為主要料理的餐廳，店裡氣氛歡樂，挺適合聚餐。推薦海鮮丼（￥2,600），可以吃到多種新鮮的生魚片和海膽，擺盤也十分漂亮，尚未開動就令人垂涎三尺。

刺身屋 (照片提供：Shen)

{Info}

✉ 石川縣金沢市青草町15-1(位於近江町市場) ☎ 076-231-7222 🕐 11:00～15:00，17:00～21:00，週三公休

もりもり寿し

人氣迴轉壽司店

觸控式螢幕非常方便
(照片提供：Baozi)

　位於金澤車站旁FORUS百貨樓上美食街的もりもり寿し，是一間頗受好評的迴轉壽司店，使用新鮮海鮮及漁貨。點餐非常方便，有螢幕可操作，可以看圖片，甚至還有中文版，迴轉台也可以拿，不過直接點餐是現做的。用餐完畢，按下「店員呼出 會計」就可以結帳。

{Info}
✉ 石川県金沢市堀川新町3-1(FORUS百貨6F) ☎ 076-265-3510 🕘 11:00～22:00

ちょう吉

午間限定超值美味親子丼

　隱身在東茶屋街的ちょう吉，店面很低調，晚上是專賣烤雞串燒的居酒屋，午餐限定只賣親子丼(￥800)，附味噌湯和漬物，及一杯熱茶，相當超值。用紀州備長白炭烘烤的雞肉香氣四溢，選用能登半島天然飼料養殖雞蛋，半熟蛋及蛋液滲入飯粒與鹹甜醬汁相融合，也讓雞肉口感更滑嫩，再加上京都的九条葱點綴，更添風味。建議加一點桌上的山椒粉，可以讓整體味覺層次更加豐富。

午餐限定親子丼￥800

{Info}
✉ 石川県金沢市東山1-2-13 ☎ 076-251-1306 🕘 11:30～14:00、17:30～23:00，週日公休 ➡ 東茶屋街步行約3分

烏雞庵

烏骨雞蜂蜜蛋糕名店

　烏雞庵是金澤名店，使用數量稀少的天來烏骨雞蛋，製成蜂蜜蛋糕、布丁、菓子等甜點。烏骨雞蛋黃擁有絕佳彈性，用筷子夾也不會破，且口感特別豐富，廣為媒體報導，東京也有分店。招牌商品「烏骨雞蜂蜜蛋糕」，色澤深、味道濃郁，分成有無加金箔兩種；遇特殊節慶，蛋糕上面還會烙印限定圖案或文字。位於東茶屋街的東山分店，獨家販售限定版的「金箔烏骨雞蛋冰淇淋」，奶香、蛋香都很濃，口感黏稠，灑上金箔更顯閃亮奢華，幾乎每個來訪東茶屋街的觀光客都是人手一支金箔冰淇淋呢！

1.用筷子夾也不會破的天來烏骨雞蛋黃(照片提供：Shen)／2.金箔烏骨雞蛋冰淇淋￥700(照片提供：Shen)／3.烏骨雞蜂蜜蛋糕(2號)￥1,555，可切成5～6片／4.烏雞庵東山店

{Info}
✉ 石川県金沢市東山1-3-1 (東山店) ☎ 076-255-6339 🕘 09:30～17:45 http www.ukokkei.co.jp

豆屋金澤萬久 (まめや金澤萬久)

金澤代表性土產

豆屋金澤萬久的豆菓子與金箔蜂蜜蛋糕是金澤代表性土產，在東京車站、銀座也有分店。店家運用當地盛產的有機大豆及大納言紅豆製成各種和洋風菓子，基本款是傳統的黑豆及紅豆甘納言，「炒り豆」是加入醬油、砂糖、食鹽、唐辛子等不同調味料將豆子炒香，還有進一步把豆子裹上白巧克力或抹茶粉、草莓醬的巧克力豆，更特別的是精心設計的「豆箱」，這是豆子形狀的紙容器，上面有季

金箔蜂蜜蛋糕￥1,080，蛋糕上頭貼了一層金光閃閃的金箔

炒大豆(炒り豆)￥972，豆箱圖案是兼六園的徽幟燈籠

節限定花卉、可愛小動物、金澤知名景點地標等手繪圖案，非常精美。可以選擇喜歡的豆子口味及豆箱圖案，吃完的豆箱還能留作紀念品珍藏。

銷售第一的金箔蜂蜜蛋糕，嚴選高品質雞蛋做為原料，蛋香濃郁、口感綿密，有原味及抹茶兩種口味，蛋糕上鋪了一層金箔，金光閃閃、貴氣十足，是非常氣派的伴手禮。

{Info}
✉ 金沢市木ノ新保町1-1金澤車站あんと百番街館 ☎ 076-260-1080 🕐 08:30〜20:00 http www.mameya-bankyu.com

大友樓‧加賀野立便當

鐵道迷渴望的豪華夢幻駅弁

一個要價1萬日幣的便當，令人難以想像，它是全日本第二貴的鐵路便當，必須提前三天預訂，且一次要訂3個才接受訂單，是入手極為困難的夢幻駅弁。1991年大阪到札幌的豪華寢台列車Twilight Express開通，特別請百年老舖大友樓設計這款高級便當，大友樓是從前加賀藩宮廷料理的御用料亭，能以1萬日圓品嘗正統的高級加賀料理相當值得。箪笥型兩層抽屜，加裝金色拉環提升質感。上層有鰻魚蒲燒、比目魚昆布捲、甜煮對蝦、牛蒡牛肉捲，其間以梅形蒲鉾與水菓子點綴，左下層是海老、椎

1

茸、散壽司，右下層則是加賀名物鴨肉治部煮及水果，有一顆完整鮮甜的草莓。味覺、視覺都令人驚豔的豪華夢幻鐵路便當，若再搭上一壺加賀地酒乃一大奢華享受。

{Info}
✉ JR金澤車站大友樓 ☎ 076-221-1758 http ootomorou.ekiben.or.jp

2

1.包裝有點像包袱，解開後可當野餐巾使用／2.上層的豐盛料理，講究擺盤美觀細膩／3.箪笥型兩層抽屜

3

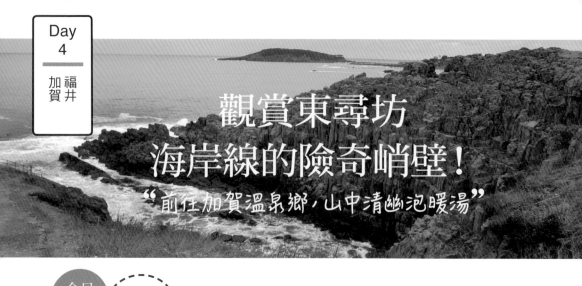

觀賞東尋坊
海岸線的險奇峭壁！

"前往加賀溫泉鄉，山中清幽泡暖湯"

今日
這樣玩

goo.gl/R6zoG4

金澤駅	→JR特急🚃→	蘆原溫泉駅	→京福巴士🚌→	東尋坊	→京福巴士🚌→	蘆原溫泉駅
	40分(￥2,150)		45分 ￥750	**2小時**	45分 ￥750	

→JR特急🚃→	加賀溫泉駅	→加賀溫泉巴士🚌→	山中溫泉	→	宿山中溫泉
10分(￥1,070)		30分 ￥420	**2小時**		

旅遊案內所
出發前先了解的事

永平寺・東尋坊2日Free Pass

永平寺・東尋坊2日Free Pass
Pass較划算，部分景點門票還享優惠

本張Pass主要會經過東尋坊、蘆原溫泉車站、丸岡城、永平寺、福井車站等重要車站及景點，交通費甚高，購買Pass比較划算。部分景點、餐廳、土產店，出示Pass有優惠。

蘆原溫泉至東尋坊(單程￥750)可搭乘84號或85號「東尋坊線」，約每小時1班；蘆原溫泉至丸岡城(單程￥540)、丸岡城至永平寺(單程￥760)，可搭乘87號「芦原丸岡永平寺線・芦原丸岡線」，僅有4班車，平日上下班時間會多幾班但沒有開到永平寺；永平寺至福井車站(單程￥720)可搭乘「特急永平寺ライナー」，每天7～8班，此方向末班車為16:20。特別注意此張Pass有指定乘車路線，例如不可搭乘31號或32號「丸岡線」來往福井車站及丸岡城。

票價	大人￥2,300，小孩￥1,150
使用時間及範圍	可在2天內無限搭乘東尋坊、蘆原溫泉、永平寺、福井車站等指定路線內之京福巴士
購票地點	❶福井車站東口巴士購票中心(06:20～22:00) ❷蘆原溫泉車站發賣所(09:00～16:30) ❸坂井營業所 ❹越前鐵道蘆原湯之町駅
使用方法	下車時出示給司機看

http bus.keifuku.co.jp

やまに水産

皇室御用老舖

位於東尋坊商店街的「やまに水産」，是三國港一帶著名的老舖，從明治時期開始經營，門口寫著「東尋坊唯一のお魚屋さん」。

店內約有600席，各種海鮮料理、海鮮丼、燒烤料理、甚至烏龍麵和蕎麥麵都有，提供多樣化的用餐選擇。

除了用餐外，這裡更是適合採買各種水產海鮮的店鋪，水產也可以宅配到其他外縣市，北陸多家民宿或旅館、甚至皇室的宮內廳，都會採買他們的水產。此處最著名的是冬季產於三國港的越前蟹(松葉蟹)，價錢約為1公斤左右￥10,000，而高級的「皇室獻上級越前蟹」更是高達￥40,000(約1.3公斤左右)。

1.東尋坊商店街／2～3.店內販售各種海鮮料理

{Info}

✉ 福井縣坂井市三國町安島64-1 ☎ 0776-81-3420 ⏰ 08:00～17:00 🚌 搭乘京福巴士84或85號於「東尋坊」下車，徒步約5分抵達東尋坊商店街 http www.yamanisuisan.com

東尋坊

世界稀有的輝石安山岩地貌

位於福井縣北部的東尋坊，屬於越前加賀海岸國定公園的一部分，主要的地質為安山岩，因長年海蝕作用形成險峻的懸崖峭壁，長達1公里多。此處峭壁高達50公尺，可觀賞輝石安山岩的柱狀節理。此種地理景觀全世界只有3處可見，除了日本的東尋坊，另兩處為韓國的金剛山和挪威的西部海岸。除了遊步道之外，也可以搭乘約30分鐘的遊覽船(¥1,400)，或登上高約55公尺的東尋坊塔360度大觀景台(¥500)，一覽此處美景。

東尋坊塔

豆知識

東尋坊地名由來

東尋坊地名的由來起於一個傳說，相傳過去有一個名為「東尋坊」的平泉寺僧侶，因力氣大又好武，常為所欲為，大家對他敢怒不敢言。東尋坊與另一位僧侶真柄覺念同時喜歡上一位姑娘，大家在4月5日這一天設酒宴邀約東尋坊到三國海邊，等酒醉後將他推下懸崖，原本晴朗的天氣突然轉為狂風暴雨，海上也翻起狂潮大浪並將真柄覺念捲入海中，惡劣天氣維持了一個多月，且自此每年4月5日前後便會出現惡劣天氣，導致漁民無法出海，後來請來法師超渡，寫下詩詞投入海中，從此風平浪靜、怨靈不再作祟，於是將這個地方取名為「東尋坊」。

除了此傳說，東尋坊也因容易走近懸崖峭壁，常發生跳海自殺事件，也成為各種文學作品或靈異小說描述各種靈異傳說之地點。

{Info}

✉ 福井縣坂井市三國町安島 ➡ 從蘆原溫泉車站搭乘京福巴士84或85號於「東尋坊」下車，徒步約10分可到達海邊 🔗 www.mikuni.org/010_spot/tojinbo

易於走近海邊的懸崖峭壁(照片提供：Baozi)

山中溫泉

加賀溫泉鄉的扶桑名湯

石川縣南部的「加賀溫泉鄉」包含片山津溫泉、栗津溫泉、山代溫泉、山中溫泉，歷史悠久、風景優美，被譽為「關西的後院」。其中以山中溫泉最靠近山區、離車站最遠，最能享受不受打擾的清幽美景與泡湯之樂。

開湯1,300年的山中溫泉，泉質屬於硫酸塩泉，頗受俳句詩人松尾芭蕉喜愛，與有馬溫泉、草津溫泉並稱「扶桑三名湯」。山中溫泉有個「鶴仙溪遊步道」，從「芭蕉堂」一直到「蟋蟀橋」(こおろぎ橋)，全長約1.3公里，風景頗美，尤其是楓葉季。也可以選擇走大馬路逛溫泉街，沿途除了各式商家，還有些景點如長谷部神社、片岡鶴太郎工藝館、公共浴池「菊之湯」、山中座、醫王寺、芭蕉之館等。

玩家提示 山中溫泉接駁車

想到山中溫泉住宿的旅客，多數旅館會安排接駁車在加賀溫泉車站載客，沒有的話也能在此搭乘巴士前往，車程約20～30分鐘。

加賀溫泉車站隔壁的「Abiocity加賀」有販賣名產的「加賀百撰街」，也有超市和商場，車站另一邊還有個「加賀染織工藝館」可去逛逛。

{Info}

✉ 石川縣加賀市山中溫泉西桂木町5-1 ☎ 0761-78-0330(山中溫泉觀光協會) ➊從金澤車站搭乘JR特急約25分於「加賀溫泉車站」下車，搭乘加賀溫泉巴士約30分(¥420)➋搭計程車約20分(約¥3,000)➌由「金澤車站西口」搭乘加賀溫泉巴士約75分可抵達(¥1,350) http www.yamanaka-spa.or.jp

1.鶴仙溪／2.全長約1.3公里的「鶴仙溪遊步道」／3.山中座／4.醫王寺／5.充滿溫泉區風情的加賀溫泉車站／6.加賀溫泉車站旁的「Abiocity加賀」／7.娘娘饅頭為加賀土產／8.加賀溫泉車站外各家旅館的接駁車司機拿著牌子尋找客人

吉祥やまなか

鶴仙溪畔加賀風情湯宿

　位於鶴仙溪畔的旅館「吉祥やまなか」，在蟋蟀橋附近還有一間姊妹館「かがり吉祥亭」。此外，吉祥集團在伊豆溫泉鄉也有分館。

　旅館有多種房型，最高級的是在房內也有露天風呂，靠近溪側的房間景色優美，還聽得到潺潺流水聲。溫泉泉質為硫酸鹽泉，大浴場有「白鷺之湯」和「菊之湯」，兩邊晚上男女會對調，另外還有3個不同風情的貸切溫泉(出租式的包場溫泉，適合家庭，通常為40分鐘～1小時)：「一笑」(檜)、「竹雀」(岩)、「友琴」(石造)。館內也有24小時的足湯。

　和其他旅館比較花樣還不少，包括鐵板燒鬆餅下午茶、傍晚一杯免費啤酒、宵夜，晚上有傳統藝能表演「山中節の夕べ」(每週二四六日及假日前一天)，還能搭免費接駁車前往姊妹館泡湯。

　旅館內有3家餐廳，根據不同房型和方案在不同的餐廳用餐，包括武家屋敷造「べにはな」、加賀料亭「千尋」以及鐵板燒「青竹」，其中若在「べにはな」用餐可以無限加點現炸的天婦羅。如果是在可捕撈松葉蟹的冬季造訪，有活蟹會席料理提供選擇，推薦搭配山中町產的地酒「獅子の里純米吟釀」一同享用。

{Info}

✉ 石川縣加賀市山中溫泉東町一丁目ホ14-3　☎ 0761-78-5656　💲 1泊2食每人約￥12,000～30,000　➡ 從金澤車站搭JR特急約25分於「加賀溫泉駅」下車，再搭旅館接駁車約20分　🌐 kissho-yamanaka.com

1.晚餐之松葉蟹活蟹炭火燒／**2.**飯店提供各種不同的房型選擇／**3.**晚餐之現炸天婦羅無限加點／**4.**接駁車造型特殊／**5.**豐盛的早餐

福井古城遺址
"武將與亂世佳人的故事"

今日這樣玩
goo.gl/SN6wf6

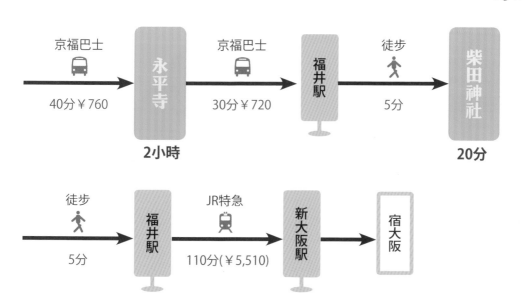

| | 加賀溫泉巴士 | | JR特急 | | 京福巴士 | |
| 山中溫泉 | 30分 ￥420 | 加賀溫泉駅 | 10分(￥1,070) | 蘆原溫泉駅 | 19分 ￥540 | 丸岡城 |

丸岡城：1小時

京福巴士　40分 ￥760 → 永平寺 → 京福巴士　30分 ￥720 → 福井駅 → 徒步　5分 → 柴田神社

永平寺：2小時　　柴田神社：20分

徒步　5分 → 福井駅 → JR特急　110分(￥5,510) → 新大阪駅 → 宿大阪

丸岡城

北陸唯一現存天守

　位於福井縣的越前丸岡城，為100名城之一，是日本最古的天守閣、北陸地區唯一的現存天守(日本共有12座現存天守)，也是唯一的一座現存二重三層式天守。

　丸岡城於1576年由柴田勝家的養子柴田勝豐築城，多年來歷經多個城主更換，於幕府時代由有馬氏管理八代直到廢藩置縣，明治時期僅剩下天守，後因地震部分倒塌，經修補完成至今。

　丸岡城又稱「霞ヶ城」，丸岡城公園植有多株櫻花，尤其春天櫻花盛開時相當漂亮，入選為日本賞櫻名所100選。內部有各種展示和介紹，注意前往第三階也就是天守的階梯非常陡，從天守可眺望四周丸岡市街的景色，西邊可看到日本海及三國海岸。公園內另外還有個歷史民俗資料館可以參觀。

{Info}

✉ 福井縣坂井市丸岡町霞町1-59　📞 0776-66-0303　🕐 08:30～17:00
💰 大人￥300，中小學生￥150　➡ 從蘆原溫泉車站搭乘京福巴士約20分於「丸岡城」下車，徒步約5分　http www.maruoka-kanko.org

1～2.丸岡城內部有各種展示／3.丸岡城擁有現存日本最古的天守閣

豆知識 **天守閣**

　天守閣是日本城堡的中心、也是最具象性的建造物，通常是城主居住之地，在軍事上具有指揮和瞭望等功能。

永平寺

永平寺御守 ¥500

日本曹洞宗第一道場

福井縣永平寺，西元1244年由道元禪師創辦，為佛教中曹洞宗的總寺院、出家坐禪修行之道場。面積廣大約33萬平方米，三面環山，四周杉木樹齡700年以上，整個寺院以「七堂伽藍」為中心，依山而建，以迴廊和階梯相連，錯落有致。相當值得一看的是約160疊的大廣間「傘松閣」，一格一格的天井是由100多名畫家描繪而成，共由230張花鳥圖構成，頗為壯觀。

永平寺修行的根本是坐禪，參拜途中不時遇到行腳僧和修行者。寺廟提供時間較短的坐禪或寫經體驗，還有2天1夜的「參籠」和4天3夜的「參禪」，讓民眾體驗修行生活。

{Info}

✉ 福井縣吉田郡永平寺町志比10-5 ☎ 0776-63-3102 🕐 08:00～16:30 💲 ¥500 ➡ ❶從福井車站搭乘京福巴士「特急永平寺ライナー」約30分，每天7～8班 ❷從蘆原溫泉車站搭乘京福巴士87號「蘆原丸岡永平寺線」約60分，每天4班 ❸從加賀溫泉站或片山津溫泉、山代溫泉、山中溫泉搭乘完全預約制的「永平寺おでかけ号」，每天僅有一班往返，停留2.5小時參拜，必須在前一天傍晚前預約(連絡電話0761-72-6678)，單程 ¥700～900 http www.mitene.or.jp/~katumin

參道入口「勺底一殘水、汲流千億人」

「傘松閣」一格一格的天井由100多名畫家描繪而成

順著木梯迴廊參拜

柴田神社

憑弔信長猛將與阿市的結局

位於福井車站附近的柴田神社，主要供奉柴田勝家、阿市(織田信長的妹妹)、淺井三姊妹(戰國三公主)。此地本來是柴田勝家居城的「北ノ庄城」本丸所在(城堡最內部)，西元1583年，勝家在賤岳之

戰中敗於羽柴秀吉手下，燒了當年與安土城同高的9層天守閣，並與妻子阿市自殺。直到明治時期，為了供奉柴田勝家才創建柴田神社。自從NHK大河劇「江～公主們的戰國」播出後，成為熱門景點。

{Info}

✉ 福井縣福井市中央1丁目21-17 ☎ 0776-23-0849 ➡ 從福井車站步行約5分 http www.sibatajinja.jp

1.醬汁豬排丼／2.總本店牆上有不少的名人簽名

歐洲軒(ヨーロッパ軒)

福井B級美食「醬汁豬排丼」

醬汁豬排丼(ソースカツ丼)為福井具有特色的B級美食，元祖店「歐洲軒」創業至今近百年。目前整個福井縣約有19家分店，總店牆上有不少名人的簽名。醬汁豬排丼(￥1,080)，選用上等里肌及腿肉，以及特製極細麵包粉下去炸，放在熱騰騰的米飯上，再加上祕傳特製醬汁而成，是平實的好味道。

{Info}

✉ 福井縣福井市順化1-7-4　☎ 0776-21-4681　🕐 11:00～20:00，週二公休　➡ 從福井車站步行約15分　http yo-roppaken.gourmet.coocan.jp

田中屋

福井B級美食「越前蘿蔔泥蕎麥麵」

越前蘿蔔泥蕎麥麵(越前おろしそば)是福井代表性美食，幾乎隨處可見蕎麥麵店，這般平民美食卻讓天皇吃了都讚不絕口。最大特色是將蘿蔔泥加進高湯醬汁裡再沾著麵來吃，有些店求新求變還會加上柴魚、蔥花、海苔等配料。咬勁十足的蕎麥麵搭配蘿蔔泥高湯底，格外爽口。

越前蘿蔔泥蕎麥麵￥900

{Info}

✉ 福井県吉田郡永平寺町志比23-31　☎ 096-327-9066　🕐 10:00～14:00　➡ 永平寺徒步3分鐘

番匠本店

越前螃蟹飯鐵路便當

北陸沿海的越前蟹(松葉蟹)，蟹腳飽滿厚實，蟹汁蟹膏味道極其濃郁，因產量稀少，價格不菲，有冬季味覺王者之美譽。明治時期創業老鋪「番匠」把高級越前蟹製成方便食用的鐵路便當，鋪上滿滿雪蟹肉絲，味噌炊飯更以雌蟹卵巢內臟烹調入味。紅色螃蟹外觀的便當盒可直接微波加熱，冷熱皆宜。

越前螃蟹飯鐵路便當￥1,180(照片提供：白銀流星)

{Info}

✉ JR福井、金澤、蘆原溫泉、武生、加賀溫泉車站皆有販售本款便當

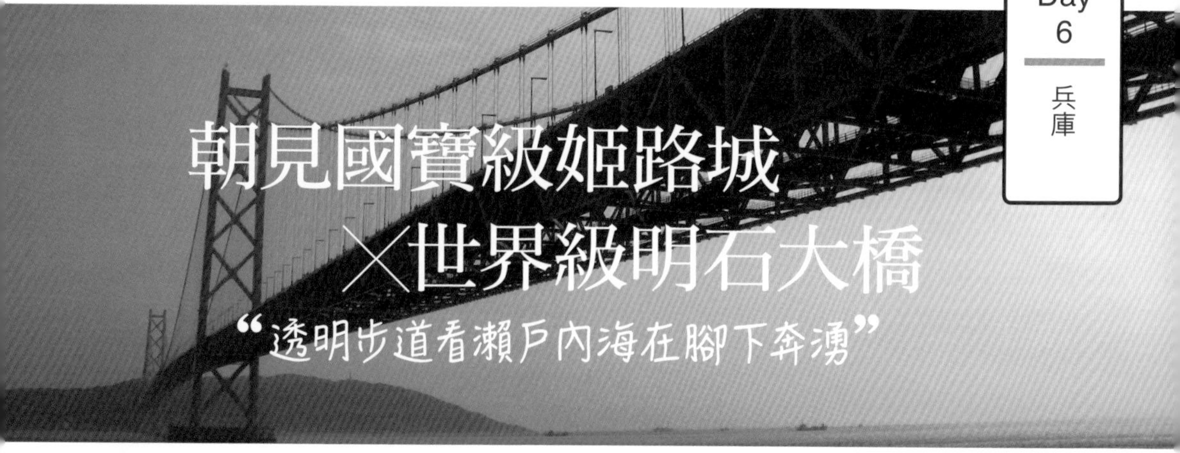

朝見國寶級姬路城
╳世界級明石大橋
"透明步道看瀨戶內海在腳下奔湧"

今日
這樣玩

goo.gl/WCroLV

新大阪駅 —新幹線🚄→ 姬路駅 —徒步🚶→ 姬路城
　　　　30分(￥3,220)　　　20分
　　　　　　　　　　　　　　　　　　　2.5小時

—徒步🚶→ 好古園 —徒步🚶→ 姬路駅 —JR🚆→ 舞子駅
3分　　　　　　20分　　　　　40分(￥670)
　　　　1小時

—徒步🚶→ 明石大橋 —徒步🚶→ 三井outlet —徒步🚶→ 垂水駅
5分　　　　　　22分　　　　　9分
　　　　30分　　　　　　　1.5小時

—JR🚆→ 大阪駅 → 宿大阪
55分(￥800)

姬路城&好古園

國寶級古城&回遊式庭園

鮮明白色城牆、宛若白鷺振翅高飛的優雅姿態，別名「白鷺城」的姬路城，有日本第一名城之美譽，也是日本政府指定國寶與世界文化遺產之一。歷經400多年風霜雪月仍保持古城完整，費時近6年修繕工程後，於2015年重新開放參觀，煥然一新的面貌再度引爆觀光熱潮，尤其賞櫻旺季，掩映於櫻花叢中的雪白城池更是別具一番風味。

歷代城主的家徽
(照片提供：Baozi)

隔壁的好古園原本是姬路城西邊的武家屋敷，後來重新打造成以姬路城「西の丸」的原始林為借景的池泉回遊式庭園。總面積3.5公頃，區隔出9個風格各異其趣的景觀空間。「御屋敷の庭」原是姬路藩主別墅，是面積最大的庭園。「活水軒」規畫成景觀餐廳，可悠閒地用餐喝茶賞景。園內遍植花木，營造出四季迥異的美麗景觀，秋季更是賞楓名勝。

好古園(照片提供：Baozi)

{Info}

✉ 姬路市本町68番地 🕐 09:00～17:00(4/27～8/31到18:00)，12/29、12/30公休 💲 姬路城：大人￥1,000，18歲以下￥300。好古園：大人￥310，6～18歲￥150，小學以下免費。姬路城+好古園共通券：大人￥1,050，18歲以下￥360 ➡ JR或山陽電車姬路駅徒步約20分；姬路駅北口搭乘神姬巴士於大手門前下車徒步5分 http 姬路城 www.city.himeji.lg.jp/guide/castle.html，好古園himeji-machishin.jp/ryokka/kokoen

姬路城(照片提供：Baozi)

明石海峽大橋

全世界最長海上吊橋

舞子海上散步道

　　明石海峽大橋是連接神戶與淡路島的跨海大橋，也是本州通往四國的重要門戶。全長3,911公尺，為全世界最長的跨海吊橋。購買門票後可上橋參觀，舞子海上散步道位於海平面47公尺高處，在此能近觀橋梁的幾何美學，瀨戶內海美景也一覽無遺，最特別的是丸木橋，這段步道完全採用透明玻璃，洶湧大海就在腳底下，不妨測試一下自己的膽量，看看有沒有懼高症吧！

雄偉的海上吊橋

於橋上觀賞風景，綠色建築是孫文紀念館

{Info}

✉ 兵庫県神戶市垂水区東舞子町2051番地 ⏰ 09:00～18:00 休 10～3月的第2個週一(遇假日則隔天休)，12/29～31 $ 平日大人￥250，高中生￥120；週末假日大人￥310，高中生￥150；國中生以下免費。另有3館(舞子海上散步道+移情閣+橋の科學館)共通入場券￥720 ➡ JR舞子駅徒步5分；山陽電鐵舞子公園駅徒步7分 http www.hyogo-park.or.jp/maiko

三井Outlet Park Marine Pia Kobe

歐風血拼購物商場

　　位於海濱的三井Outlet，除了逛街血拼、享用關西小吃美食之外，更是欣賞海景的好地方。宛如置身於歐風小鎮，黃昏後點燈更添浪漫，遠眺落日餘暉及夜晚中的明石海峽大橋，相當恢意。

{Info}

✉ 兵庫県神戶市垂水区海岸通12-2 ☎ 078-709-4466 ⏰ 商店10:00～20:00，餐廳11:00～22:00 ➡ JR垂水駅或山陽電車山陽垂水駅徒步9分，週末假日垂水駅有免費接駁車。從明石海峽大橋、舞子公園沿海岸步行約1.5公里 http www.31op.com/kobe/

濃濃歐風的三井Outlet (照片提供：Baozi)

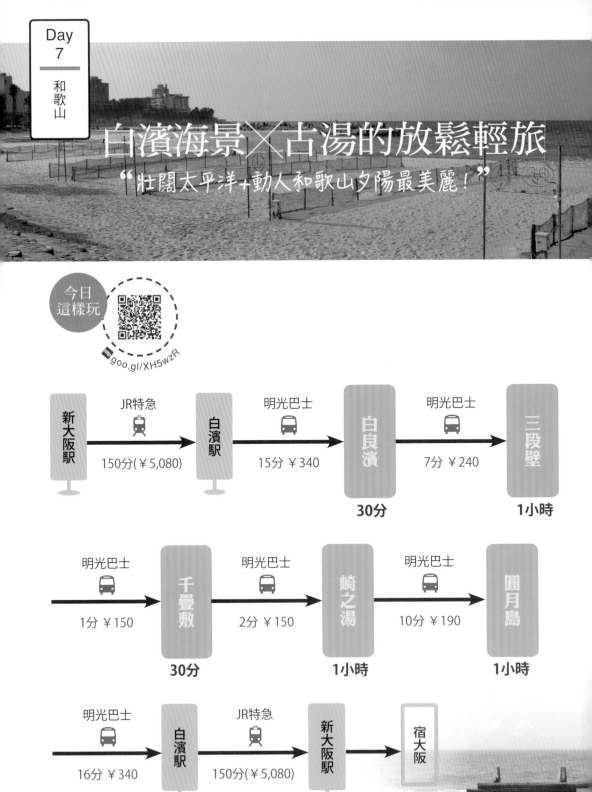

白濱海景╳古湯的放鬆輕旅

"牡闊太平洋+動人和歌山夕陽最美麗！"

今日
這樣玩

goo.gl/XH5wzR

新大阪駅 — JR特急 → 白濱駅 — 明光巴士 → 白良濱 — 明光巴士 → 三段壁

150分(￥5,080)　15分 ￥340　7分 ￥240

白良濱 **30分**　三段壁 **1小時**

明光巴士 → 千疊敷 — 明光巴士 → 崎之湯 — 明光巴士 → 圓月島

1分 ￥150　2分 ￥150　10分 ￥190

千疊敷 **30分**　崎之湯 **1小時**　圓月島 **1小時**

明光巴士 → 白濱駅 — JR特急 → 新大阪駅 → 宿大阪

16分 ￥340　150分(￥5,080)

名勝
千疊敷

旅遊案內所
出發前先了解的事

明光巴士白濱溫泉周遊券
(Meiko Bus Shirahama Onsen Pass)

　　白濱溫泉區內的移動大多仰賴巴士，重要景點都有通過，包括白濱車站、Toretore市場、白良濱沙灘、崎之湯、千疊敷、三段壁、圓月島等。特別注意觀賞圓月島的站名為「臨海」，約每小時才1班車，其餘的站每小時約有3～4班。從白濱車站到三段壁單程票就要￥480，可依行程計算是否需購買周遊券。持周遊券者，白濱Energy Land及三段壁洞窟可折價￥100、圓月島玻璃船可折價￥150。

票價	1日券，大人￥1,100，小孩￥550 2日券，大人￥1,500，小孩￥750 3日券，大人￥1,700，小孩￥850
使用時間及範圍	可在指定天數無限搭乘白濱溫泉指定區域內之明光巴士
購票地點	❶明光巴士白濱駅前案內所(10:00～17:00) ❷Lawson白濱町白濱店(白濱巴士總站前，24小時) ❸白濱空港2階福龜堂賣店(09:00～18:00) ❹三段屋(三段壁巴士站前，08:00～18:00) ❺千疊旅館(千疊口巴士站前) ❻白濱御苑(東白濱巴士站前) ❼白濱彩朝樂(古賀浦巴士站前) 註：❺、❻、❼為24小時營業，但只販售1日和2日券
使用方法	下車時出示給司機看

http meikobus.jp

崎之湯

邊泡古湯邊賞海景，超愜意～

　　白濱溫泉歷史相當悠久，已經有1,400多年歷史，與兵庫縣的有馬溫泉、四國愛媛縣的道後溫泉並稱為「日本三大古湯」。

　　白濱溫泉除了前往旅館和民宿泡湯外，還有很多個外湯。其中「崎之湯」是現存最早的日語詩歌總集《萬葉集》中，提到的「湯崎七湯」碩果僅存的一座外湯，過去稱為「牟婁溫湯」，泡湯同時可以欣賞寬闊的海景、傾聽浪濤聲。由於距離海岸僅有10公尺，在風浪太大時可能會關閉。

{Info}
✉ 和歌山縣西牟婁郡白浜町1668番地 ☎ 0739-42-3016 ⏰ 7～8月07:00～19:00，4～6月及9月08:00～18:00，其餘08:00～17:00；週三公休 💲 ￥420 ➡ 從白濱車站搭乘明光巴士，約19分於「新湯崎」下車，再步行約3分 http www.town.shirahama.wakayama.jp/kanko/onsen/1454046714439.html

1.露天溫泉崎之湯，距離海岸僅10公尺／2.日本最古老的崎之湯／3.白濱溫泉區路上可見多個足湯／4.崎之湯斜對面是1604年創業、南紀白濱溫泉最老鋪旅館的「湯崎館」

白良濱

充滿熱帶氣息的白色沙灘

　　位於白濱溫泉海邊的白良濱沙灘，是綿延約640公尺長的白色沙灘，每到夏天總會吸引不少遊客前來這個充滿熱帶氣息的海水浴場。

　　「白砂のプロムナード」是每年冬天在白良濱沙灘的點燈活動，大約是從12月到隔年2月共3個月，每天晚上5～10點。沙灘上散步搭配點燈還有音樂，頗為浪漫，很適合情侶來。

冬天的點燈活動「白砂のプロムナード」

{Info}

✉ 和歌山縣西牟婁郡白浜町白良浜海水浴場 ➡ 從白濱車站搭乘明光巴士，約15分於「白良浜」下車 http www.nanki-shirahama.com/search/details.php?log=1332737557

三段壁洞窟

傳說中熊野水軍棲身處

波濤洶湧的黑潮海浪拍打著「三段壁」

　　位於白濱町海岸邊的「三段壁」，是相當知名的斷崖峭壁景點，總長約2公里、高度約50～60公尺，其最突出的地方過去為漁師監視魚群和漁船的地方，現在成為展望台，可欣賞黑潮波濤洶湧的海浪拍打大岩壁的絕景。

　　海水侵蝕而成的洞窟，深度約36公尺。相傳此處為熊野水軍棲身於此，善戰的熊野水軍曾於「壇之浦戰役」幫助源氏打敗平家致其滅亡。洞窟內有一條通道，重現熊野水軍的崗哨小屋、也有「牟婁弁財天」、史料展示等。

{Info}

✉ 和歌山縣西牟婁郡白浜町2927-52 ☎ 0739-42-4495 🕐 08:00～17:00 💲 大人￥1,300、小學生￥650 ➡ 從白濱車站搭乘明光巴士，約23分於「三段壁」下車，再步行約3分 http sandanbeki.com

---

千疊敷

和歌山夕陽百選之一，壯闊太平洋黃昏海景

　　位於白濱海岸邊，是由新第三紀層砂岩經年累月受海浪侵蝕所形成的大岩盤，相當廣闊，約有4公頃，一層一層的堆疊像是疊了一千張榻榻米，因此命名為千疊敷。

　　千疊敷在黃昏時刻的美景尤其醉人，入選為「和歌山夕陽百選」之一，坐在石頭上，吹拂海風，欣賞壯闊的太平洋海景及動人的夕陽。

{Info}

➡ 從白濱車站搭乘明光巴士，約21分於「千疊口」下車，再步行約5分 http www.nanki-shirahama.com/search/details.php?log=1332737678

上：層層堆疊的「千疊敷」
下：此處入選為「和歌山夕陽百選」

圓月島

落入海蝕洞的夕陽美景

圓月島位於白濱的「臨海」海邊，是南北130公尺、東西35公尺、高25公尺的小島，島的中央因為受到海浪長期侵蝕，形成一個直徑約9公尺的海蝕洞，這也是它最大的特色，偶爾可觀賞到夕陽恰好落在海蝕洞內，是日本夕陽百選之一。

另外，可以從巴士站附近搭乘玻璃船出遊，觀賞圓月島附近的珊瑚礁和熱帶魚，航程約25分，大人¥1,500、小孩¥750。

圓月島中央為海蝕洞

{Info}

✉ 和歌山縣白浜町3740 ➡ 從白濱車站搭乘經由「臨海」的明光巴士(約1小時1班)，約16分於「臨海」下車 http www.nanki-shirahama.com/search/details.php?log=1332736052

幸鮨

中午提供的散壽司「幸鮨でランチ」

在地新鮮魚種及拖鞋龍蝦的壽司店

位於「白濱銀座商店街」的壽司店幸鮨，以在地新鮮魚種作為壽司食材，特選握壽司¥5,400，最划算的是中午提供約¥2,000的「幸鮨でランチ」，包含散壽司、味噌湯、甜點，散壽司用了多種魚料，造訪當天有烤鰻魚、鮭魚卵、蝦子、花枝、鯛魚、竹筴魚、鮪魚等。

另外，店家還有販售拖鞋龍蝦(くつ海老)。拖鞋龍蝦非常稀少，受到黑潮影響，大約僅產於和歌山的白濱至串本一帶，由於長得像草鞋，故此命名，比起伊勢龍蝦，甜味更加濃厚，口感更有彈性，要價不斐，較大的一尾可能日幣破萬。

店內販售數量稀少的拖鞋龍蝦

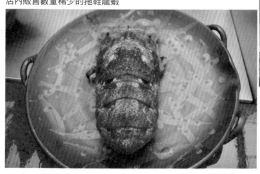

白濱銀座商店街的壽司店「幸鮨」

{Info}

✉ 和歌山県西牟婁郡白浜町1405-15 ☎ 0739-42-4027 🕐 11:00～14:00，17:00～22:00，週二公休 ➡ 從白濱車站搭乘明光巴士，約15分於「白良濱」下車，再步行約5分 http page.line.me/nuz6423i

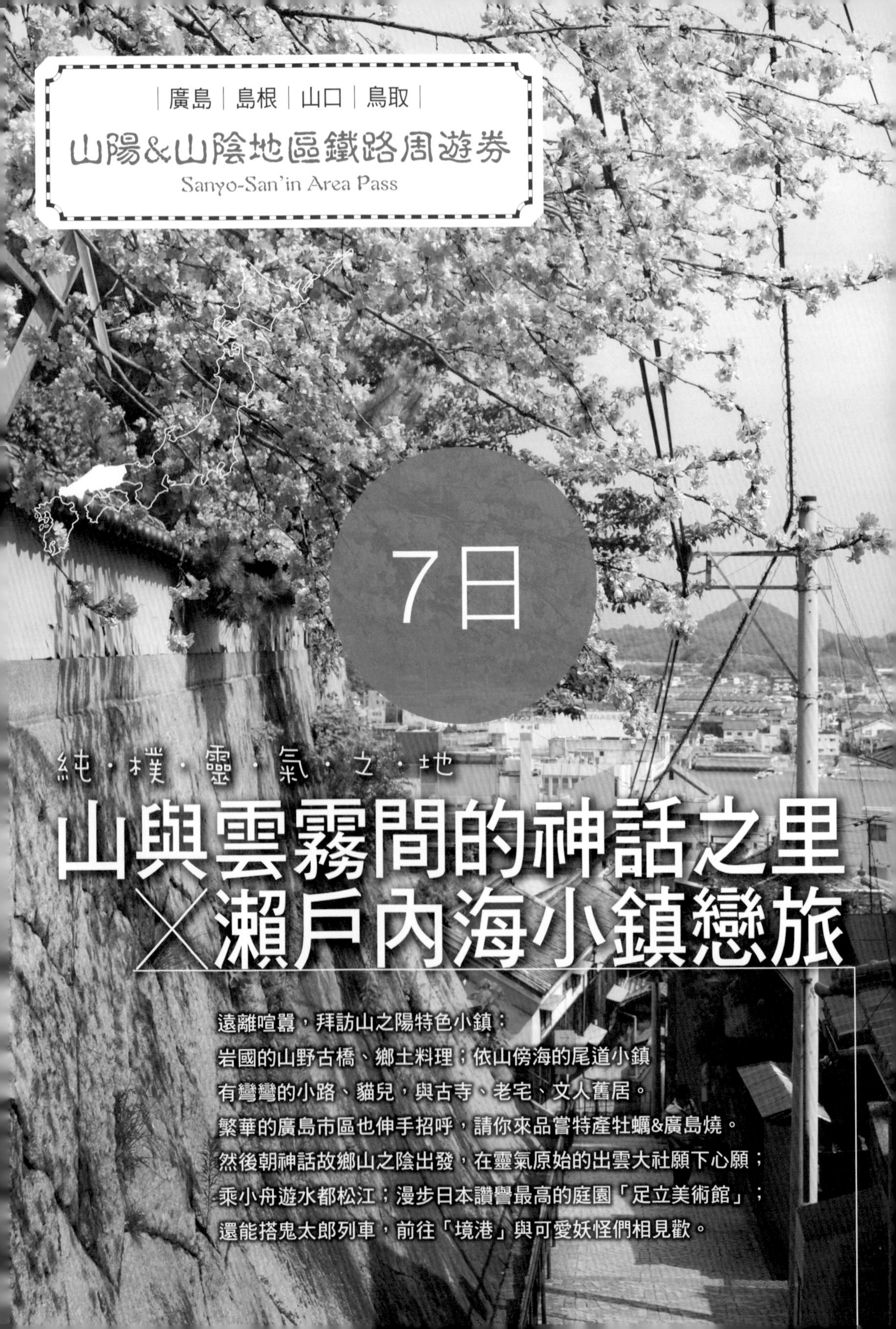

| 廣島 | 島根 | 山口 | 鳥取 |

山陽&山陰地區鐵路周遊券

Sanyo-San'in Area Pass

7日

純・樸・靈・氣・之・地

山與雲霧間的神話之里
╳瀨戶內海小鎮戀旅

遠離喧囂，拜訪山之陽特色小鎮：
岩國的山野古橋、鄉土料理；依山傍海的尾道小鎮
有彎彎的小路、貓兒，與古寺、老宅、文人舊居。
繁華的廣島市區也伸手招呼，請你來品嘗特產牡蠣&廣島燒。
然後朝神話故鄉山之陰出發，在靈氣原始的出雲大社願下心願；
乘小舟遊水都松江；漫步日本讚譽最高的庭園「足立美術館」；
還能搭鬼太郎列車，前往「境港」與可愛妖怪們相見歡。

岩國
木造錦帶橋

宮島
海上大鳥居

拜訪的
城市

出雲
古老神話國度

廣島
原爆歷史傷痕

境港
鬼太郎故鄉

尾道
坡道山城

松江
山陰小京都

中国(山陰山陽)
ちゅうごく(さんいん&さんよう)

　　山陰山陽又稱「中國地區」，位於本州最西側，介於關西及九州之間。山陽包括南邊的岡山、廣島與山口縣，山陰包括北邊的鳥取及島根縣。山陰地區雖不是熱門旅遊區，但獨特景觀與神話傳說為一大特色，值得深度旅遊慢慢探索。

鬼太郎列車
(米子⇔境港)

境港駅　米子駅
松江駅　　　　　鳥取駅
宍道湖
　　　　　　　　鳥取縣
出雲大社　　　　足立美術館
出雲市駅
　　　島根縣　　　　　　　兵庫縣　　敦賀駅
石見銀山　　　　　　　　　　　　　京都府
　　　　　　　　岡山縣　　　　　　　京都
　　　　　　　　岡山駅
山陽新幹線　　　　　　　新大阪駅
秋芳洞　　　廣島縣　(新大阪⇔博多)　　新神戶駅
　　　　　　廣島駅　　　倉敷駅　　　　　大阪
山口縣　　尾道駅
新　湯田溫泉　宮島　　　　高松駅
下　山口駅
關　錦帶橋
駅　新山口駅　新岩國駅　瀨戶內島波海道
　　　　　　　　　(尾道⇔今治)　　　和歌山縣
小倉駅　　　今治駅

博多駅　　　四　國

福岡縣

1　　　　　**2**　　　　　**3**

山口縣

主要景點為錦帶橋、岩國城、國寶五重塔的「琉璃光寺」、歷史久遠且有白狐傳說的「湯田溫泉」。每年7月的山口祇園祭會跳「鷺舞」，相當熱鬧。岩國壽司為特別的鄉土料理。

島根縣

日本古文化發源地，出雲市到處充滿濃厚的神話色彩，求姻緣的出雲大社每年吸引無數人前來參拜。水都松江市，被稱為「山陰小京都」，保留古色古香的武家屋敷，城區水道遍布，可乘船周遊其間。宍道湖為知名的百選夕陽景點，在松江しんじ湖溫泉可邊泡湯邊眺望夕陽美景。榮獲日本庭園第一名的足立美術館位於安來市，這是泥鰍舞起源地，日劇《螢之光(魚干女又怎樣)》中的滑稽舞蹈就是泥鰍舞。蕎麥麵為島根縣代表美食，出雲蕎麥名列日本三大蕎麥。

廣島縣

廣島市為本州西部最大城市，原子彈爆炸後的遺跡與紀念公園是觀光客必訪之處；嚴島神社的海上鳥居為著名的日本三景之一。尾道充滿文學氣息，是個坡道、小胡同遍布的小鎮，還有群聚的可愛貓咪，別具風情。廣島美食眾多，有廣島燒、楓葉饅頭、宮島的穴子魚，和全日本最好吃的牡蠣！

鳥取縣

擁有全日本最大的砂丘，可乘坐駱駝或馬車遊覽。鳥取境內90%為山地，人口稀少，但兩位漫畫大師的誕生，使得鳥取知名度大幅提升，柯南作者青山剛昌出生的北榮町、鬼太郎作者水木茂的故鄉境港，都建立了紀念博物館，並將小鎮徹底打造成漫畫世界，成功的地方觀光營造手法值得借鏡。

7

1.廣島特產楓葉饅頭／2.尾道美術館(照片提供：神久鈴九)／3.山口祇園祭的市民総踊，跳著熱鬧的鷺舞／4.安來車站有許多跳著泥鰍舞的雕像和人形立牌供遊客拍照／5.青山剛昌故鄉館前停著阿笠博士的車／6.福山城／7.宮島海上大鳥居

4　　5　　6

山陰山陽鐵路周遊券資訊

這張票券主要是用於「中國地區」，包括「山陽」的山口、廣島、岡山，以及「山陰」的鳥取、島根共5個縣。若只玩山陽，不想每天換飯店的話可以住在位置居中又最熱鬧的廣島；山陰較耗費交通時間，建議可住在地理位置居中的米子或松江。若由關西機場進出，沿途可順道玩神戶、姬路，若由福岡機場進出，可順便至下關一遊。

票價

海外事先購買￥19,400，日本當地購買￥20,400，兒童(6～11歲)半價。

使用期間

自起始日起連續使用7天。在日本停留期間，每人限購買1張。

使用範圍

可無限搭乘指定區間列車，包括山陽新幹線(新大阪—博多)，所有特急列車「Haruka、

鬼太郎列車

Kuroshio、Thunderbird、Kounotori、Yakumo、Super Hakuto(包含上郡—智頭)」，JR西日本在來線的新快速、快速、普通列車。另外，也可搭乘宮島口至宮島間的JR西日本宮島渡輪，及區域內的西日本JR巴士、中國JR巴士。

購票方式

可先在海外旅行社購買兌換券，再到JR西日本的指定車站兌換(京都、新大阪、大阪、三之

柯南列車

宮、關西機場、奈良、和歌山、岡山、境港、米子、鳥取、松江、廣島、新下關、下關、小倉、博多)，或在網路上預約，然後在指定車站領取(京都、新大阪、大阪、關西機場、廣島、博多)，也可直接在指定車站售票處購買(敦賀、京都、新大阪、大阪、神戶、新神戶、三之宮、姬路、二條、宇治、嵯峨嵐山、京橋、鶴橋、天王寺、新今宮、弁天町、西九條、關西機場、奈良、JR難波、和歌山、岡山、境港、米子、鳥取、松江、廣島、新下關、下關、小倉、博多)。

機場交通

關西機場

先從機場搭車到新大阪(JR特急はるか車程50分鐘￥2,330)，再從新大阪搭山陽新幹線，到岡山約50分鐘￥5,500，到廣島約80分鐘￥9,710，到新山口約115分鐘￥12,100。

廣島機場

搭乘利木津巴士約50分鐘到

廣島車站，單程票價￥1,340，來回優惠票價￥2,420(限購買日起7天內)，兒童為大人的半價。

岡山機場

於2號乘車處搭乘巴士，約30分鐘到岡山車站，單程票價￥760。

福岡機場

先從機場搭巴士或地鐵到博多，再從博多搭乘山陽新幹線，到廣島約65分鐘￥8,420。

注意事項

■可搭乘指定席，但不可搭綠色車廂。

■新大阪到京都區間屬於東海道新幹線，不可搭乘。

■每次在日本停留期間，每人限購買1張。

官網

http www.westjr.co.jp/global/tc/travel-information/pass/sanyo_sanin(中文版)

岩國的鄉間小調

"漫步錦帶橋山野風光，吃岩國壽司
泡溫和美肌的白狐溫泉"

今日
這樣玩

goo.gl/k4254K

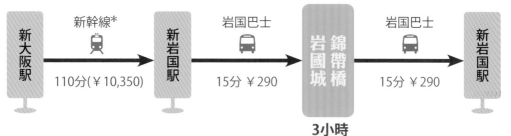

新大阪駅 ──新幹線*── 新岩国駅 ──岩国巴士── 岩國城 錦帶橋 ──岩国巴士── 新岩国駅

110分(￥10,350)　　　15分 ￥290　　　　3小時　　　15分 ￥290

──新幹線── 新山口駅 ──JR── 湯田溫泉駅

30分(￥3,390)　　20分(￥240)

──徒步── 湯田溫泉 ── 宿湯田溫泉

歡迎來到
白狐溫泉

* 註：新大阪前往新岩國，建議先搭乘只停大站的のぞみ(Nozomi)或ひかり(Hikari)
新幹線列車至廣島車站，再轉搭每站皆停的こだま(Kodama)前往新岩國較省時。

錦帶橋(錦帯橋)

橫跨錦川的5連式優美木造拱橋
名列日本3大名橋&奇橋

山口縣岩國市錦帶橋創建於1673年，歷史悠久，經數次毀壞修復而保存至今。錦帶橋為木造結構的五連反式拱橋，中間有4個石造橋墩，橫跨山口縣最大河川錦川，春天時岸邊約有3千株櫻花綻放，夏天可見傳統捕魚法「鵜飼」，每年於4月29日舉行「錦帶橋祭」。

錦帶橋與東京都的「日本橋」及長崎市的「眼鏡橋」並稱日本三名橋，也與山梨縣大月市的「甲斐的猿橋」，及德島縣的「祖谷的かずら橋」，並稱日本三奇橋。

春天兩岸櫻花盛放，古橋變賞櫻勝地喔

{Info}

💲 入橋費大人￥300，小孩￥150(錦帶橋+纜車來回票+岩國城套票大人￥940，小孩￥450) ➡ 由新岩國或岩國車站搭乘岩國巴士約15分，於錦帶橋下車即可抵達

岩國城

典雅的白色日式城堡
搭纜車登城眺望岩國市景

過了錦帶橋後的吉香公園，過去為藩主吉川氏的居館及武家屋敷所在，現有吉香神社、岩國徵古館、吉川史料館、舊目加田家住宅、香川家長屋門等可供參觀。自吉香公園後方的纜車山麓站，搭乘空中纜車前往山頂站，再步行約300公尺可抵達岩國城。

岩國城天守閣坐落於城山山頂，為100名城之一，城內為資料館，走上天守閣頂層，可以眺望岩國市和錦帶橋的美麗風景。

岩國城

{Info}

🕐 09:00～16:45(最後入場16:30，公休時間同纜車檢修日，纜車每20分鐘一班) 💲 大人￥260，小孩￥120 (錦帶橋+纜車來回票+岩國城套票大人￥940，小孩￥450) ➡ 錦帶橋徒步約15分，搭乘纜車約5分，再徒步10分可抵達岩國城

岩國城天守閣眺望美景

平清(ひらせい)

享用藩主喜愛的岩國壽司&鄉土料理
錦帶橋美景在窗邊相伴

鄉土料理「岩國壽司」

創立於1858年的餐廳,2樓用餐窗外就是錦帶橋。菜單相當多樣化,如「氏盛ご膳」(¥1,300),有岩國壽司、烏龍麵或蕎麥麵,和兩碗以蓮藕為主的野菜,其中有名的鄉土料理「岩國壽司」是方形的押壽司,使用醋飯再放上一層層食材製作而成,因受岩國藩主吉川公喜愛,亦有「殿樣壽司」之稱。

餐廳外觀

{Info}
✉ 山口県岩国市岩国1丁目2-3(錦帶橋對面) ◷ 11:30～14:00,17:00～20:00,週二公休 🔗 www.hirasei.jp

湯田溫泉

白狐傳說的古老溫泉,PH值溫和療癒

位於山口市西側的湯田溫泉,從室町時代延續至今,已有800年以上歷史,相傳曾有隻白色狐狸拖著受傷的腳來此浸泡而治好了腳傷,因此也被稱為「白狐溫泉」。

湯田溫泉的泉質為無色透明的鹼性單純溫泉,此處溫泉湧出量豐富,每日溫泉流量可高達2千噸,溫泉街上有可觀賞源泉的「溫泉舍」、5處可免費使用的足湯、還有觀光案內所前可免費飲用的「飲泉場」。

1.擁有白狐傳說的湯田溫泉／2.「ホテル松政」晚餐會席料理中的「虎河豚」／3.「ホテル松政」晚餐會席料理中的「天然鮎塩焼き」／4.足湯

湯田溫泉區約有20多家旅館,除了大型溫泉旅館和民宿外,也不乏商務旅館如連鎖的Super Hotel,提供遊客多樣化選擇。

{Info}
➡ 由新幹線新山口車站轉乘JR山口線,約20分鐘可抵達湯田溫泉站,步行前往溫泉街約需15分鐘 🔗 www.yudaonsen.com/tc

秋芳洞賞奇石╳
廣島市區午後的美食漫遊
"山口的鐘乳石洞，讓你驚嘆大自然的鬼斧神工"

今日
這樣玩

goo.gl/l0OytX

湯田溫泉	中国JR巴士 🚌	秋芳洞 秋吉台	防長巴士 🚌	新山口駅	新幹線 🚆	
	40分（¥1,210）		45分 ¥1,170		32分（¥4,750）	

2小時

廣島燒

広島駅		廣島市區（縮景園、廣島城、商店街）		宿廣島

3～4小時

廣島市茶の環本店
的抹茶聖代 ♡

旅遊案內所
出發前先了解的事

路面電車

廣島市路面電車
適合市區觀光

廣島市區的主要交通工具是「廣電」，為日本少數還保留路面電車的地區。路面電車行駛速度緩慢，可以好好欣賞市區景觀。

1日券資訊

票價	市區內電車均一價大人￥190、小孩￥100，惟宮島線依距離計算票價，從市區搭到宮島口大人￥270、小孩￥140。電車1日乘車券大人￥600、小孩￥300

http www.hiroden.co.jp

秋芳洞

日本最大鐘乳洞，天然的藝術奇石群

位於山口縣美彌市的秋吉台是日本最大的喀斯特地形高原，此區共有秋芳洞、景清洞及大正洞3處鐘乳洞。

秋芳洞，與岩手縣龍泉洞及高知縣龍河洞並稱日本3大鐘乳洞，其中秋芳洞是最大的，被指定為日本國家特別天然紀念物。入洞處有一瀑布，舊稱「滝穴」(瀧穴)，洞深約8.8公里，開放參觀路線長約1公里，腳程

快點單程大概20分鐘，但架腳架慢慢拍約需2小時。洞內溫度不高，終年保持在攝氏十多度。主要觀賞點包含看起來像百片以上碟子排列且如梯田般高低錯落的「百枚皿」、富士山形狀的石柱「洞內富士」、高15公尺、寬4公尺的巨大石灰華柱「黃金柱」，其餘還有青天井、南瓜岩、大松茸、千町田、蓬萊山、傘づくし、大黑柱、蘇鐵岩、巖窟王、五月雨御殿等。

{Info}

C 08:30～16:30 S 大人￥1,200，中學生￥950，小學生￥600 ➡ 由新幹線新山口車站搭乘防長巴士約45分(每天約有8班)、由JR山口車站或湯田溫泉街搭乘JR巴士約40～50分(每天約有10班)，於秋芳洞下車，徒步約10分 http www.karusuto.com

1.秋芳洞為日本最大的鐘乳洞／2.黃金柱／3.百枚皿

153

縮景園

市區內的袖珍版杭州西湖
從電鐵站步行，就能輕鬆抵達

西元1620年由廣島初代藩主為別墅所建之池泉回遊式庭園，由於匯聚多處勝景於一園之中，故名縮景園，也有人說貌似袖珍版杭州西湖景色而得此名。橫跨池塘中央的拱形跨虹橋由京都名

匠建造，展現優美高超的建築技術。園內遍植花草樹木，四季皆有不同花卉可欣賞。

{Info}

広島市中区上幟町2-11 082-221-3620 4～9月09:00～18:00，10～3月09:00～17:00 大人￥260，高中大學生￥150，中小學生￥100 從廣島車站步行15分鐘；或搭乘廣島電鐵於縮景園前下車，步行2分鐘 shukkeien.jp

1.縮景園景觀／**2.**優美堅固的拱形跨虹橋

廣島城

百大名城之黑色鯉城

廣島城因外觀如鯉魚一般黑，別稱為「鯉城」，為100名城之一，也是著名賞櫻地點，天守閣在1931年成為指定國寶，卻於二次大戰因原子彈轟炸而化為灰燼，現已重建復原為文史資料館，除介紹廣島，還有房舍模型、刀劍展覽、城下町歷史圖片等，從天守閣5樓可眺望廣島市區風景。

{Info}

広島市中区基町21-1 09:00～18:00(12～2月只到17:00，黃金週及盂蘭盆連假到19:00) 大人￥370，高中生及65歲以上￥180，中學生以下免費 從JR廣島車站搭乘路面電車約10分於「紙屋町東」站下車徒步約15分，或從JR廣島車站南口搭乘經由「合同廳舍前」的公車約7分於「合同廳舍前」站下車徒步約8分 www.rijo-castle.jp

廣島城

みっちゃん

電鐵站附近的廣島燒名店
當然要點最能代表廣島的牡蠣口味

1950年創立當時為屋台，目前有6家店。推薦加了廣島牡蠣的「カキ入りそば肉玉子」(¥1,300)或加了花枝、蝦仁、麻糬的「特製スペシャル」

(¥1,250)，熱騰騰的現煎廣島燒、麵很脆很香，就算排隊再久也值得。

「みっちゃん総本店」八丁堀店

みっちゃん廣島燒

{Info}

✉ 広島県広島市中区八丁堀6-7(總店八丁堀店) 📞 082-221-5438 🕐 11:00～14:30，17:30～21:30，週三公休 🚃 廣島電鐵八丁堀站徒步5分 http www.okonomi.co.jp

麗ちゃん

車站百貨內的超人氣廣島燒
用餐時段須有排隊的心理準備喔

位於廣島車站Asse百貨2樓，用餐時間經常一位難求。番茄醬口味的炒麵較有黏性，牡蠣、蝦子都很新鮮，是料多實在的好滋味。

麗ちゃん廣島燒

{Info}

✉ 広島県広島市南区松原町2-37 広島駅ビル アッセ2F
📞 082-286-2382 🕐 11:00～22:00 http www.o-reichan.jp

山陽＆山陰地區鐵路周遊券｜Day 2｜山口・廣島

豆知識 廣島燒

廣島最廣為人知的美食莫過於「廣島燒」，比起「大阪燒」將食材全部混在一起加入麵糊後放上鐵板煎製，廣島燒的製作是一步一步把食材堆疊起來，過程較繁複，因此絕大多數店家都是師傅做好再送給顧客享用，不像大阪燒可以自己動手煎。最典型的廣島燒是麵條上加豬肉和雞蛋，或麵條以烏龍麵置換，再淋上各家調味醬，也可以再加上其他食材更添變化。

在鐵板上煎製廣島燒

楓葉饅頭、杓子仙貝

想買美味的廣島點心，可以來這些店家

楓葉造型的楓葉饅頭

　　楓葉饅頭(もみじ饅頭)是廣島最具代表性的土產，類似包有內餡的雞蛋糕，因外型壓製成楓樹(廣島縣樹)而聞名。傳統內餡為紅豆，也有其他新研發口味，1個約￥80，有各種大小盒裝可作為伴手禮。最著名的3間店為にしき堂、藤い屋、やまだ屋，於廣島機場、廣島新幹線名店街、各大百貨公司都有分店。

　　にしき堂是最具代表性店家，本店位於廣島市區，使用北海道十勝紅豆與日浦山湧水製作原料，有5種基本口味：紅豆泥、紅豆顆粒餡、奶油、巧克力、麻糬，秉持最簡單的傳統美味。

　　藤い屋是老字號名店，本店位於宮島，隔著透明玻璃可看到製作過程。傳統口味有5種：紅豆泥、紅豆顆粒餡、抹茶、卡士達奶油、巧克力，新推出的Frais Frais Momiji系列有生巧克力及奶油兩種口味，味道更濃郁，需冷藏，購買時會附保冷袋。

　　山田屋(やまだ屋)的本店亦位於宮島，為80年老店，積極開發各種新口味，例如藻鹽、紅芋、酒巧克力、辣椒、竹炭，也有季節限定水果口味，例如檸檬、柑橘、草莓等。

　　杓子仙貝(杓子せんべい)是以宮島代表性工藝品杓子為外型製作的仙貝，有勝利祈願的意思，作為伴手禮很有吉祥味。

{Info}

http にしき堂nisikido.lolipop.jp，藤い屋www.fujiiya.co.jp，やまだ屋momiji-yamadaya.co.jp

1.にしき堂本店相當有和風味／**2.**藤い屋可觀看楓葉饅頭現場製作過程／**3.**山田屋的杓子仙貝／**4.**宮島的藤い屋本店

寶 天婦羅 (宝 天ぷら)

迷你小店的酥脆炸物令人驚豔

　　位於本通商店街附近，店內只有板前5席和一張大桌子約8席，天丼是現點現炸再瀝過油，點餐後需耐心等待一段時間。現炸天婦羅沾上蘿蔔泥和醬油，口感酥脆，吃起來也不會過於油膩，當美味送入嘴中的那一刻會讓人覺得等待的時間完全是值得的。

{Info}

 広島県広島市中区本通5-13 本通ウェーブビル1F 🕐 11:00～15:00，17:30～22:30(中午和晚上菜單不同) ➡ 廣島電鐵紙屋町東站徒步3分

1.本通商店街附近的低調店家「宝 天ぷら」／2.午餐的海鮮天丼￥1,200，有海老、穴子、3種白身魚、還有南瓜等野菜，另外還附有一碗紅味噌湯

熊野筆

女性朋友注目商品！
外銷歐美的頂級化妝筆

　　廣島有一項全世界知名的產品：化妝筆，起源自有「筆之都」之稱的安藝郡熊野町，日本的毛筆和化妝筆約有8成在此生產，又稱「熊野筆」，

被指定為國家傳統工藝品。特色是使用動物毛，例如山羊、灰栗鼠、黃鼬、馬毛等，觸感柔軟，作為化妝筆的抓粉力很強，著色均勻，能化出完美妝容，許多頂級化妝師都是使用熊野筆，甚至外銷歐美。知名店家包括白鳳堂、晃祐堂、華祥苑，其中以白鳳堂最為有名，是許多雜誌和電視節目推薦品牌，不少好萊塢影星是白鳳堂愛用者。除了基本款，有時也會推出聯名合作限定款，例如Hello Kitty、KiKi&LaLa等卡通圖案的筆桿相當可愛，是許多少女的夢幻逸品。

精美的白鳳堂專櫃包裝

{Info}

🌐 白鳳堂www.hakuho-do.co.jp，晃祐堂www.koyudo.co.jp，華祥苑 www.kashoen.jp

白鳳堂攜帶型蜜粉刷，有黑色和桃紅色兩種

親眼目睹
海上佇立的大鳥居
"宮島總是有種神祕靈氣的聖域氛圍"

今日
這樣玩
goo.gl/4kXZpv

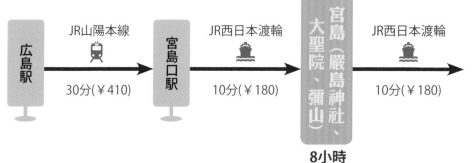

広島駅 — JR山陽本線 🚃 30分(¥410) → 宮島口駅 — JR西日本渡輪 🚢 10分(¥180) → 宮島（嚴島神社、大聖院、彌山） 8小時 — JR西日本渡輪 🚢 10分(¥180) →

宮島口駅 — JR山陽本線 🚃 30分(¥410) → 広島駅 → 宿廣島

給我鹿仙貝！

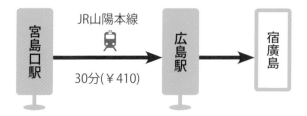

印有各種吉祥話的杓子是宮島代表性伴手禮

大聖院

宮島&嚴島神社

世界文化遺產小島&海上龍宮

位於瀨戶內海的美麗小島,地標嚴島神社是在海面上氣勢恢宏的朱紅色神殿,後方是原始林密布、充滿靈氣的彌山,宮島就是這麼一座充滿神祕力量與浪漫色彩的神之島嶼。與松島、天橋立並稱為日本三景,於1996年登錄為世界文化遺產。

嚴島神社擁有1,400多年歷史,是全國約500座嚴島神社之總本社,主要是祭祀田心姬命、市杵島姬命、湍津姬命3位女神,為日本神道信仰中心。整座神社由總長度196公尺的迴廊連接而成,綿延曲折的朱紅色迴廊以海上龍宮之姿盤踞於海面上,為國寶級建築,神社內也收藏許多國寶級文物。矗立海上的大紅鳥居是聞名遐邇的宮島地標,建議事先查好潮汐表,才能掌握時間看到漲潮、退潮兩種截然不同風情的美景。退潮時可以走到大鳥居底下,因位於潮間帶,不少人開心地赤腳踩在沙灘上捕捉寄居蟹。高16.6公尺的大鳥居,近距離更能感受其雄偉,很多人會把硬幣嵌在鳥居腳柱上,相傳退潮後如果錢幣還在就能美夢成真。

此外,宮島自古以來被認為是「神之島」,而鹿是神的使者,整個宮島約有2～3千隻鹿在此棲息,在遊客間穿梭自如討東西吃,只要買個鹿仙貝就能吸引鹿群陪你一起遊宮島喔!

退潮的海上鳥居,許多人走到鳥居底下

滿潮的海上鳥居

嚴島神社

{Info}

☎ 0829-30-9141 ⏰ 06:30～18:00 💲 大人￥300,高中生￥200,中小學生￥100 http 宮島觀光協會www.miyajima.or.jp

表參道商店街

世界最大的飯杓在此

從渡船口到嚴島神社前的表參道最熱鬧，各式商店林立。宮島自古流傳高技術的傳統工藝，應用在托盤、茶罐等木製品的雕刻手工極為精細，其中最具代表性的宮島特產是杓子，代表開運祈願，商店街陳列一支世界最大的飯杓。幾乎每間商店都販售杓子，上頭印有必勝、健康、合格、安產、長壽、商貿繁盛、夫婦圓滿等吉祥語，可當擺飾品或吊飾，是很好的宮島伴手禮。

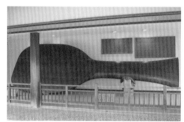

世界最大的杓子，長7.7公尺、重2.5噸

大聖院

宮島最古老寺院

真言宗御室派的總寺院，供奉十一面觀世音菩薩、七福神、波切不動明王等神明，是宮島歷史最悠久的寺廟。通過仁王門是一道長長的階梯，整條樓梯都設有摩尼車，也就是藏傳佛教的轉經筒，筒內有佛經，據說往右轉1圈就相當於念經1遍。特色是境內有許多卡通人物石像，例如河童和麵包超人。遍照窟供奉四國地區88寺廟正尊，正尊前面有88靈場的砂，踏過這些砂就等同於參拜完88靈場所得庇佑。

摩尼車，轉經筒內有佛經

{Info}

✉ 広島県廿日市市宮島町210 ➡ 從嚴島神社步行約7分

http www.galilei.ne.jp/daisyoin

いな忠

→烤牡蠣(カキの鬼殻焼き)
↓穴子飯(あなごめし)¥1,700

穴子飯(海鰻飯)
百年老舖

有別於一般河川捕獲的鰻魚(うなぎ)，星鰻(あなご)則是來自海域的海鰻，又稱為穴子，因較無腥味，不需過多醬汁壓抑土味，星鰻漁獲量最豐的海域是以東京灣與瀨戶內海兩地為代表。百年老舖「いな忠」以穴子飯(あなごめし)聞名，門口販售可直接外帶的便當。穴子飯以繪有楓葉圖案的木盒盛裝，炭烤後的微微焦香令人垂涎三尺，以店家祕傳醬汁調味，相當下飯。除了穴子，牡蠣也很美味。

百年老店いな忠

{Info}

✉ 広島県廿日市市宮島町中之町浜507-2 (宮島表參道商店街) ⏰ 10:30～15:30，週四公休

彌山

遠眺日本原始林&瀨戶內海美景

自古以來被視為神仙居住的靈山，流傳著7大不思議傳說。搭乘纜車上山時，可清楚看到原始叢林覆蓋整座山脈，相當壯觀，纜車終點獅子岩旁有個展望台，能遠眺蔚藍的瀨戶內海與美麗群島。從獅子岩步行20分鐘到彌山本堂，供奉虛空藏菩薩，弘法大師曾在此處修道百日，他所豎立的錫杖生

彌山纜車

靈火堂，內有1,200年從未熄滅的靈火

獅子岩展望台眺望
瀨戶內海與其群島

根發芽長成一株梅樹，此「錫杖之梅」為七不思議之一。對面的靈火堂相當有名，大師當年修行時點燃的靈火燃燒至今，1,200多年來從未熄滅，為7不思議之一，也是戀人勝地。到彌山山頂途中有許多奇岩怪石可欣賞，山頂展望台擁有360度眺望瀨戶內海的絕佳視野。

{Info}

🕐 纜車3~10月09:00~17:00，11月08:00~17:00，12~2月09:00~16:30 💲 纜車來回券大人￥1,800，小學生￥900 ➡ 從嚴島神社步行6分鐘到紅葉谷公園入口，搭乘免費接駁巴士(每20分1班)3分鐘到紅葉谷駅，再搭乘兩段式纜車上山(中間會在榧谷駅換車)，約15分鐘到獅子岩駅 🌐 miyajima-ropeway.info

牡蠣屋

獲米其林推薦的店家
品嘗廣島特產的鮮美牡蠣

有「海中牛奶」美譽的牡蠣，宮島產量占全日本6成以上，位居全國之冠。牡蠣屋曾在2013年榮獲米其林推薦，特色是珍藏上千瓶國外進口白酒，完整酒單隨時能滿足饕客需求。想品嘗牡蠣全餐的最佳方案，是只有內行人才知曉的隱藏版菜單「牡蠣屋定食」，內含烤牡蠣、炸牡蠣、醃漬牡蠣、牡蠣炊飯、紅味噌牡蠣湯，共可吃到10顆牡蠣。若時值10~3月的牡蠣產季，一定要加點期間限定的生牡蠣，直接嘗到現撈牡蠣最原始的鮮美。

1.牡蠣屋／2.店內珍藏上千瓶國外進口白酒／3.牡蠣全餐

{Info}

✉ 広島市廿日市市宮島町539(宮島表參道商店街) 🕐 10:00~18:00(不定期公休) 🌐 www.kaki-ya.jp

與貓兒同遊尾道山城

"深受電影和文人青睞的面海小鎮
沿著陡坡古道訪老屋、古街、詩人舊居"

今日
這樣玩

goo.gl/jx11kR

広島市區（平和記念公園、原爆圓頂） —— 廣島電鐵 ￥190 —→ 広島駅 —— 新幹線 23分（￥4,420）—→ 福山駅 —— JR 20分（￥410）—→

2小時

尾道駅 —— 徒步 20分 —→ 尾道市區（文學巡禮、古寺巡禮、商店街）—— 徒步 20分 —→ 尾道駅 —— JR 60分（￥1,140）—→

4小時

倉敷駅 —— JR特急やくも 126分（￥4,420）—→ 米子駅 —→ 宿米子

來尾道別錯過
米其林一星的蕎麥麵

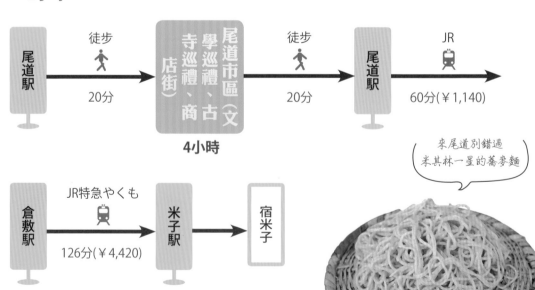

廣島平和記念資料館

原爆遺跡紀念

　廣島市是世界上第一個原子彈爆炸地,為祈求世界和平,在最接近原爆中心點的地方建造了平和紀念公園。廣島平和記念資料館展示原子彈相關資料,包括各種模型、圖片、遺物,亦有原子彈爆炸威力的說明。「原爆圓頂」是廣島的象徵,裸露彎曲的鋼筋,塌落的外牆,似訴說著當時悲慘情景,被聯合國列為世界文化遺產。

1.時間彷彿靜止在1945年8月6日午前8點15分的原爆那一刻／2.平和記念資料館內展示各種模型和圖片／3.平和之池／4.原爆圓頂

{Info}

✉ 広島市広島市中区中島町1-2 🕐 08:30～18:00(8月到19:00,12～2月到17:00) 🚫 12/29～1/1 💲 大人￥50,高中生￥30,中學生以下免費 ➡ 廣島電鐵「原爆ドーム前」站下車徒步5分,或廣島車站搭乘廣島巴士約15分鐘於「平和記念公園」下車徒步1分 🌐 www.pcf.city.hiroshima.jp

尾道市

與可愛貓咪漫步寧靜樸實的文學小鎮

　　位於廣島縣東南部的尾道市，自古以來作為瀨戶內海航道上的重要貿易港口，也是鐵路運輸和海運的轉運處。面海背山的純樸小鎮，沿岸坡道上除了民宅還有許多寺院，孕育不少文學作品和導演，吸引過不少電影和日劇來此取景，包含《轉校生》、《東京物語》等，因此尾道也有「電影小鎮」、「陡坡之城」、「文學之城」、「寺院之城」等稱號。

　　搭乘千光寺空中纜車，可以前往山上的千光寺公園，享受海風，眺望瀨戶內海美景，春天為賞櫻名勝，安藤忠雄建造的尾道市立美術館也在此處。由於時常有貓咪出沒，也稱「貓城」，近年來頗有名氣，除了貓之細道，每年甚至還舉行貓祭，吸引不少愛貓者的目光。

{Info} 千光寺纜車

🕐 09:00～17:15，每15分鐘一班 💲 大人單程￥320、來回￥500，小孩單程￥160、來回￥250 ➡ JR尾道車站徒步約20分，或由JR尾道車站搭乘巴士約5分於「長江口バス停」下車 🔗 onomichibus.jp/ropeway

1.千光寺公園眺望瀨戶內海／**2.**復古氛圍的尾道商店街／**3.**千光寺公園為戀人聖地(照片提供：神久鈴九)／**4.**櫻花盛開的千光寺公園(照片提供：神久鈴九)／**5.**安藤忠雄建造的尾道市立美術館(照片提供：神久鈴九)／**6.**千光寺與瀨戶內海美景(照片提供：神久鈴九)／**7.**千光寺公園夜櫻(照片提供：神久鈴九)

文學之道

古寺、茶屋、文人舊居

志賀直哉舊居

文學之道上的刻石題字

從千光寺纜車山頂車站往下走，沿著許多文學家刻石題字的「文學之道」步行下山，蜿蜒的石階小道上除了古寺和茶屋，還有3棟建築，依序為和歌詩人中村憲吉的舊居、文學紀念室、暗夜行路作者志賀直哉的舊居。

{Info}

🕐 09:00〜18:00(11〜3月只到17:00)，12〜2月每週二公休 💲 三館共通券￥300，中學生以下免費 ➡ JR尾道車站徒步15〜25分

尾道古寺巡禮

七古寺你收集幾個了？

尾道市有許多古寺，大多建築在斜坡上，其中最著名的7個古寺有「尾道七佛」之稱，各有不同的祈願項目，如果要全部造訪至少需3小時以上。

「千光寺」為開運厄除祈願，朱紅色的赤堂及龍宮風格的鐘樓為其特色。「天寧寺」為病氣平癒祈願，內有木雕彩色五百羅漢。「淨土寺」為必勝祈願，正殿及日本三大名塔之一的多寶塔皆為國寶。「西國寺」為健腳祈願，曾為西國第一大寺院。「持光寺」為延命祈願，由36枚花崗岩組合成的延命門最具特色。「大山寺」為合格祈願，日限地藏尊專門保佑考試順利。「海龍寺」為技藝上達祈願(技藝進步)，本為淨土寺的曼荼羅堂，後來才獨立改名。

持光寺的石造大門

{Info} 尾道七佛

🕐 千光寺09:00〜17:00，大山寺08:30〜17:00，其他09:00〜16:30 💲 境內皆不需門票。內部拜觀：持光寺￥300，西國寺￥500，淨土寺￥500、寶物館￥400 🌐 www.chichibutou.com

天寧寺的三重塔

蜿蜒的石階小道

瀨戶內島波海道

行人單車都能走的美麗海上公路

{Info}
http www.go-shimanami.jp

　　位於廣島縣尾道與愛媛縣今治間，跨越各個瀨戶內海島嶼(向島、因島、生口島、大三島、伯方島、大島)，有條長約70公里的「瀨戶內島波海道」(しまなみ海道)，是唯一可讓自行車和行人來往本州和四國的通道，沿途騎車會經過許多不同造型的橋。其中位於愛媛縣的「來島海峽大橋」，全長約4公里，為世界第一的三連式吊橋。

1.向島景色(照片提供：神久鈴九)／2.生口橋／3.來島海峽大橋(照片提供：神久鈴九)／4.生口島上鼓勵騎單車遊客的加油人偶(照片提供：神久鈴九)／5.生口橋上景色(照片提供：神久鈴九)

手打そば 笑空

小路暗藏米其林一星美味
在古意盎然的小店吃碗蕎麥麵

　　從尾道商店街轉進一條小路，不起眼的店家「手打そば 笑空」，這是名列2013年米其林一星的餐廳。店內不大，每個動作都很安靜，整體帶著溫馨的感覺。蕎麥麵口感不錯，彈牙有嚼勁，最後把湯再加進剩餘的醬汁，一起喝下這碗暖暖的蕎麥湯。

1.手打そば 笑空／2.最基本款的ざる蕎麦¥750(照片提供：Baozi)

{Info}
✉ 広島県尾道市土堂2-5-15 ◷ 11:30～14:00，17:00～20:30，週三晚上及週四整天公休 ➜ JR尾道車站徒步約20分

朱華園

尾道拉麵有台灣風味？

距離纜車站不遠處，有家尾道相當具名氣的拉麵店「朱華園」，昭和22年開業至今已有70年歷史。湯頭是醬油口味，還有灑豬背脂，喝起來就像台灣在吃的陽春麵湯頭，聽說第一代老闆是台灣人，這樣就能理解它的湯頭了。

朱華園

{Info}
✉ 広島県尾道市十四日元町4-12 🕐 11:00～19:00或完售
➡ JR尾道車站徒步約15分 休 每週四及第3週星期三

基本款的「中華そば」¥600

美麗的杯子
香醇的咖啡
復古的氛圍

尾道浪漫珈琲

小鎮漫步途中在復古咖啡屋享受寧靜時光

位於尾道商店街上的「尾道浪漫珈琲」本店，已在廣島開設7家店鋪。站在門外即有陣陣咖啡香撲鼻而來，店內有著懷舊復古的氛圍，標榜使用自家烘焙的咖啡豆，咖啡用的是虹吸式煮法，喜歡的話也可以購買咖啡豆回家。傍晚時分，在此享受片刻靜謐悠閒的時光，再繼續美好的旅程。

{Info}
✉ 広島県尾道市十四日元町4-1 🕐 07:30～19:00 ➡ JR尾道車站徒步約15分 http www.roman-coffee.co.jp

尾道浪漫珈琲

走入島根的詩意山水間！

"唯美庭園足立美術館&宍道湖夕日遊船"

今日
這樣玩

goo.gl/mXHK5r

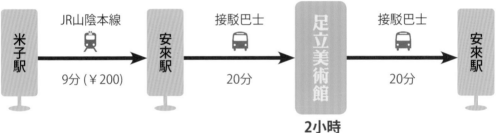

米子駅 → JR山陰本線 🚆 9分（￥200）→ 安來駅 → 接駁巴士 🚌 20分 → 足立美術館 2小時 → 接駁巴士 🚌 20分 → 安來駅

特急 やくも 🚆 15分（￥1,160）→ 松江駅 → 市營巴士 🚌 22分 ￥250 → 八重垣神社 20分 → 市營巴士 🚌 22分 ￥250 → 松江駅

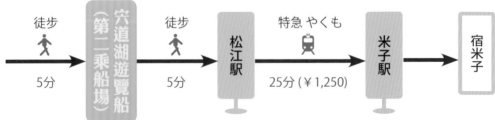

徒步 🚶 5分 → 宍道湖遊覽船（第二乘船場）1小時 → 徒步 🚶 5分 → 松江駅 → 特急 やくも 🚆 25分（￥1,250）→ 米子駅 → 宿米子

旅遊案內所
出發前先了解的事

松江市觀光巴士
Lake Line Bus
（レイクラインバス）

　島根縣松江市有「山陰小京都」之稱，被指定為僅次於京都、奈良的國際文化觀光都市，為促進觀光，推出觀光巴士，沿途停靠30個主要觀光景點，每天08:40於松江駅前7號乘車處發車，每20～30分鐘1班車，繞行1圈約50分鐘，運行至16:00左右，黃昏後改為夕日鑑賞巴士，特別停靠能觀賞宍道湖落日的景點，運行至18:30左右(隨季節調整)，是遊覽松江古都最方便的交通工具。

松江觀光巴士

觀光巴士資訊

票價	每回乘車￥210，1日券￥520，可在松江駅Kiosk或直接在巴士上向司機購買

http 松江觀光協會www.kankou-matsue.jp，松江市交通局matsue-bus.jp

八重垣神社

稻田姬緣結貝守，用於祈求戀情順利

鏡池占卜良緣幾時現

　是松江觀光網站排名第一的人氣景點，關於這古老的緣結神社有個美麗的神話故事。從前在出雲有隻8個頭的大蛇稱「八岐大蛇」，當大蛇要強行抓走櫛稻田姬時，素盞嗚尊突然出現並擊退大蛇，之後兩人相戀結婚，而當時稻田姬躲避大蛇的地方就成為紀念這段佳話的八重垣神社。

　這裡最有名的就是「鏡池占卜」，買一張用透明墨水寫的占卜用紙，放入鏡池中，在紙的中心點放上一枚十圓或百圓

硬幣，紙的下沉速度代表遇見戀情的時間快慢，越快沉下去就是越早覓得良緣；若紙在池邊就下沉代表有緣人近在咫尺，若紙漂流到池子較遠處代表緣分可能在遠方。

{Info}

✉ 島根県松江市佐草町227　☎ 0852-21-1148　🕐 08:30～17:00　💲 免費　➡ 松江駅搭乘市營巴士第5路線63號(往八重垣神社方面)於八重垣神社下車；回程則搭乘市營巴士第5路線31號(往松江しんじ湖溫泉駅方面)於松江駅下車，單程22分鐘￥250；特別留意八重垣神社只有市營巴士能抵達，且1小時1班車，出發前要先確認時刻表　http www.shinbutsu.jp/45.html

八重垣神社，不少年輕女性前來求取姻緣

境內的山神神社，祭拜男性生殖器，有求子的功效

足立美術館

此生必看的排行榜冠軍庭園

美術館擁有豐富館藏，包括知名畫家橫山大觀一系列畫作，以及許多現代日本畫、童畫、陶藝、木雕等藝術品，但多數遊客是為了一睹美麗庭園而來。美國發行的日本庭園專門雜誌《Sukiya Living》，足立美術館已連續13年奪得日本庭園排行榜冠軍寶座。

占地遼闊的5萬坪面積，分別打造出「枯山水庭、苔庭、壽立庵庭、白砂青

松庭、池庭、龜鶴瀑布」6個不同主題庭園。秉持著「庭園如畫、畫如庭園」的設計理念，無論是遠處青山抑或近處綠松都能做為借景，以窗扉為畫框，每扇窗都是渾然天成的山水畫，隨四季遞嬗，變幻萬千。在喫茶室享用午餐或下午茶同時，窗外就是伸手可及的庭園造景，度過一個充滿詩意的美好午後。

1.喫茶室翠，邊喝咖啡邊眺望枯山水庭，抹茶拿鐵是人氣飲品／2.喫茶室大觀，窗外即池庭美景，提供正餐及下午茶，島根牛咖哩相當有名／3.煙雨朦朧的枯山水庭／4.每扇窗都像是一幅掛在牆上的山水名畫，隨季節變幻無窮

{Info}

✉ 島根県安来市古川町320　☎ 0854-28-7111　🕙 09:00～17:30(10～3月只到17:00)　💲 大人￥2,300，大學生￥1,800，高中生￥1,000，中小學生￥500，外國人出示護照半價優惠　➡ JR安來駅搭乘免費接駁巴士，車程20分(約30分～1小時1班車)　http www.adachi-museum.or.jp

宍道湖

乘船欣賞百大夕陽美景

　　為日本第七大湖，漁獲量豐富，有許多珍貴魚類，以「宍道湖七珍」為美味代表。日落美景更是名不虛傳，為日本夕陽百選。黃昏後運行的觀光巴士特別推出「夕日鑑賞行程」，也可以乘坐遊覽船，看著落日餘暉將湖面染成一片醉人金黃，直到緩緩沒入遠方的海平線，當下感動真是無以復加，足以珍藏一輩子的動人記憶。

1.宍道湖夕陽美景／
2.坐在船頭觀賞海浪與夕陽

{Info}

🕐 每天09:30開始有6班固定船班，夕日船班時刻隨季節日落時間不同而調整，乘船時間為1小時 💲 大人￥1,450，小孩￥720 ➡ 宍道湖遊覽船第二乘船場：JR松江駅徒步5分鐘，或搭乘Lake Line Bus至30號站牌「宍道湖遊覽船乘場」下車 http 宍道湖遊覽船hakuchougo.jp，宍道湖夕日情報www.kankou-matsue.jp/shinjiko_yuuhi(可查詢每天日落時間)

一文字家

出雲神話街道￥1,550，
現場無販售，需事先預訂
(照片提供：白銀流星)

百年鄉土料理鐵路便當

　　為松江的百年料理名店，以當地食材製成各種鄉土料理的便當，從數百圓的家常便當到宴會用的上萬圓便當都有，松江車站內則是販售鐵路便當。有一款需事先預訂的附酒便當「出雲神話街道」(ごきげんべんとう)，附有兩款松江自江戶時代傳承下來的國暉酒藏迷你日本酒，較甜的「國暉」及較辣的「湖上の鶴」。蜆仔佐生薑時雨煮、鰻魚蒲燒、松葉蟹酢物、牛背鷺甘露煮、炸銀魚等豐富的鄉土料理，是難得一見的美味下酒菜便當。

出雲美人的便當盒非常典雅漂亮

附有兩瓶各100cc迷你日本酒的鐵路便當
(照片提供：白銀流星)

{Info}

✉ JR松江車站1F 🕐 06:00～20:00 http www.ichimonjiya.jp(可在官網填寫資料預約便當，說明前往領取時間即可)

氣質水都松江✕
神話故鄉出雲

"體驗島根質樸的民俗文化感之餘
也要品嘗在地著名的蕎麥麵"

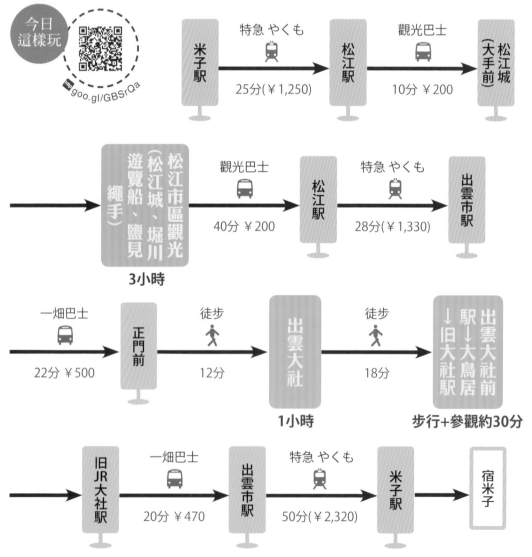

今日
這樣玩

goo.gl/GBSrQa

米子駅 → 特急 やくも → 松江駅
25分(¥1,250)

松江駅 → 觀光巴士 → 松江城（大手前）
10分 ¥200

→ 松江市區觀光（松江城、堀川遊覽船、鹽見繩手）
3小時

觀光巴士 → 松江駅
40分 ¥200

特急 やくも → 出雲市駅
28分(¥1,330)

一畑巴士 → 正門前
22分 ¥500

徒步 → 出雲大社
12分
1小時

徒步 → 出雲大社前→駅→大鳥居→舊大社駅
18分
步行+參觀約30分

→ 舊JR大社駅 → 一畑巴士 → 出雲市駅
20分 ¥470

特急 やくも → 米子駅
50分(¥2,320)

→ 宿米子

旅遊案內所
出發前先了解的事

緣結日完美車票
3日內無限搭乘出雲特定交通工具

出雲是日本神話起源地，到處充滿神話色彩，出雲大社更是全日本最古老神社，地位崇高，每年吸引200萬以上全國各地旅客前來參拜。此地交通主要仰賴一畑株式會社的巴士與電車。因地處偏遠，為促進觀光特別推出「緣結日完美車票」(緣結びパーフェクトチケット)，與松江市合作，可在3日內無限搭乘一畑電車、一畑巴士、松江市營巴士、日ノ丸ハイヤー，於出雲、松江許多觀光景點出示車票還可享門票優惠，部分土產店也有9折優待。想深度遊覽出雲、松江的人可以考慮購買這張超值票券。

一畑電車

緣結日完美車票

票券資訊

票價	緣結日完美車票(只有3日券)大人￥3,000，小孩￥1,500

http 一畑巴士www.ichibata.co.jp/bus，緣結日完美車票 www.san-in-tabi.net/ticket/enmusubi.html

---

松江城

千鳥之城，國寶級木造城堡

日本未經戰火肆虐的城堡共有12座，稱「十二現存天守」，松江城是其中唯一座落於山陰地區的城堡，並於2015年列為日本國寶。

松江城是少見的木製城堡，因簷角飛揚而有千鳥城之稱，從天守閣能遠眺宍道湖美景，也是日本三大湖城之一。周邊空間整建為松江城山公園，是當地市民的休憩綠地，每逢春季櫻花盛開時則是知名的櫻花百選名勝。

1.松江城／2.天守閣遠眺宍道湖美景／3.盔甲展示／4.天守閣遠眺市區美景

{Info}

島根縣松江市殿町1-5　0852-21-4030　本丸07:00～19:30，天守閣08:30～18:30 (10～3月到17:00)　大人￥560，中小學生￥280，外國人出示護照優惠：大人￥280，中小學生￥140　松江駅搭乘Lake Line Bus至7號站牌「松江城(大手前)」下車，車程10分鐘￥200；或搭乘市營巴士至「縣庁前」下車，徒步5分鐘　http www.matsue-tourism.or.jp/m_castle

堀川遊覽船

體驗松江水都遊船樂

松江市區四周人工水渠環繞，漫步於松江城、鹽見繩手(塩見繩手)一帶，時常可見遊覽船航行水面，船上遊客與岸邊的人互相揮手打招呼，相當有趣。全程會經過17座造型風格不一的橋梁，微風徐徐，碧波蕩漾，看河畔水鳥嬉戲，彷彿置身威尼斯水鄉的錯覺。

堀川遊覽船

{Info}

🕐 09:00～16:00 (夏季延長至17:00或18:00)，每隔15分鐘1班船，乘船繞行1圈共50分鐘 💲 1日乘船券於當天可不限次數搭船，大人￥1,230，小學生￥610，外國人出示護照優惠：大人￥820，小學生￥410 ➡️ 有兩個乘船場：「大手前広場」是搭乘Lake Line Bus至8號站牌「大手前堀川遊覽船乘場」下車，「ふれあい広場」是搭乘Lake Line Bus至11號站牌「堀川遊覽船乘場」下車 www.matsue-horikawameguri.jp

鹽見繩手(塩見繩手)

名列道路百選，江戶古宅風街道

松江城北邊有一條街道，保留古代中階層武士宅邸，「鹽見」這地名源由是一位獲得城主破例榮昇的家臣鹽見小兵衛曾居住此地。短短一條500公尺的街道，盡是一連串黑白相間的古樸民宅，宛如通過時光隧道回到江戶時代。為松江市傳統美觀指定地區，也是日本道路百選。沿街有不少值得一訪的景點，武家屋敷是地名由來的鹽見小兵衛宅邸，主屋和庭園都開放參觀，屋內展示刀劍、甲冑及各種生活用器具。日本怪談文學鼻祖小泉八雲，曾短暫居住於松江市，與當地中學的英語老師小泉節子結婚，小泉八雲舊居就是他們夫妻住過的地方，小泉八雲紀念館則有親筆原稿、書簡、特製書桌椅及遺物等展示。

{Info}

🕐 08:30～18:30(10月～3月只到17:00) 💲 武家屋敷、小泉八雲舊居、小泉八雲紀念館票價皆相同，大人￥300，中小學生￥150；外國人出示護照優惠價：大人￥150，中小學生￥80 ➡️ 松江駅搭乘Lake Line Bus至9號站牌「塩見繩手」或10號站牌「小泉八雲記念館前」下車，車程15分鐘￥200  www.matsue-tourism.or.jp

小泉八雲舊居

出雲大社

戀愛運UP

供奉大國主大神，是日本最古老的神社，神話色彩濃厚。相傳每年農曆10月，全日本的神明都聚集此地開會，討論全國人民的運勢及姻緣，因此日本的農曆10月稱為「神無月」，唯獨出雲是「神在月」，許多日本人認為祈求良緣相當靈驗，是日本全國排名第一的戀愛神社，因此此處隨時充滿前來祈求姻緣的人潮，同時也是熱門的婚禮勝地。

占地2萬7千平方公尺，規模宏偉，最著名的是神樂殿的巨型稻草結「注連繩」，長13公尺、重5噸，為全日本最大。

出雲大社對面有間星巴克概念店，1樓是日式緣廊風格座位，燈光照明設備模仿出雲大社注連繩設計，展現融合當地特色的創意。

玩家提示　步行建議

前往出雲大社途中會經過兩個美麗的復古風車站，由此步行到出雲大社是一段十幾分鐘的上坡路，為節省腳力，建議去程直接搭乘一畑巴士到「正門前」下車，就是出雲大社參道入口，參拜結束後再沿著神門通下坡。神門通是一條頗具風情的商店街，下坡沿途可逛逛，順便覓食。

{Info}

✉ 島根県出雲市大社町杵築東195 ☎ 0853-53-3100 ⏰ 08:30～17:00 💲 免費 ➡ JR出雲市駅1號乘車處搭乘一畑巴士在「正門前」下車即參道入口，車程22分鐘￥500；或從松江しんじ湖溫泉駅搭乘一畑電鐵(中途在川跡駅換車)到「出雲大社前駅」下車後徒步7分，車程1小時￥810 🔗 www.izumooyashiro.or.jp

1.出雲大社緣結御守、幸福鈴／2.神樂殿擁有全日本最大的注連繩／3.大國主大神／4.因幡白兔／5.經常有人在此舉行婚禮(照片提供：Joshua)／6.星巴克概念店(照片提供：Joshua)／7.盛開的繡球花(照片提供：Joshua)

舊大社車站&出雲大社前車站(旧大社駅&出雲大社前駅)

鐵道迷不可錯過的復古風車站

　　離開出雲大社後,沿神門通直走會先來到「出雲大社前駅」,若是搭乘一畑電車前來出雲大社的旅客,就是在本站下車。挑高式半圓弧穹頂、彩繪玻璃高窗,充滿濃厚西洋風味,若在黃昏時刻前來,還能看到彩色玻璃光線映照整個車站內的夢幻場景。繼續走會看到一個白色牌坊大鳥居,這是出雲大社最外頭的第一個鳥居,高23公尺、柱子圓周6公尺,是全日本最大的鳥居。再往下走則是「舊大社駅」,原本是JR大社線終點站,停駛後成廢棄建築,後來為了迎接欽差大使而重建,外觀是相當氣派的日式木造建築,挑高天花板垂掛著燈籠型和風吊燈,營造大正時代浪漫風格,已列為國家重要文化財。

{Info}

http 出雲大社正門前商店街(神門通):www.izumo-enmusubi.org

1.西洋風格的出雲大社前車站／
2.大正浪漫風格的舊大社車站／
3.燈籠型和風吊燈自天花板垂掛而
下／**4.**出雲大社大鳥居,高23公尺,
為全日本第一的大鳥居牌坊

八雲本店

美食網站高評價的蕎麥麵

　　島根縣出雲蕎麥與長野縣信州蕎麥、岩手縣碗子蕎麥並稱為日本三大蕎麥麵。八雲本店是出雲大社附近的名店,評價極高。麵條較粗,帶有獨特嚼勁。店裡布置和風味極濃,店門口擺放相當誘人的餐點樣品,看不懂菜單的人也不用擔心點餐問題喔!

三段割子(¥750)

八雲本店(照片提供:Joshua)

{Info}

✉ 島根縣出雲市大社町杵築東276-1　☎ 0853-53-0257　🕐 09:00～16:00,週四公休
➡ 位於出雲大社停車場西側

俵屋菓鋪

得獎常勝軍的出雲福俵餅，可愛稻草包外型

俵屋是出雲的和菓子百年老店，福俵餅(俵まんぢう)做成茅草袋狀，源自大國主命神揹在肩膀上的大袋子，仿其稻草包外型製成點心，象徵福德圓滿、五穀豐收。雞蛋糕口味的外皮裹著自製白餡，風味高雅，曾在全國菓子大博覽會多次得獎。

福俵餅，圖中為舊價位，現已漲到¥120

俵屋店內座位

{Info}
- 島根縣大社町杵築東378-2(大鳥居店)
- 0853-53-2123 08:00～18:00 一畑巴士正門前巴士站、神迎的道徒步5分
- http tawarayakaho.com

紅豆湯圓刨冰 (照片提供: Joshua)

出雲ぜんざい餅

QQ紅豆湯圓，冬天煮暖湯夏天成為刨冰良伴

出雲的另一款代表性和菓子點心為紅豆湯圓，以出雲大納言紅豆為原料，有直接做成餅吃，也有煮成熱的紅豆湯，炎炎夏季則是做成冰品。在刨冰上頭直接放兩顆紅豆湯圓，一粉一白，口感Q彈，再加些紅豆及水果，就成了消暑勝品。

熱的紅豆湯

{Info}
- 島根縣出雲市大社町杵築南840-1 0853-53-5026 09:00～17:00(夏季到18:00) 一畑電車出雲大社前駅徒步3分，位於ご緣橫丁 http www.sarakurayama-cablecar.co.jp

境港妖怪樂園＋鳥取小旅行

"搭鬼太郎列車到漫畫大師故鄉＆
賞浪漫繁花與砂丘奇景"

今日
這樣玩

goo.gl/5UktjM

米子駅 → JR境線 🚃 45分(￥320) → 境港駅 → 徒步 🚶 10分 → 水木茂道路 妖怪神社 水木茂紀念館 妖怪樂園

2～3小時

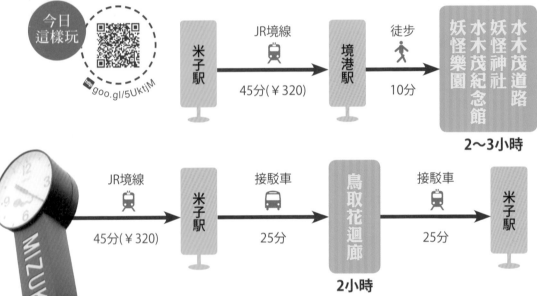

JR境線 🚃 45分(￥320) → 米子駅 → 接駁車 🚌 25分 → 鳥取花迴廊 → 接駁車 🚌 25分 → 米子駅

2小時

[特急]やくも 🚃 135分(￥4,750) → 岡山駅 → 新幹線 🚃 45分(￥5,500) → 新大阪駅 → 宿大阪

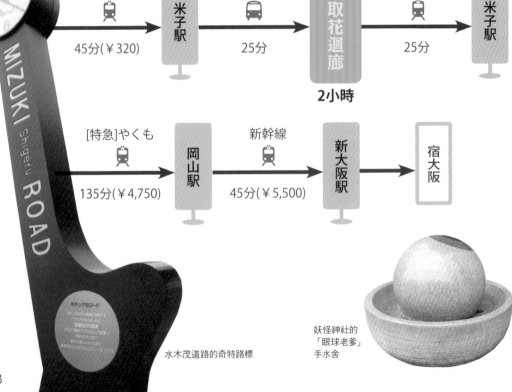

水木茂道路的奇特路標

妖怪神社的
「眼球老爹」
手水舍

↙人孔蓋是可愛的鬼太郎

境港

鬼太郎妖怪世界

　　風靡全日本的漫畫《鬼太郎》作者水木茂出生於鳥取縣境港市，整個境港徹底打造成可愛的妖怪城鎮，以妖怪文創風格營造成功的地方觀光。想闖入妖怪世界要從米子車站第0號月台開始，從米子站到境港站的JR境線推出6種圖案的鬼太郎列車，45分鐘車程共16個停靠站，每個車站都另起個妖怪別名。

　　境港站前的水木茂道路(水木しげるロード)長約800公尺，商店街上有各式各樣的妖怪紀念商品；上百個妖怪銅像分列在道路兩旁，就連街燈、欄杆、水溝蓋、人行道長椅……舉目所見都是妖怪。沿途會經過妖怪神社，以木棉布為鳥居，眼球老爹為手水舍，連籤詩、繪馬都化身為妖怪。走到底是水木茂紀念館，展示作者許多作品及手繪原稿。整個境港充滿不可思議的妖怪氛圍，無論大人小孩都能樂在其中。

玩家提示 **妖怪指南&妖怪明信片**

　　喜歡蒐集紀念章的人，可以在觀光案內所買一本妖怪指南，蓋完散布於37間商店的印章後可得到妖怪博士認證並換取一張證明書。

　　很多人會在商店買妖怪明信片，只要投入妖怪郵筒的信件就會被蓋上妖怪郵戳，回國後收到來自妖怪世界寄出的明信片，感覺相當奇妙。

1

{Info}

水木茂記念館

📍 鳥取縣境港市本町5番地　📞 0859-42-2171　🕐 09:30～17:00　💲 大人￥700，國高中生￥500，小學生￥300　http
mizuki.sakaiminato.net

1.米子車站的第0號月台是進入妖怪世界的起點／**2**.河童之泉共有9個維妙維肖的雕像／**3**.小巧的妖怪神社，鳥居為木棉布，門口洗淨雙手的手水舍由眼球老爹看守／**4**.妖怪樂園／**5**.水木茂紀念館

2

3

4 5

鳥取花迴廊(とっとり花回廊)

日本最大花卉公園，四季皆美

　　面積遼闊的鳥取花迴廊，不同季節種有不同花卉及植物。園內可眺望中國地區最高峰、有「伯耆富士」之稱的大山連峰。每年冬季約11月底至1月底會舉辦夜間點燈，充滿浪漫又夢幻的氣氛。

占地約50公頃的鳥取花迴廊

{Info}
✉ 鳥取縣西伯郡南部町鶴田110 ☎ 0859-48-303 🕐 4～11月09:00～17:00；12～1月13:00～21:00；2～3月09:00～16:30；週二休館 💲 4～11月大人￥1,000，中小學生￥500；12～3月大人￥700，中小學生￥350；外國人半價 ➡ 米子車站搭乘免費接駁車約25分，依季節每30分或1小時1班(時刻表詳見官網) http www.tottorihanakairou.or.jp

冬季的夜間點燈

みづき屋

品嘗在地漁港海鮮料理

　　每天早上從港口批進新鮮魚貨，是境港的人氣海鮮料理店。店長極力推薦俗又大碗的「特選海鮮丼」，上頭鋪滿當天最新鮮的魚料，厚實又大塊的生魚片一口咬下相當過癮！

{Info}
✉ 鳥取縣境港市松ヶ枝町9-3 🕐 11:00～15:00，18:00～22:00，週日晚上及週一公休 ➡ JR境港駅徒步5分

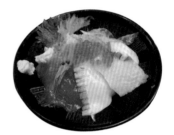
每日限量的特選海鮮丼￥1,500

延伸
行程

鳥取砂丘
日本最大的砂丘，海岸旁的沙漠奇景

　　位於鳥取市日本海海岸的鳥取砂丘，東西長16公里、南北長2.4公里，是日本最大的砂丘，由千代川的泥沙受日本海風浪吹擊經數萬年而形成。砂丘旁的砂之美術館，內有各種展示和砂雕。

{Info} 砂之美術館
✉ 鳥取市福部町湯山2083-17 ☎ 0857-20-2231 🕐 09:00～18:00(週六到20:00) 💲 大人￥600，高中小學生￥300 ➡ 鳥取車站搭乘巴士約24分鐘於「砂の美術館前」下車。下一站「鳥取砂丘(砂丘会館)」下車即砂丘，兩地步行約5分鐘 http www.sand-museum.jp

砂丘壯闊的景致

倉吉白壁土藏群
復古風情的山陰小京都

　　位於倉吉市的白壁土藏群，大多建造於江戶及明治時代，充滿懷舊情懷，12棟「赤瓦」過去為造酒屋及醬油屋，目前已轉為商店或餐廳，除了喫茶店或禮品店，也保留了販售酒及醬油的商店。

{Info}

➡ JR倉吉車站前搭乘日交巴士市內線約12分於「赤瓦・白壁土藏」下車(單程車資￥230) http www.apionet.or.jp/kankou

白壁土藏群

たくみ割烹店
鳥取的涮涮鍋發祥地

　　鳥取市數一數二的鄉土料理餐廳，為涮涮鍋始祖店，鳥取和牛入口即化的美味令人難以忘懷。店內充滿和風氛圍，就連器皿也是美麗的藝術品。

↗入口即化
的鳥取和牛

{Info}

✉ 鳥取縣鳥取市榮町652 ☎ 0857-26-6355 ⏰ 11:30～14:30，17:00～22:00，每月第3個週一公休 ➡ JR鳥取駅北口徒步約5分

鳥取和牛涮涮鍋

青山剛昌故鄉館(青山剛昌ふるさと館)
柯南迷不可錯過的景點

　　柯南的作者青山剛昌出生於鳥取縣北榮町，青山剛昌故鄉館有作者的手稿展示，還能親身體驗漫畫、電影中許多道具模型的奧妙，賣店裡盡是可愛的柯南紀念品，讓人荷包大失血。

1.賣店裡的各式柯南周邊商品／
2.青山剛昌故鄉館／3.阿笠博士的
金龜車／4.入館券

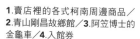

{Info}

✉ 鳥取縣東伯郡北栄町由良宿1414 ☎ 0858-37-5389 ⏰ 09:30～17:30 💲 大人￥700，高中國中生￥500，小學生￥300，外國人出示護照折價￥100 ➡ JR由良駅徒步約15分鐘 http www.gamf.jp

| 高知 | 愛媛 | 香川 | 德島 |

四國鐵路周遊券

All Shikoku Rail Pass

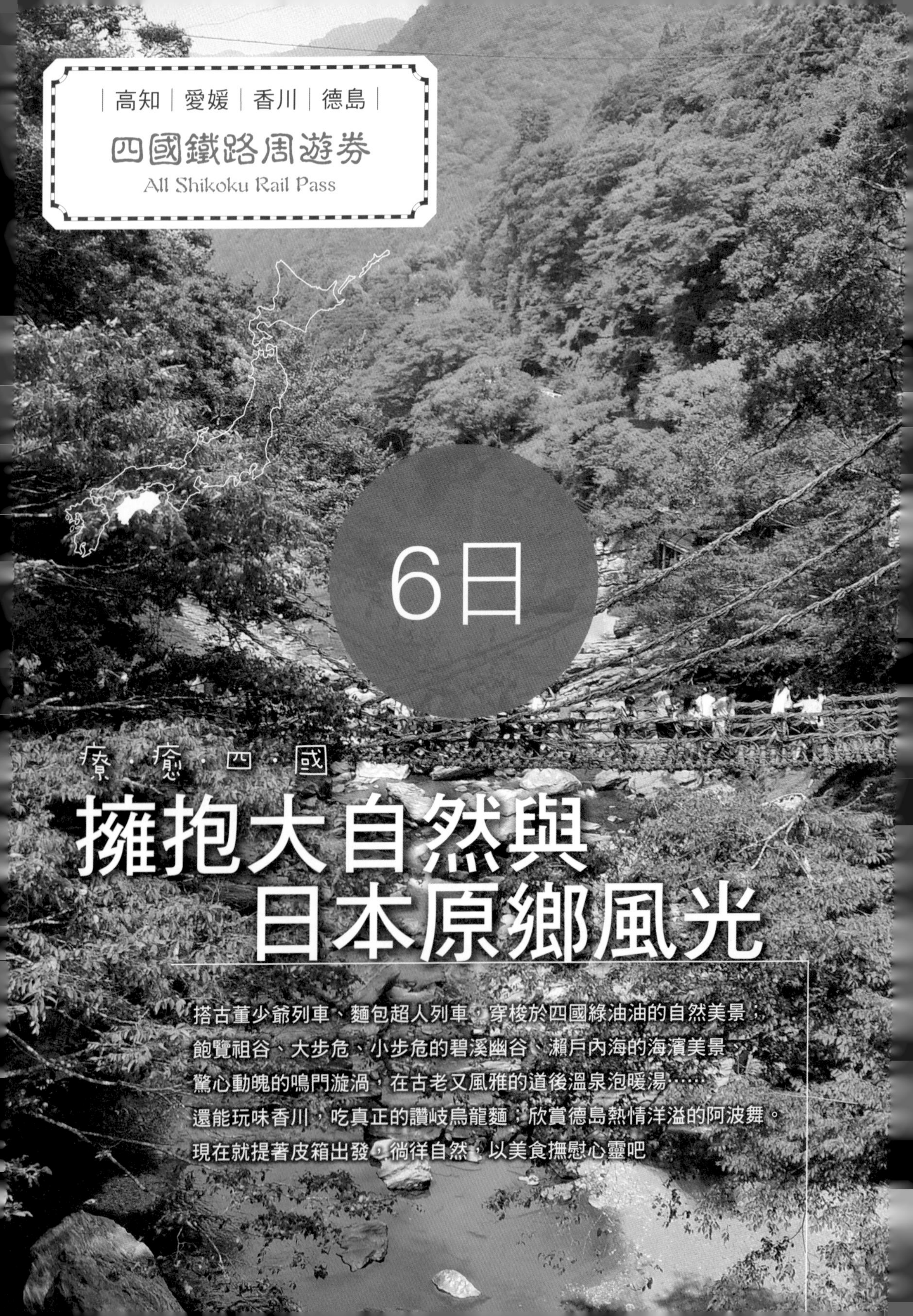

6日

療·癒·四·國

擁抱大自然與日本原鄉風光

搭古董少爺列車、麵包超人列車，穿梭於四國綠油油的自然美景；
飽覽祖谷、大步危、小步危的碧溪幽谷、瀨戶內海的海濱美景、
驚心動魄的鳴門漩渦，在古老又風雅的道後溫泉泡暖湯……
還能玩味香川，吃真正的讚岐烏龍麵；欣賞德島熱情洋溢的阿波舞。
現在就提著皮箱出發，徜徉自然，以美食撫慰心靈吧

松山
少爺與道後溫泉

拜訪的
城市

坂本龍馬先生像

高知
龍馬的故鄉

德島
魅力熱情阿波舞

高松
道地讚岐烏龍麵

四國
しこく

四國擁有天然美景及悠久人文歷史，步調悠閒，人情味濃厚，是能徹底放鬆的
度假好去處。搭上大人小孩都愛的麵包超人觀光列車，展開周遊四國之旅吧！

愛媛縣

松山市是四國最大城，大街道與銀天街是最熱鬧商圈。夏目漱石小說筆下的「少爺」為代表人物，少爺列車、少爺糯米糰子、少爺機關鐘都具有高知名度；少爺最愛的道後溫泉是日本最古老的溫泉，3層樓的木造建築「道後溫泉本館」，是宮崎駿動畫「神隱少女」中湯婆婆油屋場景。

高知縣

高知城是日本12座現存木造建築城之一，每週日早上於高知城前的追手筋舉辦「日曜市」市集，非常熱鬧。高知是維新志士坂本龍馬的故鄉，桂濱可欣賞太平洋海景並參觀坂本龍馬紀念館。擁有「日本最後清流」稱號的四萬十川，可徒步或騎腳踏車過「沈下橋」，美麗湛藍的溪流風光在日劇「遲開的向日葵」播出後成為熱門景點。

今治駅

松山駅　道後溫泉

愛媛縣

高知縣

宇和島駅

窪川駅

1.遍路行者在屋島寺前參拜／2.阿波舞表演／3.少爺列車／4.高知夜來祭／5.麵包超人列車／6.栗林公園

岡山駅

兒島駅

土庄港 小豆島

高松駅 坂手港

多度津駅 宇多津駅 栗林公園

金刀比羅宮 琴平駅 栗林駅

香川縣

鳴門漩渦

阿波池田駅 鳴門

大步危/小步危 德島

高知駅 **德島縣**

高知城

香川縣

最有名的非讚岐烏龍莫屬，Q彈有嚼勁的麵條為日本烏龍麵之首，千萬別錯過！「一步一景」的栗林公園是被法國旅遊指南公認的米其林三星景點。參拜金刀比羅宮必須爬上1,368階，自古流傳「一生中至少要參拜金毘羅一次」。

德島縣

最富盛名的是流傳400多年的傳統舞蹈阿波舞，祭典外的時間可在德島市阿波舞會館欣賞。鳴門連接淡路島至兵庫縣的明石及神戶，驚心動魄的鳴門漩渦名列世界三大漩渦。深山中的祖谷是日本三大祕境，祖谷溫泉為日本三大祕湯，祖谷蔓橋名列日本三大奇橋。地勢險峻的大步危、小步危可搭乘遊覽船觀賞。

高松琴電的吉祥物「海豚」

4

5

6

四國鐵路周遊券資訊

香川縣高松為四國門戶，到其他三縣的交通較方便，到德島約70分鐘，到高知140分，到松山150分，若不想每天換飯店可全程住高松。由於松山車程較遠，可以考慮在道後溫泉住宿一晚，享受日本最古老溫泉。

使用範圍

■ JR鐵路：岡山縣兒島站及其以南的所有JR四國列車；無法搭乘Sunrise瀨戶號
■ 伊予鐵道：只能搭乘愛媛縣松山市內電車與郊外電車，無法搭乘路線巴士與少爺列車
■ 土佐電交通全線：高知市路面電車
■ 土佐黑潮鐵路全線：位於高知縣，分成兩段，後免—奈半利、窪川—宿毛
■ 阿佐海岸鐵路全線：橫跨德島縣與高知縣，海部—甲浦
■ 高松琴平電氣鐵道全線：香川縣琴電全線
■ 小豆島渡輪：僅可搭乘高松—土庄間航線；無法搭乘高速船及其他航線
■ 巴士：僅可搭乘小豆島橄欖巴士的路線巴士；無法搭乘其他

公司之路線巴士

購票方式

■ 先在海外購買較便宜，持兌換券到日本售票據點兌換車票
■ 直接在日本購買，售票地點在4大JR車站綠色窗口(高松、德島、松山、高知)、琴平町站內資訊處、以及JR四國旅遊服務中心(Warp)，包括高松、德島、松山、高知Warp分店及香川縣坂出站Warp Plaza，此外大阪Warp梅田分店也可購買

持券享受的優惠

■ 松山到高知的南國高速巴士特價¥1,000(原價¥3,700)
■ 德島港到和歌山港的南海渡輪享7折優惠
■ 松山港到廣島港的石崎汽船與瀨戶內海汽船的超級噴射船享7折優惠
■ 高松—小豆島(坂手港)、小豆島(坂手港)—神戶、高松—神戶的渡輪5折優惠(週末假日及深夜可能需額外費用)
■ 土庄港觀光中心購物9折，還贈送橄欖茶或明信片(兒童贈送點心)

■ 伊予鐵高島屋摩天輪可免費搭乘1次(原價¥700)

注意事項

■ 周遊券只能連續天數使用
■ 可以同時購買兩張周遊券，例如7日券+3日券
■ JR四國特急列車只能搭乘自由席，指定席需額外費用。「麵包超人車廂」需額外支付指定席特急票；「伊予灘物語」列車需額外支付普通列車綠色車廂票價；「四國正中千年物」列車需額外支付特急費及綠色車廂票價

官網

http shikoku-railwaytrip.com/tw/railpass.html(中文版)

機場交通

■ 從台灣搭乘直飛高松機場的班機，下機後搭乘利木津巴士到JR高松車站，車程40分鐘¥760
■ 從關西機場搭乘前往四國的關空利木津巴士，到高松車程約3小時40分¥5,150，到德島車程約2小時45分¥4,100
■ 從關西機場前往四國最省錢的方式是南海電鐵出的「とくしま好きっぷ」，包含從關西機場到和歌山港的鐵路以及從和歌山港到德島港的渡輪，只要¥2,200，約耗時3小時30分，再從德島港搭巴士到德島車站(15分鐘¥200)

四國鐵路周遊券使用期間及票價

天數	海外銷售		日本國內	
	大人 (12歲以上)	兒童 (6～11歲)	大人 (12歲以上)	兒童 (6～11歲)
3日券	¥9,000	¥4,500	¥9,500	¥4,750
4日券	¥10,000	¥5,000	¥10,500	¥5,250
5日券	¥11,000	¥5,500	¥11,500	¥5,750
7日券	¥13,000	¥6,500	¥13,500	¥6,750

"碧綠的山林有知名的天然奇境"
祖谷山林祕湯，大歩危輕舟賞險峽

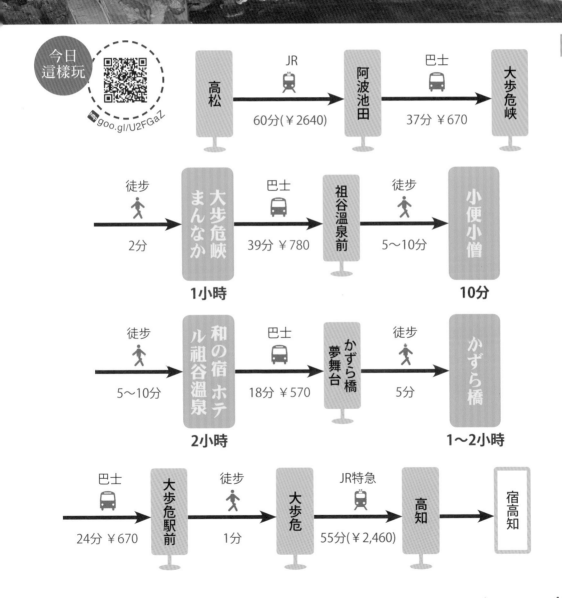

今日這樣玩
goo.gl/U2FGaZ

高松 ─ JR 60分(￥2640) → 阿波池田 ─ 巴士 37分 ￥670 → 大歩危峽

徒歩 2分 → 大歩危峽まんなか **1小時** ─ 巴士 39分 ￥780 → 祖谷溫泉前 ─ 徒歩 5～10分 → 小便小僧 **10分**

徒歩 5～10分 → 和の宿 ホテル祖谷溫泉 **2小時** ─ 巴士 18分 ￥570 → かずら橋夢舞台 ─ 徒歩 5分 → かずら橋 **1～2小時**

巴士 24分 ￥670 → 大歩危駅前 ─ 徒歩 1分 → 大歩危 ─ JR特急 55分(￥2,460) → 高知 → 宿高知

小便小僧

站在200公尺斷崖俯瞰溪流的勇氣大考驗

小便小僧

　　清澈碧綠的祖谷川流淌於山中幽谷，宛若人間仙境。峽谷中有塊突出的岩石，據說曾有當地小孩及旅人為了測試膽量站在此處小便，後來為了紀念這樁軼事，就在岩石上建造一尊童子撒尿的可愛雕像，意外成為祖谷深山的知名觀光景點。

{Info}
➡ JR阿波池田駅或大步危駅搭乘四國交通巴士祖谷線，於祖谷溫泉前下車後徒步約5～10分

和の宿 祖谷溫泉旅館

搭纜車到溪谷底享受幽境祕湯

　　位於深山祕境的祖谷溫泉旅館，門口高掛日本祕湯協會認證的大燈籠，擁有人煙罕至的清幽與天然溪谷美景，旅館貼心的日歸方案讓非住宿客也有機會享受這祕境溫泉。從旅館到谷底溫泉需搭乘約5分鐘路程的纜車，纜車軌道沿42度傾斜角的懸崖峭壁而建，自己按鈕操作纜車上下，相當

搭乘纜車到谷底溫泉

特別。旅館餐廳也開放非住宿客用餐，蕎麥麵是祖谷名物，也有會席料理，能品嘗野菜、溪魚、阿波牛的美味。

{Info}
✉ 德島県三好市池田町松尾松本367-2 ☎ 0883-75-2311 🕐 07:30～18:00(最後入浴17:00) $ 一泊二食每人約￥18,000～38,000不等，日歸露天溫泉大人￥1,700、小孩￥900 ➡ JR阿波池田駅或大步危駅搭乘四國交通巴士祖谷線，於祖谷溫泉前下車 🔗 www.iyaonsen.co.jp

玩家提示　祖谷行程&交通建議

　　祖谷溫泉一天只有約3班巴士，建議早起搭JR到阿波池田再轉乘巴士，依序遊覽大步危峽、祖谷溫泉及小便小僧、祖谷蔓橋。建議參考下列時刻表：

06:04高松→07:04阿波池田	JR特急しまんと	JR PASS
08:15阿波池田巴士總站→08:52大步危峽	四國交通巴士祖谷線	￥670
09:50大步危峽→10:27祖谷溫泉前	四國交通巴士祖谷線	￥780
13:27祖谷溫泉前→13:45かずら橋夢舞台	四國交通巴士祖谷線	￥570
16:30かずら橋夢舞台→17:21大步危峽駅前	四國交通巴士祖谷線	￥670
17:52大步危→18:48高知	JR特急南風	JR PASS

🔗 四國交通株式會社yonkoh.co.jp

祖谷蔓橋(祖谷かずら橋)

綠意中橫跨山險的天空吊橋

架設祖谷川上的祖谷蔓橋,用藤蔓及巨大圓木綑綁而成,長45公尺、寬2公尺、高14公尺,為日本三大奇橋之一。相傳落敗的平氏遺族,逃至祖谷深山中,以藤蔓搭建這座橋,以便隨時能砍斷,阻絕敵軍追殺。多了段平家故事點綴,似乎又為這祕境添加一筆傳奇色彩。

蔓橋只能由北向南單向通行,搭乘巴士下車後,得先走過一道供人車通行的石橋到北端,再購買門票度橋。

藤蔓每3年更換一次,裡頭甚至纏有鋼絲,牢固與安全性無庸置疑。橫跨急流與奇峰怪石的蔓橋,孤懸空中,行至橋中央,四周彷若空無一物,有凌空飛行之感,瞥見腳下亂石與滾滾溪流,還真有點兒心驚。橋的不遠處是琵琶瀑布(びわの滝),至今仍流傳著戰敗後殘存的平家人在瀑布下彈琵琶、飲酒作樂的故事。瀑布附近有賣烤香魚的店家,使用能邊烤邊轉的旋轉式烤架,香氣四溢,有時間不妨嘗嘗。

祖谷蔓橋

琵琶瀑布

{Info}

✉ 德島県三好市西祖谷山村善德162-2 💲 大人￥550、小孩￥350 ➡ 搭乘四國交通巴士祖谷線到かずら橋下車,徒步5分

烤香魚

豆知識 祖谷之日本三大

德島縣祖谷位居深山,交通不便,但渾然天成的美麗風景搏得許多「日本三大」殊榮。祖谷與岐阜縣白川鄉、宮崎縣椎葉村合稱「日本三大祕境」;祖谷溫泉與北海道二世古藥師溫泉、青森縣谷地溫泉並稱「日本三大祕湯」;祖谷蔓橋與山口縣錦帶橋、山梨縣猿橋並列「日本三大奇橋」。

大步危 (大歩危)

搭船賞壯麗溪谷&閑靜山林嘗時蔬

　　大步危、小步危為四國最大河川吉野川流域的溪谷，地勢險峻，無論大步走或小步走都很危險而得此名。「大步危峽まんなか」是棟複合性設施，結合土產店、餐廳、溫泉旅館，最重要的是可以來這裡搭乘遊覽船。航行於深山峽谷，眼前青山碧水，怪石嶙峋，結晶片岩經過兩億年歲月洗禮，日漸形成獅子岩、蝙蝠岩等各種奇嶙怪峻的巨石，令人嘆為觀止，這些特殊的「含礫片岩」被指定為國家天然紀念物，大步危也成了國家觀光名勝。

　　搭完船回到「大步危峽まんなか」，推薦買店裡的鳴門金時燒芋冰淇淋，「鳴門金時」是德島栽培的特有紫皮蕃薯，為德島名產，是只有在這裡才吃得到的美味限定版烤地瓜冰淇淋。餐廳的深山定食，包括當地河川捕獲的新鮮鮎魚，嫩豆腐拌上簡單的醬油和柴魚，配上時令野蔬，一碗熱騰騰的蕎麥麵，深山祕境中吃到這般美食感覺格外幸福。

{Info}

✉ 德島縣三好市山城町西宇1520
☎ 0883-84-1211 ⏰ 09:00～17:00(航程30分，隨時可開船，全年無休，強風暴雨停駛) 💲 大人￥1,200、小孩￥600 ➡ JR大步危駅下車徒步20～25分，或搭乘四國交通巴士祖谷線於大步危峽下車
🌐 www.mannaka.co.jp

1. 大步危峽まんなか／**2.** 深山定食／**3.** 鳴門金時燒芋冰淇淋￥300／**4.** 後藤新平的刻字「天下第一步危の秋」／**5.** 大步危峽谷及遊覽船

搭遊船賞奇岩怪石

190

庶民風的高知市井漫步

"日本最長的露天市集有多長？逛逛街路市即知
在地的土佐美味哪裡嘗？來弘人市場就對了"

今日
這樣玩

goo.gl/2FG4Dg

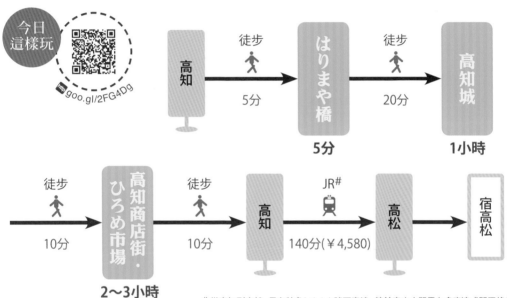

高知 ──徒步 5分──► はりまや橋 **5分** ──徒步 20分──► 高知城 **1小時**

──徒步 10分──► 高知商店街・ひろめ市場 **2～3小時** ──徒步 10分──► 高知 ──JR# 140分(￥4,580)──► 高松 ──► 宿高松

\# 從高知到高松，只有特急しまんと號可直達，其餘車次中間需在多度津或琴平換車

//

旅遊案內所
出發前先了解的事

高知電車──
土電(とさでん)
百年歷史的土佐人電車

高知古地名土佐，其路面電車為日本現存最古老的路面電車，已有百年以上歷史，當地人暱稱為「土電」，是高知市區最主要交通工具。樸素毫無華麗裝飾的電車外觀，恰如質樸純真的土佐人，隨電車慢慢行經軌道，悠閒欣賞市街景觀，享受路面電車無獨有偶的樂趣。

$ 每回大人￥200、小孩￥100，電車1日券大人￥500、小孩￥250，持四國鐵路周遊券者可免費搭乘

http www.tosaden.co.jp

高知市區路面電車

高知城

大河劇功名十字路場景

高知城是土佐藩第一代藩主山內一豐開始興建，城內有山內一豐與夫人、名馬雕像。相傳千代夫人為了幫助丈夫，拿出私房錢買下一匹名馬，不久後山內一豐深受織田信長賞識，千代夫人也成了日本賢妻代表。大河劇「功名十字路」即以這段歷史故事為腳本，城內也展示部分大河劇拍攝戲服。

{Info}

✉ 高知市丸ノ一丁目2番1号 ☎ 088-824-5701 ⏰ 09:00～17:00 💲 大人￥420，未滿18歲免費(需出示學生證) ➡ 路面電車站高知城前徒步5分，或JR高知駅徒步25分 http kochipark.jp/kochijyo

高知為何處處都有龍馬身影？

坂本龍馬是江戶幕府末期出生於土佐藩(現高知縣)的維新志士，協助推動大正奉還而結束幕府時代。高知處處可見龍馬，一出車站就有銅像、市區內有龍馬誕生地、桂濱海岸(距離市區約30分鐘車程)有龍馬銅像和高知縣立坂本龍馬記念館。當然，也不乏各式以龍馬為主題的紀念品和伴手禮。

1.千代夫人與名馬雕像／2.龍馬燒酒／3.高知城／4.大河劇中仲間由紀惠飾演千代夫人的戲服／5.天守閣眺望高知市區／6.大河劇功名十字路拍攝紀念看板

播磨屋橋(はりまや橋)

浪漫傳說的高知市地標

　　播磨屋橋為高知市地標之一，朱紅色弓形欄杆的太鼓橋，異常醒目，橋邊有個讓居民休憩散步的小公園，播磨屋橋商店街也是市區一連串商店街的起始點。400多年前，富商播磨屋架設此私人橋，因過往行人日益增多而成為公共橋。相傳19世紀中葉，紀律嚴明的某教派僧侶純信，和平民女孩お馬墜入情網，純信在播磨屋橋旁的店鋪為戀人買簪子時，被人發現，兩人分別被放逐。高知的代表民謠「よさこい節」，歌詞中就有這麼一句：「在高知土佐的播磨屋橋，看到少爺在買髮簪。」橋邊的純信與お馬雕像，為這段浪漫故事留下永恆見證。

{Info}

✉ 高知市はりまや町1-1 　➡ JR高知駅徒步5分，或搭乘路面電車到はりまや橋下車徒步1分

播磨屋橋

播磨屋橋公園

日曜市

{Info}

✉ 高知城追手門前沿追手筋共1.3公里 　🕐 每週日，4～9月05:00～18:00，10～3月05:30～17:00

300年歷史的日本最長露天市集

　　高知特有的「街路市」是每週固定日在固定地點搭設攤販帳棚的商店街，其中規模最大、最著名的是每週日舉行的「日曜市」，從高知城追手門東側開始擺攤，沿著名列道路百選的「追手筋」，共長達1.3公里的攤販，總計400多家店鋪，一天內最高紀錄曾吸引上萬人造訪。各種新鮮蔬果、現烤串燒、現炸天婦羅等多種小吃，甚至還有蒐集火車上遺失物品的二手拍賣。若適逢週日來到高知，記得抽空來這裡挖寶吧！

高知日曜市擺攤

高知特產的水果「小夏」

很甜的小番茄

土佐文旦

弘人市場(ひろめ市場)

美食名產大集合，熱情洋溢的在地市場

　　位於帶屋町商店街的綜合市場，集合許多店家，包括各種食材、熟食、燒酒、土產店，以小吃店生意最好，總是人聲鼎沸，開放式座位有點類似百貨公司的美食街，需自己找位子。只要一走進市場，就能感受到當地居民的熱情與活力，充滿飲酒作樂的歡樂氣氛，地理位置距高知城、播磨屋橋都很近，成功地將市場經營成觀光客必訪之地。

市場的開放式座位

{Info}

✉ 高知市帶屋町2-3-1 🕐 08:00～23:00(週日07:00開始)，但各店營業時間各異 🈺 1月、5月、9月的第2或第3個週三(詳見官網) ➡ 路面電車站大橋通徒步2分 http www.hirome.co.jp

明神丸

來高知一定要吃炙燒鰹魚！

　　鰹魚半敲燒(鰹のたたき)是著名高知美食，而位於弘人市場的明神丸為鰹魚料理名店。

　　日本多將鰹魚做為製作柴魚片的原料，唯有鰹魚產量最豐、品質優良的高知縣，特別將鰹魚做成傳統料理，鰹魚半敲燒是將鰹魚表面用稻草燃燒的大火炙燒烤過，但裡頭還是生的，因此比生魚片多了一股烤過的香

↑たたき定食　　→用稻草燃燒的大火烤鰹魚

氣，口感也更好。たたき定食的鰹魚附有柚子醬及照燒醬汁，還有白飯及味噌湯，美味自然不在話下。除了招牌料理鰹魚之外，還有其他小菜可挑選，推薦四萬十川海苔天婦羅(四万十川の青さのり天ぷら)，水質清澈見底的四萬十川為頂級青海苔產地，以優良品質的海苔炸成天婦羅，超級酥脆好吃。

{Info}

✉ 弘人市場14號店鋪 📞 088-820-5101 🕐 11:00～21:00，週日10:00～20:00

醉鯨亭

珍貴的鯨魚料理

高知縣海灣因黑潮洄流而漁業鼎盛，土佐灣更是珍貴的鯨魚產地。醉鯨亭是當地鯨魚料理名店，將鯨魚以生魚片、串燒、煙燻、油炸、半熟烤鯨魚等多種手法呈現。此外，當地山區放養的山雞、山豬、土佐灣魚獲、四萬十川清澈溪流孕育的草蝦、海苔，都成了豐盛的土佐料理食材。想嘗鮮的人很推薦稀有的鯨魚料理，若不敢吃鯨魚，也能享用各式道地的土佐鄉土料理。

{Info}

✉ 高知県高知市南はりまや町1-17-25 ☎ 088-882-6577 ⏰ 11:30～14:00、17:00～22:00(週日及假日只有晚上營業) ➡ 路面電車站はりまや橋徒步3分 🌐 www.suigeitei.co.jp

以鯨魚為主題

鯨魚握壽司(鯨にぎり)

醉鯨定食

本池澤

新鮮厚片鯖魚淋祕製柚子醬

很有質感的竹葉外包裝

大正14年創業老鋪，本店位於大橋通商店街，餐廳所用海鮮來自直營魚屋的新鮮魚貨，有一般定食及宴會料理，也製作外送壽司便當，電視曾報導外銷到東京，是知名的土佐料理老店。這家位於弘人市場的分店，走大眾化路線，主要是鰻魚及鰹魚料理、海鮮丼及一些下酒菜，此外還有許多壽司和便當提供外帶。推薦烤鯖魚壽司(鯖焼きさば寿司)，新鮮厚實的鯖魚肉蓋在祕製柚子醬浸漬的醋飯上，淡淡的柚子香氣更加提升鯖魚美味，共切成6大片，分量十足卻只要¥514，外帶到火車上吃相當方便。這款店家引以為傲的壽司在高知機場也有販售喔！

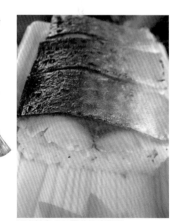

厚實鯖魚肉包覆著美味醋飯

{Info}

✉ 弘人市場7號店鋪 ☎ 088-872-0772 ⏰ 09:30～22:00 🌐 www.ikezawa.co.jp

"自然界╳文化的動感show"

驚心動魄的鳴門漩渦╳南國熱情阿波舞

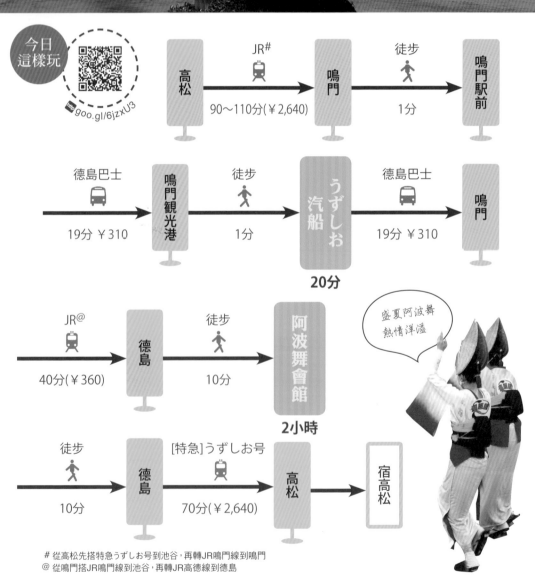

今日
這樣玩

goo.gl/6jzxU3

高松 ──JR#──▶ 鳴門
90～110分(￥2,640)

鳴門 ──徒步──▶ 鳴門駅前
1分

德島巴士 ──▶ 鳴門観光港
19分 ￥310

鳴門観光港 ──徒步──▶ うずしお汽船
1分

うずしお汽船
20分

うずしお汽船 ──德島巴士──▶ 鳴門
19分 ￥310

──JR@──▶ 德島
40分(￥360)

德島 ──徒步──▶ 阿波舞會館
10分

阿波舞會館
2小時

盛夏阿波舞
熱情洋溢

──徒步──▶ 德島
10分

德島 ──[特急]うずしお号──▶ 高松
70分(￥2,640)

高松 ──▶ 宿高松

從高松先搭特急うずしお号到池谷，再轉JR鳴門線到鳴門
@ 從鳴門搭JR鳴門線到池谷，再轉JR高德線到德島

旅遊案內所
出發前先了解的事

鳴門漩渦遊賞攻略
務必先上網查巴士時間

　　從鳴門站前到鳴門觀光港、鳴門公園的巴士班次不多，出發前務必上德島巴士官網(tokubus.co.jp/wptbc)查詢，有兩條路線巴士「德島巴士－鳴門線」、「鳴門市協定路線－鳴門公園線」皆可搭乘。

　　若時間充裕，建議兩種觀賞漩渦的方式(P.198)都體驗看看，從鳴門觀光港到鳴門公園可搭巴士(車程5分 ¥110)，班次不多要抓緊時間，這段路程約1.6公里，但因上坡路若想步行大約要30分鐘。購買「うずしお汽船+渦の道套票」優惠價 ¥1,850。午餐可在鳴門公園內的商店街享用鯛魚料理。

うづ乃家

豪邁吃鯛丼和鳴門金時

　　位於鳴門公園千疊敷展望台附近的商店街，2樓是餐廳，1樓是土產店。鯛魚是鳴門最著名的料理，由於生長在經常與激流漩渦相對抗的海域，鍛鍊出緊實有彈性的魚肉。餐廳從簡單丼飯、定食、到懷石料理都有，鯛丼鋪滿大塊鯛魚，Q彈魚肉吃起來相當過癮。

　　另一項名物鳴門金時，以香濃入味的咖哩提升紅薯甘甜度，也令人讚不絕口。土產店還有不少東西可挖寶，鳴門金時蛋糕和饅頭是代表性土產，還有真空包裝的鳴門金時芋讓人可品嘗高級紅蕃薯的自然原味。酢橘(すだち)是德島特產柑橘品種，以酢橘製作的蛋糕(すだちの香ケーキ)和酒，帶點微酸的特殊香氣，是推薦伴手禮。

每天和激流玩耍的鳴門鯛，肉質超Q彈

鯛丼

金時咖哩

代表性土產

{Info}
✉ 德島縣鳴門市鳴門町鳴門公園千疊敷　📞 088-687-0150　⏰ 餐廳09:00～17:00，土產店08:00～18:00　➡ 德島巴士「鳴門公園」下車徒步約10分　🌐 www.uzunoya.com

搭船接近超震撼的鳴門漩渦

鳴門漩渦

震撼壯觀的世界三大漩渦

　　介於鳴門與淡路島之間的鳴門海峽寬度僅約1.4公里，一邊是太平洋，另一邊是瀨戶內海，因兩邊地形高低落差加上巨大的潮汐流量，造就難得一見的巨大漩渦，與加拿大的胡安·德富卡海峽以及義大利的墨西拿海峽並稱為世界三大漩渦。鳴門漩渦最強的時間是漲潮及退潮前後各90分鐘，把握最佳時間點都能看到極壯觀的漩渦，尤其春秋兩季的大潮更是氣勢驚人。

{Info}

觀潮船
✉ 鳴門市鳴門公園亀浦漁港(大塚国際美術館裏口) ☎ 088-687-0613 ⏰ 08:00～16:30(12月只到16:00)，每30分鐘一班船，航程20分 💲 大人￥1,600，小學生￥800，未滿6歲免費 ➡ 德島巴士「鳴門觀光港」下車 🌐 www.uzushio-kisen.com(可查詢每日潮汐表)

渦之道
✉ 德島県鳴門市鳴門町(鳴門公園內) ☎ 088-683-6262 ⏰ 09:00～18:00(3～9月，但暑假期間延長為08:00～19:00)，09:00～17:00(10～2月) 🚫 3、6、9、12月的第2個週一 💲 大人￥510，中高生￥410，小學生￥260 ➡ 德島巴士「鳴門公園」下車徒步約8分到渦之道入口 🌐 www.uzunomichi.jp(可查詢每日潮汐表)

 玩家提示　**鳴門漩渦這樣賞！**

搭觀潮船近距離感受渦潮

　　如果只能二選一，推薦搭觀潮船(うずしお汽船)出海，這是最貼近漩渦的方式，能近距離體驗鳴門漩渦的震撼力。船會在漩渦兩端不斷繞行，一

うずしお汽船

瞬間會有連人帶船被捲入漩渦的錯覺，這種驚心動魄的臨場感真的很刺激！

站在渦之道透明大橋俯瞰

　　若有多餘時間，可以到鳴門公園，大鳴門橋的「渦之道」(渦の道)特別設計了一條腳下皆為透明玻璃窗的遊步道，可從這45公尺高的大橋俯瞰腳下漩渦，宛如在海上散步一般。

從渦之道遊步道觀賞腳下漩渦

麵王

德島拉麵前3名，濃郁茶系口感來襲

德島拉麵雖然歷史悠久，卻一直鮮為人知，直到進駐橫濱新拉麵博物館後才異軍突起，近年來逐漸拓展到外縣市。德島拉麵依湯頭顏色分為白系、黃系、茶系三大流派，其中最為人熟知的是茶系，因在豚骨湯頭內加入醬油呈現深褐色而得名，很多店還會在拉麵裡頭加入一顆生雞蛋，也是一大特色。

麵王與知名的「東大拉麵」系出同門，是德島拉麵人氣排行榜前三名，本店位於德島車站前，使用食券販賣機點餐，可以選擇麵條軟硬度。

德島拉麵(德島ラーメン)

德島拉麵的地位通常是作為配菜而非主食，因此分量比其他拉麵略少，加點白飯或煎餃才吃的飽。有別於一般拉麵的叉燒肉，德島拉麵是採用醬汁熬煮的豬肉片，非常入味，豚骨醬油湯頭濃厚卻不死鹹，配冰開水喝相當過癮，倒碗白飯下去吃更是恰到好處。

{Info}

✉ 德島市寺島本町東3-6旭ビル1F(德島駅前本店)　☎ 088-623-4116　🕐 11:00～24:00　🔗 7-men.com

本格炭火燒鳥ちどり

香噴噴串燒，備長炭烤阿波尾雞

「阿波尾雞」是德島品質優良的本土肉雞，因活潑好動、奔跑姿勢彷彿在跳阿波舞而得名。ちどり是主打串烤的居酒屋，使用上等阿波尾雞，一串串放在備長炭火爐上燒烤，以自家祕傳醬汁引出食材自然甘甜味。招牌料理阿波尾雞炭火燒，香氣撲鼻，油脂少，肉質Q彈細緻，玉子燒(だし巻き玉子)蛋香濃厚、口感綿密。串燒平均價位為兩串¥280～400，蓋飯或其他料理約¥400～600，再來杯啤酒，就是酒足飯飽、心滿意足的一餐。

{Info}

✉ 德島県德島市籠屋町2-15-2 斎德ビル1F　☎ 088-678-8120
🕐 17:00～24:00　休 週三　➡ JR德島駅徒歩10分　🔗 chi-dori.com

玉子燒(だし巻き玉子)¥450

烤豬排骨(豚バラ)¥320

阿波尾雞の炭火燒¥780

阿波舞會館

看阿波舞&搭纜車到眉山眺夜景

阿波舞是德島縣流傳400多年的傳統舞蹈，每年8月中旬的阿波舞祭典更是全體縣民舉杯狂歡的年度盛事。阿波舞的每組表演團體稱為「連」，少則30人、多則200人，是邊走邊跳的行進式舞蹈，當中也有些較花俏的隊形變換。每個「連」都有舞蹈及樂器兩大元素，男、女舞者各有自己的浴衣穿著及舞步，樂器主要有三味線、笛、太鼓等，聲勢浩大的熱鬧場面，讓台下觀眾都能充分感染這歡樂氣氛。

自從阿波舞會館開幕後，讓旅客也有機會在夏日祭典之外，全年欣賞這美妙舞蹈。1樓是土產販賣中心，2樓是阿波舞表演會場，3樓是阿波舞博物館，介紹舞蹈服裝及相關歷史，4樓是出租場地，5樓是蕎麥麵餐廳及前往眉山的纜車車站。

眉山是德島縣地標，松島菜菜子主演的日本電影《眉山》，就是以此為拍攝背景。從阿波舞會館5樓搭乘登山纜車，只要6分鐘就能抵達眉山山頂，市區街景一覽無遺，晚上更是觀賞夜景好地點。若在4～10月前來，很推薦17:30後上山，不但票價打折，更能同時欣賞到白天、夜晚兩樣情的美麗德島。

眉山遠眺德島市區街景

{Info}

✉ 德島縣德島市新町橋2-20 ☎ 088-611-1611 ➡ JR德島駅徒步10分 🌐 www.awaodori-kaikan.jp
💲 阿波舞會館票價&時間一覽表：

	阿波舞博物館 (A)	阿波舞表演(白天) (B)	阿波舞表演(晚間) (C)	眉山纜車 (D)	組合票價
時間	09:00～17:00	11:00、14:00、15:00、16:00 (每場40分鐘)	20:00 (一場50分鐘)	09:00～17:30 (4/1～10/31延長至21:00)	
成人	￥300	￥800	￥1,000	• 單趟￥620 • 來回￥1,030	(A+B+D)￥1,830 (A+D)￥1,130 (A+B)￥1,000
中學生	免費	￥400	￥500	• 單趟￥620 • 來回￥1,030	(A+B+D)￥1,280
小學生	免費	￥400	￥500	• 單趟￥300 • 來回￥510	(A+B+D)￥810

玩家提示　夏日盛典「阿波舞祭」攻略

　　德島市於每年的8/12～8/15，舉行盛大的「阿波舞祭」，最後一晚是活動的高潮，結束後大家還會一起在街上自由跳阿波舞。

　　祭典期間，每天的18:00及20:30市區有數個會場有表演，可先購買指定席，推薦最好的S席和次好的A席，因為有些比較花俏的表演，會在中間的位置跳，座位較好可以看得比較清楚。全程兩個小時會有6個比較有名的連表演，中間再穿插其他的連。「藍場浜演舞場」離車站最近，如果沒訂到德島住宿需要回高松，可選擇這個場地比較方便。由於人潮眾多，建議務必提早預約指定席。

開場前德島市區滿滿的人潮

阿波舞祭盛況

參拜金刀比羅宮神社&
前往神隱少女的湯屋「道後溫泉」
"幸福御守與烏龍麵製作&神之湯"

今日這樣玩

goo.gl/veW7nl

琴電吉祥物「海豚」

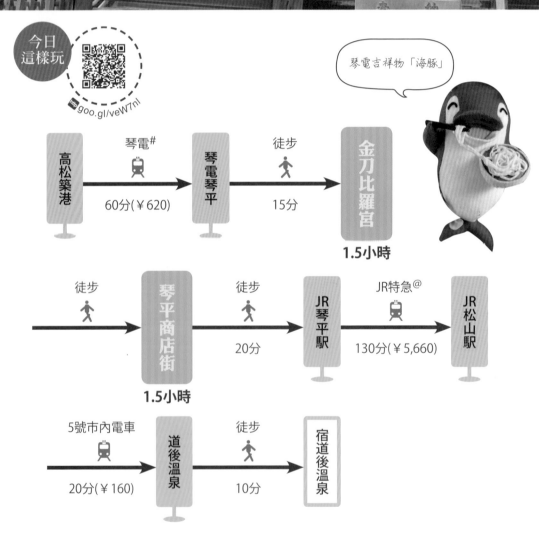

高松築港 → 琴電#
60分(￥620) → 琴電琴平 → 徒步
15分 → 金刀比羅宮
1.5小時

徒步 → 琴平商店街 → 徒步
20分 → JR琴平駅 → JR特急@
130分(￥5,660) → JR松山駅
1.5小時

5號市內電車
20分(￥160) → 道後溫泉 → 徒步
10分 → 宿道後溫泉

\# 從高松到琴平也可搭乘JR，但中途需在丸龜或多度津轉車，共需時55分(票價￥1,370)，以能直達的琴電為較佳選擇
@ 中間需在多度津轉車

特色觀光列車
今日搭乘的移動城堡

週末假日前往琴平的限定版海豚電車

高松的可愛海豚電車
——琴電(ことでん)

周遊券免費搭乘！
而且比JR車站還近景點喔

高松琴平電氣鐵道(簡稱琴電)是以香川縣高松市為中心的鐵道，共有3條路線：琴平線、志度線、長尾線。雖然搭乘JR也能抵達高松最知名的幾個觀光地區，如：琴平、栗林公園、屋島，但搭乘琴電出站後距離景點更近，且班次較密集、票價也較便宜，是遊覽高松周邊地區的最佳選擇。琴電起點車站「高松築港」距離JR高松車站只有300公尺距離，搭1～2站到「片原町」或「瓦町」就是高松最熱鬧的中央商店街，相當方便。

為促進觀光，琴電特地推出吉祥物「海豚」，一男一女，還替這對小情侶辦了場婚禮打響名號，贏得全國吉祥物比賽第三名。週末及假日限定的海豚電車(ことちゃんひやく号)，行駛於高松築港與琴平之間，來回有6班，整台電車滿都是海豚圖案。想把可愛海豚帶回家嗎？各式各樣吉祥物周邊商品是高松旅程的最好紀念品。

💲 每回￥190起跳，票價依距離而定，琴電1日券￥1,250，持四國鐵路周遊券者可免費搭乘
🔗 www.kotoden.co.jp

松山的伊予鐵道
(いよてつ)

路面電車&少爺列車
帶你穿越復古時光

伊予鐵道是以愛媛縣松山市為中心的大眾交通工具，包含5條路線的市內電車、3條路線的郊外電車、以及多條路線巴士。松山最知名觀光景點如道後溫泉、松山城，搭乘市內電車就能抵達，相當方便。市內電車仍保留傳統路面電車，復古電車與松山的古老史蹟十分相配。

最特別的莫過於少爺列車(坊っちゃん列車)，這是運行於1888～1955年的蒸汽火車，曾停駛數十年，直到2001年又復駛。因小說主角少爺曾搭乘過而得名，書中被形容為「像火柴盒般的火車」。木造車廂重現明治時代氛圍，行駛時煙囪不斷冒出裊裊水蒸汽，汽笛鳴聲與列車搖晃咔嗒聲交錯，充滿懷舊旅行風情的古董蒸汽火車，早已成了松山市街頭最美風景。

少爺列車

市內電車

票價	每回大人￥160、小孩￥80，松山市內電車1日券大人￥700、小孩￥350，2日券大人￥1,000、小孩￥500，3日券大人￥1,300、小孩￥650，4日券大人￥1,600、小孩￥800

少爺列車

票價	每回大人￥800、小孩￥400；持四國鐵路周遊券、松山市內電車1、2、3、4日券者不可搭乘
時刻表	每日6班，週末旺季會加開(詳見官網)
乘車處	道後溫泉、大街道、松山市駅、JR松山駅前、古町
購票地點	上述乘車處的乘車券販賣窗口，或在少爺列車內向司機購買
乘車方法	道後溫泉站的少爺列車商店每天08:30開始發放整理券，旅遊旺季松山市站也會發放整理券。必須先排隊拿到整理券才能搭乘少爺列車，名額有限，若當天所有班次的整理券已發放完畢則無法搭乘

松山市內電車，為傳統路面電車

🔗 www.iyotetsu.co.jp/botchan

大門到本宮的石階兩旁種滿參天大樹

金刀比羅宮

挑戰大和最高神宮，1,368階的參拜路

位於海拔521公尺的琴平山(象頭山)山腹，供奉金毘羅(こんぴらさん)海上守護神，能治療疾病、消災避禍、帶來好運。江戶時代流傳「一生中至少要參拜金毘羅一次」，與三重縣伊勢神宮並列為一生中至少要參拜一次之最高神宮！然而，要參拜金刀比羅宮可不是件容易事，必須爬上數百個石階。第一段是從表參道入口到大門有365級石階，第二段是從大門到本宮有420階，第三段是從本宮到奧社還有583階，多數人爬上本宮後就精疲力竭，極少有人再登上奧社。體力不濟的人可乘坐「石段駕籠」，讓轎夫抬轎上山，上山

←幸福黃色御守與金毘羅狗的組合￥1,500

→笑顏元氣御守￥500

￥5,300、下山￥3,200，來回優惠價￥6,800，但轎子只從表參道入口到大門，大門到本宮的420階仍得靠自己雙腳完成。

表參道兩旁商店林立，邊爬邊逛不會太累，許多店家門口都放有登山竹杖供旅客自行取用，下山歸還即可。爬完第一段的365階抵達大門，門口是著名的「五人百姓」，5名女子各自坐在大傘下，因祖先有功特別允許在境內擺攤，是世代傳承的專賣特權，販售琴平特產「加美代飴」。從這裡開始到本宮的420階就算神宮區域，沒有商

代替主人參拜的金毘羅狗

石段駕籠

商店門口供旅客自行取用的登山竹杖，記得歸還

供奉金毘羅的本宮

最頂端的奧社——嚴魂神社

店了。自大門步行5分鐘來到「金毘羅狗」，這兒就是石段駕籠終點，沒有體力往上爬的人，可以投5圓硬幣到金毘羅狗前的捐獻箱許願，這是源自江戶時代替主人參拜的「代參狗」。

歷經千辛萬苦終於來到本宮，首要之事就是購買「幸福黃色御守」，保佑健康、祈求幸福，單買是¥800，加上金毘羅狗的組合是¥1,500，是參拜日本最高神宮的最佳護身符與紀念品。行有餘力者可以再往上挑戰最後的奧社，從制高點遠眺讚歧平原和讚歧富士，晴天時可以看到小豆島和瀨戶大橋美景。

{Info}

✉ 香川県仲多度郡琴平町892-1 ☎ 0877-75-2121 ⏰ 御本宮06:00～18:00(3～4月及9～10月到17:30，1～2月及11～12月到17:00)，奧社08:00～17:00 🚉 JR土讚線琴平駅徒步20分，或琴電琴平駅徒步15分 🌐 www.konpira.or.jp

琴平商店街

記得來碗讚歧烏龍，還能親手製麵喔

位於表參道兩旁的商店相當熱鬧，餐館、和菓子店、土產店，應有盡有。許多「金毘羅烏龍麵」供應美味的讚歧烏龍麵，其中最有名的是「中野烏龍學校」，有時間可以來體驗手工製作烏龍麵的樂趣。

「灸まん本 石段や本店」是家創業兩百多年的老店，相傳其祖先善於幫人針灸，連饅頭都做成灸形，天皇來到香川縣時，香川知事奉上本店灸まん，天皇與皇太子皆讚不絕口，從此便直接於皇室訂購。人氣最旺的套餐有灸まん、羊羹，附上一杯熱呼呼綠茶，灸まん的餅皮略帶奶油蛋香，裹著甜度恰到好處的白豆沙餡，羊羹甜而不膩，的確好吃，不愧是天皇欽點的甜品。

表參道兩旁有許多商店

體驗烏龍麵製作過程的中野烏龍學校

門口掛上天皇造訪招牌的「灸まん本 石段や本店」

道後溫泉本館

來湯婆婆的油屋泡湯吧！

古色古香的道後溫泉本館

擁有3千年歷史的道後溫泉是日本最古老溫泉，在現代化溫泉旅館林立的溫泉街中心，有棟古色古香的3層樓木造建築「道後溫泉本館」，為道後象徵，據說宮崎駿動畫「神隱少女」劇中的湯婆婆油屋就是來自於此。3樓屋頂上有個紅色玻璃圍繞的小閣樓為振鷺閣，每天早午晚都會敲擊太鼓，這太鼓聲被選為最動聽的音樂風景百選。傍晚後吊燈點亮，別有一番風情，觀光人力車在傍晚後出現，可搭人力車去逛溫泉街及拍照留念。

道後溫泉本館有神之湯、靈之湯兩種溫泉，泉質為弱鹼性，雖為公共浴場，但泡完湯後可穿著浴衣到休息室休息，享受現泡熱茶及點心，泡湯共有4種不同價位的方案，最貴的靈之湯3樓個室方案是提供1間和室房間休息，不需與別人共用，且點心是少爺糯米糰子。夏目漱石過去經常使用的「少爺房間」目前開放參觀，此外，也可參觀專門為皇室設立的溫泉浴室「又新殿」。

{Info}

✉ 愛媛県松山市道後湯之町5-6 ☎ 089-921-5141 ➡ 路面電車「道後溫泉」駅徒步6分 http www.dogo.or.jp/pc

↑夜晚別有一番風情
→傍晚後有觀光人力車載客

文豪筆下的「少爺」也愛道後溫泉

《少爺》(坊っちゃん)是日本文學家夏目漱石的長篇小說鉅著，描述主角少爺大學畢業後下鄉到愛媛縣松山市任教的故事。

夏目漱石極愛泡溫泉，他筆下的少爺也是道後溫泉常客，泡湯後總會點串三色糯米糰子，紅、黃、綠三色分別由紅豆、雞蛋、抹茶做成，後人稱為「少爺糯米糰子」，為松山市名產，溫泉街店鋪都有販售。道後溫泉車站附近的「少爺機關鐘」，每逢整點有音樂和表演，小說裡的人物會有人偶從機關鐘出現。少爺，儼然成為松山市的代表性靈魂人物。

↑紅黃綠三色的少爺糯米糰子
←少爺機關鐘
↓少爺小說裡的人物

道後溫泉街

文人氣息的有趣街道

道後溫泉是松山最熱門景點，人潮眾多的商店街走現代化風格，有許多土產店、小吃店、服飾店可以好好逛街，附近也有古老神社及公園可以散步，在這兒住宿一點都不無聊。

湯神社祭祀道後溫泉的守護神；附近有道長階梯，爬上去就是伊佐爾波神社，神社主樓門為國家指定文化財，從這裡可以遠眺整個松

山市區。湯築公園則為已經廢城好幾百年的湯築城城址，為日本歷史公園百選。

道後溫泉自古以來是許多文人墨客吟詠對象，許多景點都設置題有俳句詩詞的印章，準備個小筆記本蒐集這些俳句倒也相當風雅。

湯神社

伊佐爾波神社的華麗樓門

道後溫泉 花ゆづき

享受頂樓泡湯與房內用餐的輕鬆感

距離道後溫泉本館不遠的溫泉旅館，共有十多層樓，中央是特別挑高的大廳，相當氣派。大浴場和露天溫泉在頂樓，可以邊泡湯邊欣賞松山市區市容。也可以到隔壁姐妹館「葛城」的大浴場泡湯，葛城沒有露天風呂，但牆上掛有許多圖畫且有較多浴池，是另一種截然不同氛圍。晚餐可選擇在房內用餐的方案，高級會席料理包括伊勢海老、鮑魚、鯛魚、伊予牛等豐富食材，相當享受。

晚餐為伊勢海老、鮑魚、伊予牛會席料理

{Info}

✉ 愛媛縣松山市道後湯月町4-16 ☎ 089-943-3333 💲 一泊二食每人約￥14,000～23,000，房內有溫泉者約￥28,000 ➡ 路面電車「道後溫泉」駅徒步10分

"叩隆叩隆……"

搭復古的「少爺」蒸氣小火車
輕輕搖晃到松山

今日
這樣玩

goo.gl/FggvjH

卡哇伊麵包超人

道後溫泉 → 大街道 → 松山城

少爺列車
11分 ￥800

徒步
5分

2小時

徒步
10分

大街道·銀天街
1.5小時

徒步

大街道

2號或5號市內電車
13分(￥160)

JR松山駅前

[特急]いしづち
150分(￥5,670)

高松 → 宿高松

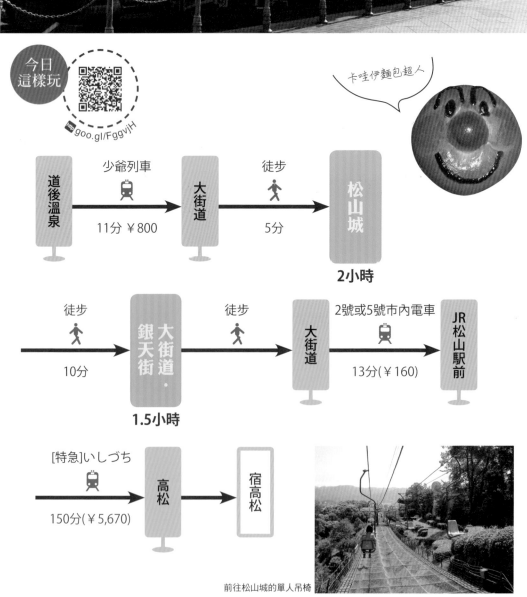

前往松山城的單人吊椅

松山城

乘纜車登上海拔最高的日式城堡

松山城建於西元1602年，雄踞在132公尺標高之勝山山頂，是所有城堡中海拔最高的。有兩種交通工具上山，纜車和單人吊椅，最好的方式就是來回各搭一趟，體驗不同感受。

城堡有多棟相連結的建築物，與和歌山城、姬路城並稱為三大連郭式平山城，其天守閣完整保存江戶時代樣貌，為現存12天守之一，為重要文化遺產，也是百大名城。天守閣內展示松山城歷史及古代鎧甲、兵器、生活用具，也可讓遊客免費體驗試穿武士鎧甲。若有多餘時間，可健行下山到二之丸史跡庭園走走，遊覽古代藩主居所的美麗日式庭園。

{Info}

✉ 愛媛縣松山市丸之內1(城山公園內) 🕐 天守閣及二之丸史跡庭園09:00～17:00(2～7月及9～11月)、09:00～17:30(8月)、09:00～16:30(12～1月)，纜車開放時間為上述時間前後各多半小時 💲 天守閣觀覽券大人￥510、小學生￥150，來回纜車券大人￥510、小孩￥260，單程纜車券大人￥270、小孩￥130，二之丸史跡庭園大人￥100、小學生￥50 ➡ 路面電車「大街道」駅徒步5分到纜車乘車處，搭4分鐘纜車後再徒步10分到天守閣入口 🌐 www.matsuyamajo.jp

1.松山城／**2.**遠眺城下町／**3.**登山纜車／**4.**甲冑展示

大街道、銀天街

在松山最繁華的商街愉快購物

松山市是四國最大的城市，雖不如東京、大阪那般繁榮，逛街購物倒也非常方便。大街道、銀天街是兩條呈L型交叉的商店街，是松山市最熱鬧的商圈，服飾、藥妝、餐廳、百貨公司，應有盡有。

{Info}

➡ 路面電車「大街道」駅下車

大街道商店街

麵包超人列車

大人小孩都瘋狂的可愛列車

在日本相當受小朋友歡迎的漫畫「麵包超人」，因作者為高知縣人，整個四國託他的福，靠著麵包超人成功吸引不少觀光客。除了一系列周邊商品，最特別的當屬麵包超人列車，不同行駛路線各有不同主題列車，包括予讚線、土讚線、高德線、德島線、瀨

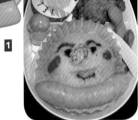

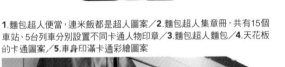

戶大橋觀光列車，幾乎四國各處都能見到此列車蹤跡。每台列車都有不同彩繪主題，指定席車廂的天花板、窗簾、座椅，舉目所見都是卡通裡的角色。部分車站及列車內限量販售麵包超人鐵路便當及麵包，卡哇伊圖案實在讓人不忍心吃掉。此外，在車站可以免費索取集章冊，蓋滿指定數量印章可參加抽獎活動，也是鐵道旅行的最佳紀念。

{Info}

http www.jr-eki.com/aptrain

1.麵包超人便當，連米飯都是超人圖案／2.麵包超人集章冊，共有15個車站、5台列車分別設置不同卡通人物印章／3.麵包超人麵包／4.天花板的卡通圖案／5.車身印滿卡通彩繪圖案

江戶前 一朗

御膳壽司名店的超值午餐

這是在松山市評價很高的壽司店，位於不起眼的巷弄中。可單點，也有套餐，午餐時間更有數量限定的超值御膳套餐，可先行在網路預約。午餐約¥1,300～1,500，包含握壽司或手卷等主食，還有茶碗蒸、生菜沙拉、味噌湯，餐後甜點是冰淇淋，有黑芝麻、抹茶、柚子、紫芋共4種口味。除了板前座位，也有包廂供3～6人聚餐，環境相當舒適，食材新鮮美味，每一口都能細細咀嚼出壽司職人的誠心與專業。

{Info}

✉ 愛媛縣松山市二番町3-7-17コンプレックスビル1F ☎
089-945-1414 🕐 11:30～14:00、18:00～22:30(週日到22:00
🈺 週一 ➡ 路面電車「大街道」駅徒步4分，或「県庁前」駅徒步5分 http sushi-ichiro.net(可在網路預約訂位)

享用巷弄間的職人美味

壽司御膳

一朗ちらし壽司

五志喜鄉土料理

松山必吃！380年五色素麵創始老店

五志喜是聲名遠播的鄉土料理老鋪，擁有380年悠久歷史，招牌料理是兩項愛媛名物——五色素麵及鯛魚飯，幾乎是觀光客必訪名店。自江戶時代流傳至今的五色素麵，分別由一般麵粉、雞蛋、抹茶、梅肉、蕎麥，做成白、黃、綠、粉紅、茶色5種顏色的麵條。以機器拉長延展的素麵相當細緻，湯頭有冷熱兩種，各有不同風味。可單點，也有會席料理，11:00～17:00供

冷的五色素麵

應的午間套餐以¥800～1,700左右的價格可品嘗五色素麵、鯛魚素麵、鯛魚飯等不同組合的料理，相當划算。

{Info}

✉ 愛媛縣松山市三番町3-5-4 ☎ 089-933-3838 🕐 11:00～
23:00 ➡ 路面電車大街道駅徒步5分 http www.goshiki-soumen.co.jp

四國鐵路周遊券｜Day 5｜愛媛

211

みよしの

飯後甜點時間，吃老店五色糯米丸

歷史悠久的和菓子甜品店，店內空間不大，相當有懷舊氛圍。最著名的是「五色おはぎ」，共有紅豆泥、紅豆餡、芝麻、青海苔、黃豆粉糰子5種口味，類似麻糬的口感，是道又香又好吃的飯後甜點。

↖五色おはぎ

{Info}

✉ 愛媛県松山市二番町3-8-1 📞 089-932-6333 🕐 11:00～17:00
休 週三 ➡ 路面電車大街道駅徒步3分

鈴木便當店

↓繪有松山代表性人物與地標的外包裝

松山車站的美味鐵路便當

鐵路便當(駅弁)是日本特色美食之一，負責生產松山駅弁的鈴木便當店，充分運用道地食材製作鄉土料理，原汁原味展現瀨戶內海豐沛食材的新鮮美味。「松山鮨」是一款松山代表性駅弁，外包裝紙盒繪有道後溫泉、子規堂、少爺列車這三個松山地標，還有正岡子規、夏目漱石、高浜虛子3位大文豪同桌共餐的畫面。餐點以復古風木製圓盒盛裝，繫上兩條粗黑色特製橡皮筋，簡樸卻不失高質感。香Q白米飯鋪上一層蛋絲，瀨戶內海的小魚小蝦，幾片蓮藕和檸檬，看似簡單卻十足美味，是鐵道迷值得一嘗的駅弁。

打開飯盒就能吃到瀨戶內海的鮮味

→復古風木製圓盒的松山鮨 ¥1,000

{Info}

✉ JR松山駅前(車站內改札口) 🕐 06:00～19:00

212

香川吃讚岐烏龍麵&
栗林公園詩意漫步

"四國村農舍裡的烏龍麵讓旅人不遠千里而來"

今日
這樣玩

goo.gl/Wu9KCY

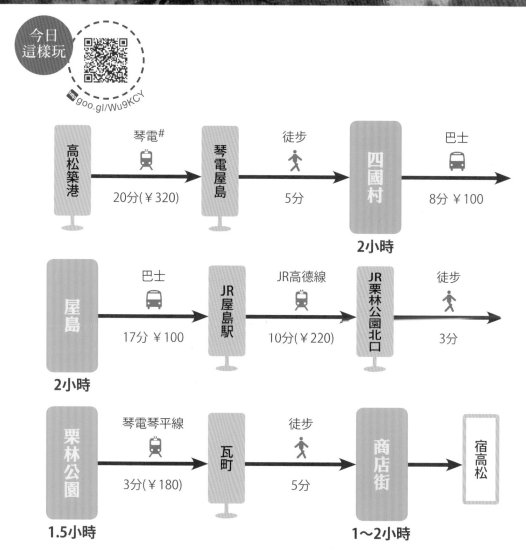

高松築港 ──琴電#── 琴電屋島 ──徒步── 四國村 ──巴士──
20分(¥320)　5分　8分 ¥100
2小時

屋島 ──巴士── JR屋島駅 ──JR高德線── JR栗林公園北口 ──徒步──
17分 ¥100　10分(¥220)　3分
2小時

栗林公園 ──琴電琴平線── 瓦町 ──徒步── 商店街 ── 宿高松
3分(¥180)　5分
1.5小時　1～2小時

從「高松築港」駅先搭琴電琴平線或長尾線到「瓦町」駅,再轉志度線到「屋島」駅

←獅子靈巖展望台
↓栗林公園

旅遊案內所
出發前先了解的事

高松不需使用周遊券

四國村、屋島、栗林公園為高松市區內知名景點，交通費不貴，使用周遊券只能省下￥730，若安排一整天市內行程不需用到周遊券。也可將一部分市內行程彈性調整，分散到其他天較有空檔的時間。

四國村

一窺原鄉風貌的大型野外博物館

四國村保留了四國各地原始村落的住宅、器物與擺設，能一窺四國純樸原始風貌，也具有考究

價值。廣大村落集結了江戶到明治時期的珍貴建築，包括古民房、農村歌舞伎舞台、茶室、米倉、糖屋、醬油屋等，當中有許多被列為文化遺產。整體路線規畫也獨具匠心，茅屋與古民宅錯落有致地散布於天然石階、竹林小徑步道旁，原始村莊的盎然古意，揉合在老松翠竹與泥土芳香中。

此外，這裡還有棟備受矚目的「四國村美術館」，為建築大師安藤忠雄設計，秉持清水模簡約俐落風格，將現代化建築巧妙融入大自然，館內展示四國地區的繪畫、雕刻等藝術作品。

{Info}

✉ 香川縣高松市屋島中町91 ☎ 087-843-3111 ⏰ 08:30～18:00(4～10月)、08:30～17:30(11～3月) 💲 大人￥1,000、高中生￥600、中小學生￥400 🚃 琴電屋島駅徒步5分，或JR屋島駅徒步10分 🌐 www.shikokumura.or.jp

1.循著石階、竹林小徑漫步四國村／2.農村歌舞伎舞台／3.安藤忠雄設計的四國村美術館／4.安藤忠雄清水模風格

屋島

在山頂遠眺愛琴海般的美景

屋島是位於高松港東側的溶岩台地，海拔293公尺，南北綿延約5公里，遠望如巨大屋頂，故名「屋島」。過去是源平屋島合戰的戰場，入口處有個長滿浮萍的小池塘，傳說在屋島大戰時，以源義經為首的源氏軍隊士兵曾在池中洗淨武器，鮮血頓時染紅整個池子，故名「血之池」。

四國靈場第84番的屋島寺，供奉千手觀音，特色是有很多狸石像，源自其中心信仰蓑山大明神，即屋島太三郎狸，代表一夫一婦、家庭圓滿、兩性和諧，以狸為造型的御守相當特別。

談古嶺、獅子靈巖、遊鶴亭是屋島3大展望台，能遠眺瀨戶內海美景。其中獅子靈巖被譽為瀨戶內海第一觀景勝地，這是一塊突出於南嶺西側斷崖上、酷似獅子狀的岩石，大石上設有展望台，可遠眺高松港、瀨戶內海中的女木島、男木島，是觀賞夕陽及夜景的絕佳地點。

屋島商店街多為小吃及土產店，推薦滷章魚，熱騰騰章魚淋上略帶芥末味、香氣四溢的味噌醬汁，格外美味。新屋島水族館擁有許多奇特海洋生物，有興趣可前往一遊。

從展望台眺望高松港與瀨戶內海美景

血之池

狸御守

很多狸石像的屋島寺

{Info}

➡ 四國村、琴電屋島駅、JR屋島駅搭乘往屋島山上巴士(每小時1班車，均一價￥100，巴士時刻表請見www.kotoden.co.jp(バス時刻表 運賃 ツアーなど→路線バス時刻表&路線→屋島山上シャトルバス) http www.yashima-navi.jp

豆知識 四國靈場八十八所

西元815年，弘法大師空海為消災祈福深入四國各地，共參拜88間寺院，稱為四國靈場八十八所。後來許多弟子沿其路線參拜巡禮，身著白衣白褲、頭戴草帽、手持木杖搖鈴念珠，被稱為「遍路行者」，「四國遍路」也成了四國當地的旅遊主題。

遍路行者為圖案的餅乾

栗林公園

一步一景的大型日式庭園

1.在南湖體驗遊船之樂／2.杜鵑嶼上的杜鵑種植成心形，是許多戀人留影紀念處／3.從飛來峰眺望南湖絕景是栗林公園經典代表照片／4.如仙鶴起舞的鶴龜松／5.門票、通行手形紀念都是以飛來峰遠眺美景為圖案

栗林公園是四國最有名的庭園，以紫雲山為背景，巧妙搭配6個湖泊和13座假山，種植上百種花草，山水之美號稱「一步一景」，2009年被法國旅遊指南評為米其林三星觀光景點。

園區有兩大部分，較大的南庭為池泉回遊式庭園，較小的北庭為準洋式庭園。最大特徵是園區遍植1,400多株松樹，其中有1,000株都經過修剪，較高的是屏風松，較矮的是箱松，因長年不斷修剪使其維持優雅完美姿態，成排箱子形狀的黑松相連，蔚為奇觀。鶴龜松以110顆石頭組成石烏龜，在龜背上種植狀如仙鶴起舞的黑松，代表長壽，是姿態最美的一顆松樹。

南湖是最漂亮的地方，面積7,900平方公尺的湖泊中，有楓嶼、天女嶼、杜鵑嶼3個小島，島上分別種滿楓樹、柏樹、杜鵑，優雅如半月形的偃月橋倒映湖中，充滿詩意。南湖提供遊船嚮導，享受乘一葉扁舟悠遊庭園小島之樂。湖畔的掬月亭，原是古代藩主招待貴賓的茶屋，坐在這品茗賞景十分風雅。飛來峰是模仿富士山建造的假山，為園內制高點，整個紫雲山、偃月橋與南湖美景盡收眼底，是首屈一指的夢幻美景，所有海報文宣、門票、紀念品上的照片都是在此取景。

{Info}

香川県高松市栗林町1-20-16　087-833-7411　春夏約05:30～18:30，秋冬約07:00～17:00(每月不同，詳見官網)　門票大人￥410、中小學生￥170，南湖遊船大人￥610、中小學生￥300　琴電琴平線栗林公園駅徒步10分，或JR栗林公園北口駅徒步3分　ritsuringarden.jp

鶴丸

適合吃宵夜的讚岐烏龍名店

　　位於高松最熱鬧商店街附近，夜間營業到凌晨，餐廳裝潢漂亮、用餐環境舒適，提供多款讚岐烏龍麵，手打麵條粗且扎實、嚼勁十足，關東煮也很好吃，是宵夜的好選擇。

{Info}

✉ 香川縣高松市古馬場町9-34 ☎ 087-821-3780 🕐 20:00～03:00 🚫 週日、假日 🚃 琴電瓦町駅徒步5分，或琴電片原町駅徒步8分 🌐 teuchiudon-tsurumaru.com

關東煮(おでん三種盛)¥300，有牛筋、蒟蒻、大根

冷烏龍沾麵(ざるうどん)¥600

←濃湯烏龍(ぶっかけうどん)¥600

↓咖哩烏龍(カレーうどん)¥700

豆知識　讚岐烏龍麵

　　香川縣古名讚岐，盛產小麥，讚岐烏龍麵為代表性名產，也是日本3大烏龍麵之首。觀光協會甚至還發起將香川縣改名為「烏龍麵縣」的活動，帶來觀光熱潮。整個香川縣有7、8百家專賣店，許多飯店早餐也提供讚岐烏龍。烏龍麵隨冷熱、沾醬、配料不同有多種選擇，常見菜單有6款：

❶ かけうどん：最便宜的基本款，即熱湯麵，高湯多以小魚干熬煮，佐料只有蔥花，有些店會再鋪上兩片薄薄魚板。因簡單無調味，麵條及高湯是致勝關鍵，絕大多數當地人都是點這款。

❷ ぶっかけうどん：在熱烏龍麵加入少量濃厚冷高湯，口味稍重一點點。配料因店而異，最基本是蔥花，有些會加上檸檬和蘿蔔泥，有的還提供薑末、炸麵衣碎末，可憑自己喜好添加。這是當地人僅次於熱湯麵最喜愛的一款。

❸ 釜揚げうどん：剛煮好的麵直接放入熱水中，沾麵醬來吃。

❹ 釜玉うどん：剛煮好的麵條放入碗中，打顆生蛋，加上蔥花，再淋上醬油，趁熱將蛋打成蛋汁拌麵來吃。

❺ 油うどん：麵條淋上生醬油或調味過的醬油，基本佐料是蔥花，有些會加蘿蔔泥。

❻ ざるうどん：以竹篩盛裝的烏龍冷麵，沾醬汁來吃，是夏季人氣款。

わら家

麵食老饕都好評的讚岐烏龍老店

位於四國村入口處的名店，許多人專程為了吃一碗讚岐烏龍麵搭車來屋島，可見其魅力所在。門口有個小小日式庭院，垂柳、青苔、流水、石階，這一方清幽又為老店增色不少。店家由農村改建，屋內仍保留昔日茅草屋頂，和風味極濃。麵條咬勁十足，淋上以香川縣產小魚干、北海道利尻產高級昆布熬製而成的獨門醬汁，灑點高知縣產青蔥粒，更加入味。另一噱頭是以大如臉盆的木盆裝家族烏龍麵，一份￥2,370可供4～5人食用。

炸天婦羅 ￥1,100

麵條超有咬勁

ざるうどん(小) ￥460

{Info}

✉ 香川縣高松市屋島中町91 ☎ 087-843-3115 ⏰ 12～2月 10:00～18:30，3～11月10:00～19:00，週末假日09:00～19:00 ➡ 琴電屋島駅徒步5分，或JR屋島駅徒步10分 http www.wara-ya.co.jp

---

ピコピコ精肉店

高級黑毛和牛燒肉店

位於瓦町車站附近的菊池寬通，是評價甚高的高級燒肉店，使用九州宮崎縣的上等宮崎牛，牛的各部位及內臟都可單點，一盤肉約￥850～2,200不等，當然也有更貴的稀有部位。荷包不夠深的話，可以考慮午間定食，特別是每日變換菜單的「本日特餐」，含主食、白飯、沙拉、味噌湯只要￥500，非常超值，不過是數量限定，想省荷包的人中午可得早點來用餐。

{Info}

✉ 香川縣高松市瓦町2-10-18(日下ビル1F) ☎ 090-1323-8757 ⏰ 11:30～14:30，17:00～24:00 ➡ 琴電瓦町駅徒步5分 http www.pikopikoseinikuten.net

本日特餐：黑豚の軟骨の味噌煮定食￥500

カルビ燒肉定食￥650

漢堡排(ハンバーグ)¥680

炸蝦(海老フライ)¥680

洋食おなじみ

瓦町評價最高的洋食屋

　　位於瓦町車站附近的ためき横丁，是日本美食網站Tabelog在瓦町一帶評分最高的洋食餐廳。店內空間不大，只有13席，往往要稍候片刻才有位置。中央是半弧形吧台，廚師就站在正中央備餐，現場製作過程全都看的一清二楚。店家主打漢堡排、蛋包飯、咖哩飯等洋食，都是平價又美味，想吃高級一點的也有將近¥2,000的牛排可選擇。

{Info}

✉ 香川縣高松市瓦町2-5-10 📞 087-861-7639 🕐 11:30～14:00，17:00～21:00 休 週一 ➡ 琴電瓦町駅徒步1分

骨付鳥 一鶴

香脆多汁的石窯烤雞腿

←雞汁飯¥462
↓骨付老鳥(おやどり)¥1,008

　　一鶴是間賣「骨付鳥」的餐廳，是香川縣創業60年名店，大阪和橫濱也有分店。本店在丸龜，但以觀光客而言，交通最方便的還是位於高松中央商店街的分店。骨付鳥其實就是帶骨的烤雞腿，將雞腿塗上自家獨門醬汁後，放入300度高溫石窯燒烤，此乃外表雞皮烤的香香脆脆但又能鎖住肉汁的祕訣。

　　骨付老鳥(おやどり)口感較有嚼勁，骨付雛鳥(ひなどり)肉質較軟較嫩。鐵盤裡看來雖滿是浮油，吃起來卻只覺雞肉鮮嫩多汁，

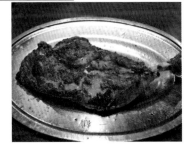

一點都不油膩，配著水分多又甘脆的生高麗菜一起吃，非常對味，大家都是一口肉、一口生啤酒，非常豪邁。雞汁飯(とりめし)是另一項店家招牌，用雞汁和醬油炊煮的飯，上頭鋪了一層蛋絲，點雞汁飯會附上一碗雞皮湯，上頭浮著幾塊雞皮和蔥花，看似簡單卻意外地好喝。

{Info}

✉ 高松市鍛冶屋町4-11(高松店) 📞 087-823-3711 🕐 平日16:00～23:00，週末假日11:00～23:00 ➡ JR高松駅徒步15分，琴電琴平線片原町或瓦町徒步10分 http www.ikkaku.co.jp

| 福岡 | 長崎 | 大分 | 熊本 | 佐賀 |

北部九州版鐵路周遊券
Northern Kyushu Area Pass

5日

時・尚・北・九・州

博多長崎魅力雙城
╳由布院溫泉度假

來體驗福岡熱情時尚的大都會風情，品嘗博多拉麵&燒咖哩，
感受屋台小吃攤的庶民活力，以及不Buy對不起自己的購物天堂。
長崎、門司港、關門海峽的海風散策，
讓你感受三種截然不同的港城情調。
還有唐戶市場物美價廉的海鮮、歷漫迷下關史蹟巡禮、
住進由布院小鎮泡湯度假、出發找超萌熊本熊玩耍……

熊本
尋找熊本熊部長

長崎
歐風童話

福岡
九州最熱鬧都會

拜訪的
城市

門司港
大正浪漫風情

由布院
田園風光溫泉小鎮

北九州
きたきゅうしゅう

九州是個很適合旅行的區域，從台灣到九州搭飛機僅需2小時，交通便利，觀光資源豐富，且物價相對便宜。JR九州推出許多富有特色的觀光列車，連搭車都是種愉悅的享受。

唐戶市場・赤間神宮
下關駅
關門海峽大橋
門司港駅

八幡駅
小倉駅
皿倉山夜景

山陽新幹線
下關駅
門司港駅
小倉駅

福岡縣

福岡塔・福岡巨蛋 博多駅
太宰府天滿宮

佐賀縣

新鳥栖駅
久留米駅
由布院溫泉
由布院駅
別府駅
大分駅

佐賀駅

豪斯登堡

九州新幹線(博多⇔鹿兒島中央)

大分縣

熊本縣

豐後竹田駅

阿蘇駅

長崎駅
長崎縣
熊本駅

哥巴拉園
稻佐山夜景
熊本城

三角駅

宮崎縣

1

2

3

福岡縣

九州的政治經濟中心，福岡機場、博多車站及港口都位於博多區，也因此「博多」經常作為福岡的代名詞。福岡巨蛋、福岡塔、大濠公園、櫛田神社都是福岡市區的知名觀光景點。最繁華的天神地區有很多百貨公司、地下街，博多車站附近的博多運河城也是逛街好去處。牛雜鍋、水炊鍋是最具特色的鄉土料理，明太子、豚骨拉麵也是博多名物，在屋台邊吃宵夜邊喝啤酒是最能體驗庶民風情的方式。太宰府天滿宮供奉學問之神菅原道真，為賞梅名所，參道兩旁有許多土產名店及星巴克概念店，若有時間也可以順道去柳川搭遊船、吃鰻魚飯。北九州的皿倉山夜景名列日本新三大夜景；門司港地區的歐風建築走浪漫復古風，隔著關門海峽與本州山口縣的下關遙遙相望，週末假日可搭乘觀光列車潮風號，穿過海底人行步道至對岸的唐戶市場大啖海鮮，在史蹟眾多的下關來趟歷史人文之旅。

長崎縣

是繼廣島後第二個被原子彈炸毀的城市，市區設置了祈願世界和平的和平公園。長崎因早期開放國際貿易港，充滿異國風情。日本三大奇橋之一的眼鏡橋、三大中華街之一的新地中華街、三大夜景之一的稻佐山夜景，都是長崎市區觀光勝地。代表性美食為長崎蜂蜜蛋糕，其他還有中國風的什錦麵、歐風的佐世保漢堡，以及高級卓袱料理。若有時間可以考慮豪斯登堡1日遊，這是模仿荷蘭小鎮打造的主題公園，適合悠閒度假。

7

大分縣

日本首屈一指的溫泉區，由布院是最有名的人氣溫泉鄉，金鱗湖美景及可愛商店、美食是每年吸引上千萬遊客的主要原因，觀光列車「由布院之森」經常客滿訂不到位，受歡迎程度由此可見一斑。此外，別府溫泉的地獄八湯也相當有名；耶馬溪、九重夢大吊橋都是大分縣的賞楓名所。

熊本縣

最為人熟知的就是可愛的熊本熊，可以到部長辦公室目睹部長本尊。水前寺成趣園、熊本城為市區觀光勝地，上通、下通商店街是逛街購物好地方，物價普遍比福岡便宜。

佐賀縣

為知名的陶器之鄉，觀光勝地包括吉野之里歷史公園、虹之松原、嬉野溫泉，美食則是以佐賀牛為代表，鳥栖市的Premium Outlets離福岡不遠，想到Outlet血拼的人可以考慮。

1.關門海峽大橋／2.博多牛腸鍋／3.長崎稻佐山夜景／4.戶畑祇園大山笠／5.水前寺成趣園／6.佐賀牛／7.吉野之里歷史公園造型看板

4

5

6

北部九州版鐵路周遊券資訊

福岡機場是離市區最近的機場，最快15分鐘就能抵達博多車站。北部九州鐵路周遊券範圍包括福岡、佐賀、長崎及熊本、大分縣的北半部，除非只玩福岡，否則一旦跨縣買周遊券就值回票價了。住宿方面，除了想到溫泉旅館住一晚之外，其他天都可以住在博多，交通最方便，但週五、六及連續假日的飯店很容易客滿，如果訂不到可改住小倉或鳥栖，價位便宜很多，離博多也不遠。

票價

3日券為¥8,660，5日券為¥10,190，兒童(6～11歲)為大人的半價。

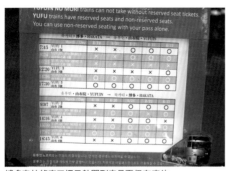
博多車站綠窗口標示熱門列車是否仍有座位

使用期間

自起始日起連續使用3天或5天。

使用範圍

可無限搭乘有效區間內的新幹線、特快列車、普通列車的自由席(新幹線可搭乘的區間為博多至熊本)，指定席有搭乘次數限制。

購票方式

可先在海外旅行社購買兌換券或在ACP Rail(Access Rail)網上預約，再到JR九州的指定車站(博多、小倉、門司港、佐賀、長崎、佐世保、別府、大分、熊本)或JR九州旅行社分店(博多、小倉、佐賀、長崎、大分、熊本)或旅行中心(小倉、門司港、佐世保、別府)兌換；也可直接在上述售票處或福岡機場1樓Tisco旅行情報中心直接購買。

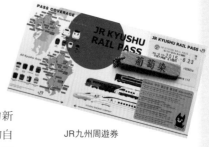
JR九州周遊券

注意事項

■博多至小倉區間屬於山陽新幹線不可搭乘。

■列車指定席需到JR綠色窗口預約劃位。指定席每人最多可使用次數：3日券10次、5日券16次。當指定席使用次數超過限制時，可額外付費乘坐追加的指定席。

■可提前在「JR Kyushu Rail Pass Online Booking」預約部分特快觀光列車的指定席，但須收取每輛列車每個座位¥1,000的追加費用(25公里以下的區間為¥820)，含由布院之森、由布、坐A列車去吧、阿蘇男孩。

■搭乘綠色車廂(商務車廂)時，需另外付費。

■不能搭乘JR九州巴士，B&S宮崎巴士，遊覽列車「九州七星」以及甜點火車。

■可同時購買兩張以上周遊券，但每張使用期間不可重疊。

官網

http www.jrkyushu.co.jp/chinese/railpass/railpass.jsp(中文版)

機場交通

福岡機場

從福岡機場搭乘路線2巴士到博多駅筑紫口，單程約40分鐘¥260；或搭免費接駁車(每6~8分一班車)到國內線第2航站後再轉搭地鐵，到博多車站約5分鐘¥250。

地鐵站在福岡機場國內線

找人見人愛的「熊本熊」玩耍

"熊部長辦公室+成趣園1日旅"

今日這樣玩

goo.gl/KNpZTn

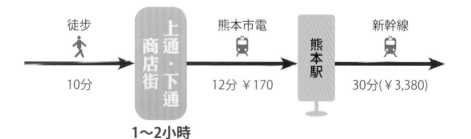

| 博多駅 | 新幹線
45分(¥4,610) | 熊本駅 | 熊本市電
35分 ¥170 | 水前寺
1小時 | 熊本市電
12分 ¥170 | 部長辦公室
1小時 |

| | 徒步
10分 | 上通・下通商店街
1～2小時 | 熊本市電
12分 ¥170 | 熊本駅 | 新幹線
30分(¥3,380) | |

| 新鳥栖駅 | JR特急
16分(¥760) | 佐賀市區
1～2小時 | JR特急
80分(¥3,360) | 長崎駅 | | 宿長崎 |

旅遊案內所
出發前先了解的事

←↑熊本路面電車
(照片提供: Baozi)

熊本市電1日券

搭路面電車,重要景點都能到喔!

熊本市區內的移動大多仰賴路面電車,重要景點及商店街都有通過,每次搭乘費用￥170,預計搭3次以上就可購買市電1日券,並且在多處景點出示此券可享門票優惠。

票價	大人￥500,小孩￥250
使用時間及範圍	一天內可無限搭乘熊本市路面電車
購票地點	熊本車站綜合觀光案內所(白川口08:30～19:00,新幹線口08:00～19:00),其他地點詳見官網
使用方法	用硬幣把使用日當天的年月日刮開,下車時出示給司機看

http www.kotsu-kumamoto.jp

水前寺成趣園

桃山式池泉迴遊庭園
富士山&琵琶湖縮影

成趣園中央是面積約1萬平方公尺的湧水池與富士山,池畔的「古今傳授之間」則是從京都御所移過來的茶屋,可飲用的長壽之水是源自阿蘇火山的伏流,出水神社則是祭祀熊本藩歷代藩主。其命名「成趣園」乃引用陶淵明《歸去來辭》中的「園日涉以成趣,門雖設而常關」。

桃山式池泉迴遊庭園

出水神社

{Info}

✉ 熊本市中央区水前寺公園8-1 ☎ 096-383-0074 🕐 3～10月07:30～18:00,11～2月08:30～17:00 💲 大人￥400,中小學生￥200 ➡ 熊本駅搭乘熊本市電A系統,約35分於「水前寺公園」下車徒步5分 http www.suizenji.or.jp

Kumamon Square (くまモンスクエア)

超人氣熊本熊部長辦公室
記得上網關注部長出沒時間

鶴屋百貨東館1樓的Kumamon Square，是熊本熊部長辦公室所在地，可先上官網查詢「部長在室時間」，把握機會目睹可愛的部長本尊，有現場精彩表演。若不巧部長出差，就只能參觀辦公室和商品販售區了。如果嫌不夠買，鶴屋百貨本館6樓也有Kumamon商品販售區，提供更多樣化的採購選擇。

傻呆萌的熊熊當家～超療癒♡

鶴屋百貨東館1樓的Kumamon Square

部長辦公室

{Info}
✉ 熊本市中央区手取本町8-2(テトリアくまもと鶴屋東館1F)
📞 096-327-9066 🕐 10:00～19:00，部長在室時間為11:00及15:00，但有時出差不在，請先查詢官網 ➡ 熊本駅搭乘熊本市電A系統，約23分於「水道町」下車徒步1分 http www.kumamon-sq.jp

---

上通・下通商店街

來九州購物勝地盡情逛街

上通、下通商店街是熊本最熱鬧的地方，許多知名餐廳集中在此處，想買衣服、藥妝、電器、雜貨都樣樣俱全，也有百貨公司，想逛街血拚來這裡就對了！

{Info}
➡ 熊本駅搭乘熊本市電A系統，約15分於「通町筋」下車 http 上通www.kamitori.com，下通shimotoori.com

勝烈亭

熊本No.1老字號，軟嫩炸豬排入口即化

　　總是大排長龍的勝烈亭為炸豬排名店，也有炸雞排、炸蝦、炸可樂餅，甚至還有期間限定的菜單如炸牡蠣。最推薦用鹿兒島「六白黑豚」做的炸豬排，不論是里肌(六白黑豚ロースかつ膳140g¥2,200)或腰內(六白黑豚ひれかつ膳120g¥2,145)都相當出色，酥脆麵衣、入口即化的豬排，肉汁瀰漫在嘴裡，口齒留香，令人驚豔。

勝烈亭新市街本店

{Info}
✉ 熊本市中央区新市街 8-18 林ビル1階(新市街本店) ☎ 096-322-8771 ⏰ 11:30～22:00(12/31～1/2公休) ➡ 熊本駅搭乘熊本市電A系統，約12分於「辛島町」下車步行2分 http hayashi-sangyo.jp

譽之陣太鼓

熊本明星商品，伴手禮好選擇

　　這是熊本知名點心店「お菓子の香梅」的明星商品，金黃色包裝非常顯眼，光潤的北海道紅豆餡，甜而不膩，味道高雅，曾在全國點心大博覽會得獎。包裝緊密，保存期限長達兩個月，有各種大小禮盒，很適合作伴手禮。

金黃色包裝的譽之陣太鼓

{Info}
✉ 熊本駅新幹線口店 ⏰ 08:00～21:00 http www.kobai.jp

最小盒包裝為4入¥713

六白黑豚製作的炸豬排

佐嘉神社

祭祀明治維新時期藩主鍋島家之神社

位於佐賀市中心的佐嘉神社，主要祭祀佐賀藩第10代藩主鍋島直正和第11代藩主鍋島直大。境內共有佐嘉神社、松根社、松原神社、佐嘉荒神社、松原恵比須社、松原 荷神社、松原河童社、松原梛木社等8個神社，可依序參拜(八社詣巡り)。

{Info}

✉ 佐賀縣佐賀市松原2-10-43 ➡ 佐賀車站徒步約20分 http
www.sagajinjya.jp

1.佐嘉神社／2.松原恵比須社／3.松原河童社／4.百年歷史的白瓷鳥居

季樂

高檔佐賀牛品味多元

販售佐賀牛的知名店家「季樂」，除了佐賀市區的「季樂本店」外，在博多、鳥栖、銀座也有分店。有牛排、鐵板燒、季樂風壽喜燒等多元化選擇，中午時段提供較優惠的菜單。

季樂本店

油花漂亮、入口即化的佐賀牛

{Info}

✉ 佐賀市大財3-9-16 📞 0952-28-4132 🕐 11:00～15:00，17:00～22:00，每月第2個週三公休 ➡ 佐賀車站徒步約12分 http
kira.saga-ja.jp

浪漫長崎歐風散策

"戀愛Feel滿點的異國風海港╳稻佐山千萬夜景"

今日
這樣玩

goo.gl/Y8QWJy

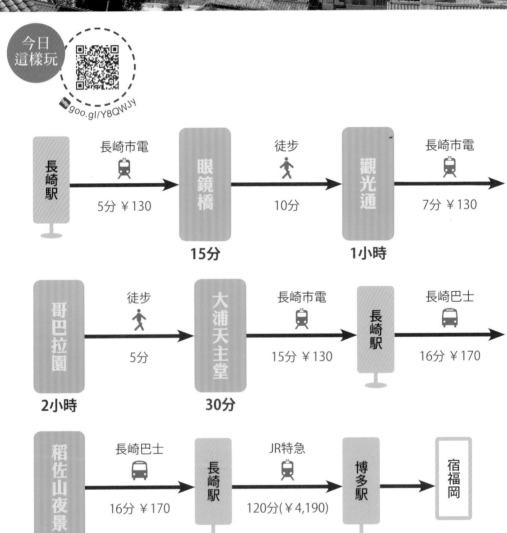

長崎駅 ──長崎市電── 眼鏡橋 ──徒步── 觀光通 ──長崎市電──
5分 ¥130   10分   7分 ¥130

眼鏡橋 **15分**   觀光通 **1小時**

哥巴拉園 ──徒步── 大浦天主堂 ──長崎市電── 長崎駅 ──長崎巴士──
5分   15分 ¥130   16分 ¥170

哥巴拉園 **2小時**   大浦天主堂 **30分**

稻佐山夜景 ──長崎巴士── 長崎駅 ──JR特急── 博多駅 ── 宿福岡
16分 ¥170   120分(¥4,190)

稻佐山夜景 **30分～1小時**

旅遊案內所
出發前先了解的事

長崎電車1日乘車券
搭路面電車,重要景點都能到喔!

長崎市區內的移動大多仰賴路面電車,重要景點及商店街都有通過,每次搭乘費用為大人￥130、小孩￥70,預計會搭到4次以上就可購買1日乘車券,在部分景點或商家還有折扣優惠。

若沒買1日乘車券,在新地中華街轉車時,記得下車時向司機索取「轉乘券(乘り継ぎ券)」,然後在第二段車程下車時將「轉乘券」投入投幣箱,就不必再付第二段車資。

←電車1日券

長崎路面電車

1日券資訊

票價	大人￥500,小孩￥250
使用時間及範圍	1天內可無限搭乘長崎市路面電車
購票地點	長崎車站綜合觀光案內所、沿線各旅館或停留場營業所(注意車上無法購買)
使用方法	下車時出示票券給司機看即可

http www.naga-den.com

眼鏡橋

散步拱形老石橋,尋找「愛心石」幸福記號

{Info}

✉ 長崎市魚の町・栄町と諏訪町・古川町の間　➡ 長崎電車「めがね橋」下車步行3分

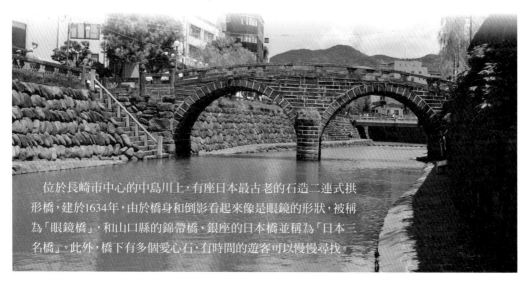

位於長崎市中心的中島川上,有座日本最古老的石造二連式拱形橋,建於1634年,由於橋身和倒影看起來像是眼鏡的形狀,被稱為「眼鏡橋」,和山口縣的錦帶橋、銀座的日本橋並稱為「日本三名橋」。此外,橋下有多個愛心石,有時間的遊客可以慢慢尋找。

哥拉巴園(グラバー園)

戀人的約會勝地
在山腰上的浪漫洋樓眺長崎港

位於長崎市南山手町地區的哥拉巴園坐落於半山腰上,可以眺望整個長崎港,風景優美遼闊。哥拉巴園是1859年長崎開放外國通商後,為英國商人哥拉巴(Glover)等人的住所,哥拉巴故居是日本現存最古老的木造洋館,園內還有多棟洋館及明治時代建築,重現當年景觀,可了解當時生活情況。這裡也是約會勝地,園內兩處有心形石頭,據說情侶一起觸摸就能帶來幸福。

{Info}

✉ 長崎市南山手町8-1 ☎ 095-822-8223 ⏰ 08:00～18:00,特別期間營業至21:30(官網查詢),年末年始休園 💲 大人￥620,高中生￥310,中小學生￥180 ➡ 從長崎駅搭乘長崎市電1號系統,約7分於「新地中華街」下車轉乘長崎市電5號系統,約5分於「大浦天主堂」下車步行10分至第一入口,也可搭到「石橋」下車步行10分至第二入口 http www.glover-garden.jp

玩家提示　省腳力撇步

建議路面電車搭到「石橋站」,這裡有電梯前往哥拉巴園第二入口,從上面往下逛可節省爬坡氣力。

1.園內有兩個地方有心形石頭／2.自由亭喫茶室,蛋糕和飲品組合￥820／3.自由亭,現為喫茶室／4.從半山腰上的哥巴拉園,可欣賞長崎市風景／5～7.館內保留過去的擺設／8.哥拉巴故居

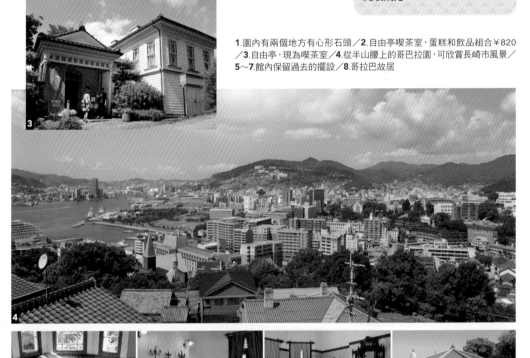

大浦天主堂

日本最古老的歐風教堂，彩繪玻璃折射浪漫氛圍

　　南山手町地區曾是外國人居住地，充滿西洋風情，位居此地的大浦天主堂建於1864年，正式名稱為日本「二十六聖殉教者天主堂」，是日本現存最古老的天主堂，也是最古老的哥德式教會建築、唯一西洋建築的日本國寶，內部美麗的彩繪玻璃洋溢中古歐洲風情。

{Info}

✉ 長崎市南山手町5-3 ☎ 095-823-2628 ⏰ 08:00～18:00 💲 大人￥300，中學生及高中生￥250，小學生￥200 ➡ 從長崎駅搭乘長崎市電1號系統，約7分於「新地中華街」下車再轉乘長崎市電5號系統，約5分於「大浦天主堂」下車再步行約5分

朝市食堂

→煮魚定食￥1180

港邊的新鮮海鮮餐廳

　　位於長崎港邊的朝市食堂，是「野母崎三和漁協」的直營店，除了室內也有戶外坐席，提供新鮮的海鮮料理，價位不貴，除了各式各樣的定食和單點料理，還有海鮮BBQ，邊享用美味料理邊欣賞港灣美景，真是一大享受。

{Info}

✉ 長崎市出島町1-1(長崎出島ワーフ1F) ☎ 095-825-8558 ⏰ 11:30～14:30，17:00～21:00(週二公休) ➡ 長崎駅搭乘長崎市電1號系統，約6分於「出島」下車徒步3分 🔗 dejimaasaichi.com/

野母崎御膳￥1650

稻佐山

與香港、摩納哥齊名的世界新三大夜景

　　稻佐山標高約333公尺，山頂上有圓形展望台和景觀餐廳，山腰有數家溫泉旅館，是長崎最早被認定的天然溫泉。長崎市三面環山，許多房子建在斜坡街道上，居高臨下看起來相當有層次感，再加上長崎港，有「千萬夜景」之稱，除了名列「日本三大夜景」，更在2012年和摩納哥、香港一同獲選「世界新三大夜景」。推薦傍晚時刻提早上山，欣賞日景、夕陽、夜景3種不同景致。

日景

玩家提示 前往稻佐山的交通攻略

　　前往稻佐山展望台有多種不同交通方式，其中以長崎巴士(5號公車)最省錢，但前往展望台的步道雖有路燈還是有些昏暗，又有階梯，建議攜帶手電筒以防跌倒。

長崎纜車
- 🕐 09:00～22:00，約15～20分鐘一班纜車，單程約5分鐘，12月上旬定期檢修停駛
- 💲 來回票大人￥1,230，中高學生￥920，小學生￥610；單程票大人￥720，中高學生￥510，小學生￥410
- ➡ 晚上19:00～22:00有免費接駁車來回纜車站，乘車地點為JR長崎駅內綜合觀光案內所及多家旅館(ホテルベルビュー長崎出島、ホテルモントレ長崎、ANAクラウンプラザホテル長崎グラバーヒル、ホテルニュー長崎、ベストウェスタンプレミアホテル)，需事先在綜合觀光案內所或飯店櫃台預約取票。要自行前往可從JR長崎駅或路面電車站「宝町」搭乘往「下大橋・小江原・相川」方向的3或4號公車，約7分於「ロープウェイ前」下車，再步行2分
- http www.nagasaki-ropeway.jp

長崎巴士
- 💲 單程￥170
- ➡ 從長崎駅搭乘往「稻佐山」的5號公車(需注意不是所有5號公車都會到「稻佐山」這個站)。乘車時間約16分，下車再沿步道步行約20分鐘前往展望台
- http www.nagasaki-bus.co.jp/bus

長崎遊覽巴士
- 💲 大人￥1,500，小學生￥1,000
- ➡ 自各飯店接駁，需事先上「長崎遊覽巴士株式會社」網站，找到「佐山展望台夜景見学ツアー」線上填寫資料預約；巴士通常每天運行，隨季節調整；展望台觀光時間約40分
- http www.n-yuranbus.com

稻佐山夜景

吉宗本店

百年老店，第一家販賣茶碗蒸的始祖

位於長崎市觀光通商店街上的吉宗本店，創立於1866年，是日本第一家販售茶碗蒸的老店。最基本的點法是「御一人前(茶碗むし、蒸寿し揃)」

(¥1,350)，有一碗茶碗蒸和一碗三色飯。茶碗蒸非常滑嫩，用料豐富，有雞肉、星鰻、筍子、香菇、魚板、銀杏，三色飯是兩種魚鬆及蛋絲。「茶碗むし定食」

(¥1,944)是再多了小菜、醃製物和水果，另外還有「吉宗定食」(¥2,376)，再多一盤類似東坡肉的「角煮」，燉煮到很軟幾乎入口即化。

{Info}
✉ 長崎市浜町8-9 ☎ 095-821-0001
🕐 11:00～21:00(1/1公休) ➡ 長崎駅搭乘長崎市電1號系統，約12分於「觀光通」下車徒步3分 🌐 yossou.co.jp

吉宗定食¥2,376(照片提供: Baozi)

清風堂

包裝精美的長崎蛋糕，送禮自用兩相宜

長崎的蜂蜜蛋糕遠近馳名，例如福砂屋、長崎堂、松翁軒文明堂，全國各大百貨公司或機場都買得到，唯獨「清風堂」僅有兩家店鋪，一家在大浦天主堂前的石板路，另一家在太宰府表參道。有原味、起司、檸檬、抹茶、

包裝相當別致

巧克力5種口味，提供試吃很大方，包裝精美，也有綜合5盒裝的適合送禮。

試吃相當大方

{Info}
✉ 長崎市南山手町2-6 ☎ 095-825-8541 🕐 09:00～18:00 ➡ 長崎駅搭乘長崎市電，於「大浦天主堂」下車徒步5分 🌐 www.seifudo.jp

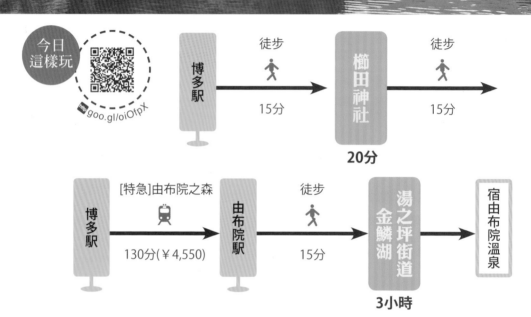

帶我度假去吧！
由布院之森列車

"搭歐風小火車越過森林
到山中的溫泉小鎮住一晚"

今日
這樣玩

goo.gl/oiOfpX

博多驛　徒步　15分　櫛田神社　徒步　15分

20分

博多驛　[特急]由布院之森　130分(￥4,550)　由布院驛　徒步　15分　湯之坪街道金鱗湖　宿由布院溫泉

3小時

櫛田神社

來博多車站附近的神社散散步

　　櫛田神社的主祭神是大幡主命、天照皇大神、素盞鳴尊，於西元757年創立，為博多的總守護神，因做為每年7月1～15日的「祇園山笠」會場而知名。博多祇園山笠源自鎌倉時代，當時為了平息瘟疫，由國師乘坐神轎為居民祈福，而當時的神轎漸漸演變成今日的山笠，有一座非常高的山笠就放在神社內展示。境內還有座「惠美須宮」是求姻緣的神社。

　　櫛田神社的後門附近有條約500公尺的「上川端通」，是小商店及餐廳為主的歷史繁華老街，街道盡頭為地鐵站「中洲川端」。此外，步行不到10分鐘就能抵達知名購物商場博多運河城。

{Info}

✉ 博多区上川端町1-41　☎ 092-291-2951
➡ 從博多車站步行約15分；或搭乘地下鐵於「祇園駅」下車徒步5分　🌐 www.
hakatayamakasa.com

由布院之森列車(ゆふいんの森)

乘綠色精靈前往人氣溫泉鄉

由布院之森是九州數一數二的超人氣觀光列車，墨綠色的高雅車身穿梭於山林鄉野間，有「綠色精靈」之美譽。服務員提供拍照及餐車服務，豆腐料理名店「由布院 市ノ坐」在車上販售的大豆冰淇淋，豆香濃郁很好吃。

由布院之森外觀

由布院之森列車限定冰淇淋，各¥310

超讚～

由布院之森車廂內

玩家提示 **人氣列車的搭乘攻略**

由布院之森非常熱門，經常客滿，建議安排在行程後段，在第一天抵達博多車站買完Pass後立刻劃位，機會較高。如果會在由布院住宿，可選擇末班車(由布院之森5號)前往由布院，可避開一些當天往返的遊客人潮，機會也較高。萬一真的劃不到位，退而求其次，特急由布其實也是相當有特色的列車。

由布院之森+特急由布的時刻表

博多—由布院		由布院—博多	
07:45～10:01	特急由布1號	09:07～11:20	特急由布2號
09:24～11:36	由布院之森1號	12:09～14:16	由布院之森2號
10:24～12:34	由布院之森3號	14:17～16:33	特急由布4號
12:20～14:41	特急由布3號	15:50～18:06	由布院之森4號
14:35～16:44	由布院之森5號	17:08～19:18	由布院之森6號
18:36～20:49	特急由布5號	19:24～21:33	特急由布6號

⁉ 由布院之森每天來回各3班，全車指定席，需事先在JR綠色窗口劃位方可搭乘。特急由布也是每天來回各3班，有指定席也有自由席。有部分日期及班次的特急由布院之森車廂會由特急由布車廂取代運轉，官網都會提前公告

http www.jrkyushu.co.jp/trains/yufuinnomori

由布院溫泉

OL票選第一的鄉村溫泉鎮

由布院溫泉又稱湯布院溫泉，泉湧量位居日本第三，是日本OL票選第一名的超人氣溫泉區。一走出車站就能看到遠處的由布岳，沿商店街步行約25分鐘來到金鱗湖，這是個周長約340公尺的小湖，名稱由來是古代學者在夕陽餘暉映照下看見如魚鱗般閃閃發光的湖泊，以此為命名。湖底有溫泉湧出，湖面清澈如鏡，風景倒影如畫，尤其清晨能看到晨霧瀰漫的夢幻美景，也是知名賞楓勝地。

從車站到金鱗湖沿途都是商店街，有許多可愛小店和美食，這也是吸引無數觀光客的賣點，尤其具有溫泉街風情的「湯之坪街道」最受歡迎。由布院相當適合兩天一夜的輕旅行，有各種價位的溫泉旅館可選擇，其中最頂級的龜之井別莊、山莊無量塔、由布院玉之井號稱是「由布院御三家」。

1.金鱗湖，風景倒影如畫／2.販售吉卜力商品的どんぐりの森／3.全球第一間以Snoopy為主題的茶屋／4.高級旅館龜之井別莊／5.湯之坪街道

{Info}

➡ ❶特急由布院之森(特急ゆふいんの森)或特急由布(特急ゆふ)，每天來回各3班，是博多直達由布院最熱門的方式，單程約2小時10分 ❷博多—大分搭乘特急音速號(特急ソニック)，約每小時一班車，需2小時20分，大分—由布院再轉搭JR普通列車，需時1小時，中間可停留別府或大分觀光 ❸博多—久留米搭乘新幹線，轉車至日田、再到由布院，需3小時以上，適合想沿途下車欣賞風景的旅客 ❹博多直達由布院的高速巴士，單程2小時10分，票價￥2,880

B-Speak

早起買由布院最熱賣的蛋糕捲

這家蛋糕捲非常有名，有奶油、巧克力兩種口味，甜而不膩，一捲￥1,420，三分之一切片賣￥475，賞味期限24小時，切片通常很早就完售，一定要吃的話只能買一整條。在此住宿一晚的旅客，也可以預約切片，隔天再來取貨。

{Info}
✉ 大分県由布市湯布院町川上3040-2 ☎ 0977-28-2166
🕐 10:00～17:00

B-Speak明星商品奶油蛋糕捲(1捲￥1420)

花麴菊家

創意銅鑼燒，Q布丁代替紅豆餡

知名美食節目黃金傳說及各大雜誌都報導過這家的布丁銅鑼燒，內餡使用布丁，有原味、抹茶、草莓等多種口味，很有創意。因冷藏溫度低，吃起來有點類似冰淇淋銅鑼燒，十分特別。

{Info}
✉ 大分県由布市湯布院町川上1524-1 ☎ 0977-28-2215
🕐 09:00～18:00

布丁銅鑼燒(每個￥184)

金賞可樂餅(金賞コロッケ)

咬一口熱騰騰的全國金賞獎可樂餅

曾榮獲全國可樂餅大賽金賞獎，有多種口味，牛肉是第一名，熱騰騰的外皮酥中帶嫩，入口滿是馬鈴薯香氣。

{Info}
✉ 大分県由布市湯布院町川上1511-1(本店)
☎ 0977-28-8888 🕐 09:00～18:00

可樂餅(每個￥160)

MILCH (ミルヒ)

百分百牛乳製金賞甜品

店名源自德文的牛乳，全部產品以100％湯布院產牛乳製成，最有名的是燒起司蛋糕，冷熱皆宜，牛奶布丁也十分濃郁可口。

{Info}

✉ 大分縣由布市湯布院町川上3015-1
☎ 0977-28-2800
🕐 09:30～17:30

Milch燒起司蛋糕￥120

由布の彩 YADOYA おおはし

擁有自己的露天風呂＋獨棟房間
不受打擾的休泊時光

旅館占地3,300坪，共14間房間，有洋室、和洋室等不同房型，全都是獨棟，每棟擁有各自的內湯和露天風呂。原則上每房僅供兩人入住，且需中學生以上，適合不想受打擾的情侶或夫妻。旅館晚餐提供最高級的A5等級黑毛和牛，搭配時令野蔬，可選擇壽喜燒或涮涮鍋享用。

1.旅館中央的庭園／2.精緻的晚餐會席／3.A5等級黑毛和牛／4.每個房間獨自擁有一池溫泉／5.房間均為各自獨立一棟

{Info}

✉ 大分縣由布市湯布院町川北1235
☎ 0977-84-5565 💲 純住宿約￥10,000，含早餐約￥11,500，含早晚餐約￥21,000～26,000(以上為兩人入住時的每人價位) ➡ 從JR由布院車站搭乘計程車約5分；旅館也有接駁車需事前預約，抵達由布院車站時需再打電話告知
http yufunoirodori-oohashi.jp

"白天盡情逛街，夜晚在屋台享博多拉麵"

福岡市區的熱鬧都會風情

今日這樣玩

goo.gl/12CN6K

| 由布院駅 | [特急]由布院之森 🚃 約130分(￥4,550) | → | 博多駅 | 福岡市地鐵 🚃 6分 ￥200 | → | 天神駅 | 徒步 🚶 5分 | → |

| 西鉄福岡駅（天神） | 西鉄* 🚃 30分 ￥400 | → | 太宰府駅 | 徒步 🚶 5分 | → | 太宰府天満宮 1.5小時 | 西鉄* 🚃 30分 ￥400 | → |

| 西鉄福岡駅（天神） | 徒步 🚶 5分 | → | 福岡市區、天神商圈、中洲屋台 1.5小時 | → | 宿福岡 |

太宰府天満宮祈願繪馬

* 中間需在「西鉄二日市駅」轉車

太宰府天滿宮

祈求金榜題名&逛參道吃現烤梅枝餅

太宰府天滿宮祭祀學問之神——菅原道真，隨時有不少人來祈禱考試合格、學業有成。道真喜愛梅花，晚年被誣陷貶至九州後，京都故鄉庭園內的梅花，竟在一夜之內離地飛往太宰府宅邸尋找主人，此即著名的「飛梅傳說」。天滿宮裡有6千株梅樹，初春季節為賞梅名勝。此外，道真生肖屬牛，卒於牛年，抑鬱而終後，家人以牛車運送遺體，不料牛走到半路就不願前進，只好將他葬在當地，而這頭牛就是「御神牛」，摸頭可增長智慧、摸身體則保佑身體健康。

從太宰府駅到天滿宮前有條數百公尺的表參道，兩旁商店林立，有一半以上店家是販賣太宰府名物「梅枝餅」，烙有梅花印樣的麻糬皮裡包滿紅豆餡，相傳是菅原道真最愛吃的點心。此外，表參道上有一間外觀引人注目的星巴克，由建築大師隈研吾所設計，交錯的橫木極具特色，是日本星巴克概念店之一。

{Info}

✉ 福岡県太宰府市宰府4丁目7番1　🕐 06:30～19:00(6～8月到19:30，12～3月到18:30)，12/31～1/4公休　➡ 在福岡市內先搭地下鐵或公車到天神車站，接著到「西鉄福岡(天神)駅」，搭乘「西鉄天神大牟田線」約15分鐘到「西鉄二日市駅」，再轉乘「西鉄太宰府線」，約5分鐘抵達「西鉄太宰府駅」下車，單程約20分¥400；也可從JR博多駅前的博多巴士總站搭乘西鉄巴士直達「西鉄太宰府駅」，單程約45分¥600。從「西鉄太宰府駅」沿表參道步行約5分鐘即抵達太宰府天滿宮　🔗 www.dazaifutenmangu.or.jp

1.太宰府參道／2.參道上很多販賣梅枝餅的店家／3.星巴克交錯的橫木設計極具特色／4.摸摸御神牛會變聰明喔／5.太宰府天滿宮，絡繹不絕的人潮前來參拜

天神

免稅、購物、美食集散地，超好逛的福岡商圈

福岡最熱鬧的地方就是天神商圈，地上的商店街和百貨公司就已經逛不完了，還有很多店家藏身在地下街，是很容易荷包大失血的地方。

{Info}

✉ 福岡市中央区天神 ➡ 搭地下鐵或公車到天神車站

岩田屋，兩棟相連的大規模百貨公司

極味屋

超人氣伊萬里牛漢堡排，用小鐵板自己動手煎肉排

極味屋是知名的伊萬里牛餐廳，由於美食節目黃金傳說的推薦，隨時一位難求。牛肉漢堡排可視自己喜好於石頭鐵板加熱調整熟度，此等美味在高級和牛中是難得的物美價廉，推薦點加大分量好好吃個過癮。

{Info}

✉ 福岡市中央区大神2-11-1パルコB1(PARCO百貨) 🕐 11:00～23:00 ➡ 地下鉄天神駅徒歩3分 http www.kiwamiya.com

漢堡排M Size(¥1,680)

水炊き博多華味鳥

福岡名物水炊鍋，一鍋二吃

水炊鍋是另一道福岡有名的鍋物料理，為雞肉火鍋，主要是以雞肉來熬煮高湯，再陸續加入雞肉丸和蔬菜等食材，吃完剩下的湯頭可以煮雞湯粥。華味鳥在日本全國及海外都有分店，「味コース」套餐含前菜、生雞肉及烤雞肉、水炊鍋、雜炊或強棒麵，每人¥3,300，兩人起開鍋。

{Info}

✉ 福岡市福岡市博多区博多駅前3-23-17(博多駅前店) 🕐 11:30～13:30，17:00～24:00(週日假日到22:00) ➡ JR博多駅博多口徒歩3分 http www.hanamidori.net

「味コース」套餐的水炊鍋

もつ鍋笑楽

難得一個人也能享用的牛雜鍋喔！

福岡國民美食牛雜鍋

牛雜鍋又稱為牛腸鍋，是福岡代表性鄉土料理，以九州產的和牛內臟與其他食材熬煮湯頭，吃完後，剩下的湯頭可以煮雜炊、白飯、或強棒麵。笑樂是排隊名店，基本款牛雜鍋一人份￥1,180，鍋底有醬油、味噌、鹽味3種湯頭可選擇，吃不夠可再加點其他小菜。

牛雜鍋，此圖為兩人份

{Info}

✉ 福岡市博多区博多駅中央街1-1(JR博多車站10F) 🕐 11:00～23:00 http www.shoraku.jp

玩家提示　在日本用餐注意開鍋限制

很多店家會限制兩人以上才能開鍋，笑樂是難得接受一個人用餐的。

中洲屋台

福岡夜必體驗！露天小吃攤感受道地庶民風情

福岡博多的屋台很有名，說穿了就是路邊攤型態的小型居酒屋，從黃昏營業到凌晨，適合下班後一邊吃飯、一邊喝酒聊天，來這裡最能感受庶民風情。屋台有好幾個區域，以中洲屋台最有名，在春吉橋附近，沿河川散步氣氛還不錯。

{Info}

✉ 福岡市博多区中洲1(春吉橋附近) 🕐 17:00或18:00開始營業到凌晨01:00或03:00 ➡ 地下鐵中洲川端駅徒步7分，或地下鐵天神南駅徒步9分 http yatai.nakasu-info.jp/xn--bnq69jmtso2dlp3d

在「ラーメン」紅色燈籠的店家一定要點拉麵

拉麵二男坊

來碗博多拉麵！國民好評的豚骨味拉麵

拉麵二男坊曾得過「福岡拉麵總選舉」第一名，主打豚骨拉麵，基本款的味付半熟煮玉子拉麵，豚骨湯頭濃厚，入味的叉燒肉、出色的半熟煮玉子，相當美味。

{Info}

✉ 福岡県福岡市博多区博多駅前2-16-4 🕐 11:00～23:30(週日假日只到20:30) http r-jnb.jp

味付半熟煮玉子拉麵(￥720)

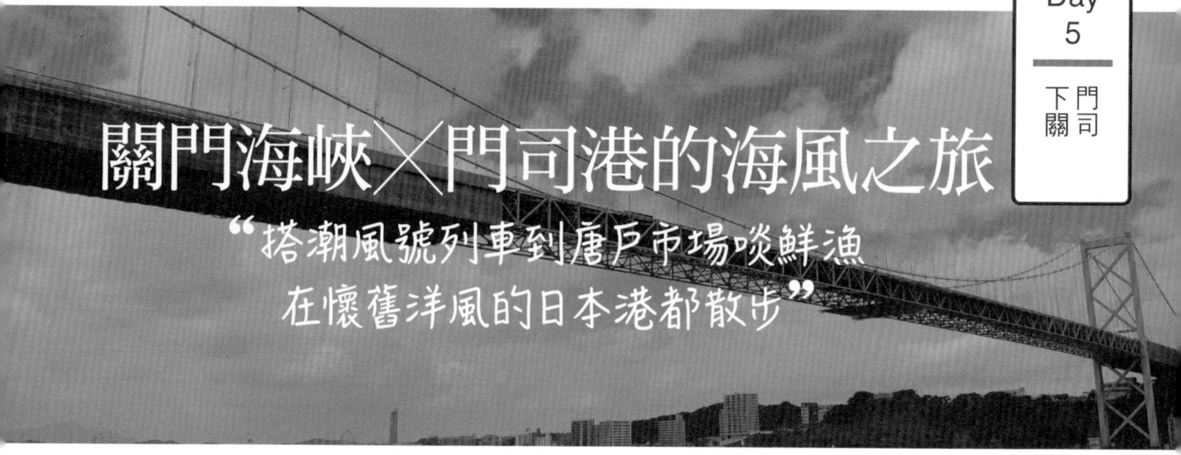

關門海峽╳門司港的海風之旅

"搭潮風號列車到唐戶市場啖鮮漁
在懷舊洋風的日本港都散步"

今日
這樣玩

goo.gl/2XVmc5

博多駅
→ JR* 🚄 90分(￥1,470) →
門司港駅
→ 徒步 🚶 3分 →
潮風號 觀光列車
10分

→ 徒步 🚶 10分 →
關門海峽 人行道
30分
→ 徒步 🚶 2分 →
御裳川
→ 巴士 🚌 10分 ￥220 →
唐戶
→ 徒步 🚶 5分 →
唐戶市場
1小時
→ 徒步 🚶 10分 →

赤間神宮‧日清講和紀念館
40分
→ 徒步 🚶 10分 →
唐戶港
→ 渡輪 ⛴ 5分 ￥400 →
門司港地區
2小時
→ 徒步 🚶 →
門司港駅
→ JR 🚄 25分(￥460) →
八幡駅

→ 接駁車+纜車 🚠 來回 ￥1,200 →
皿倉山夜景
1小時
→ 接駁車+纜車 🚠 →
八幡駅
→ JR 🚄 60分(￥1,110) →
博多駅
→
宿福岡

＊ 註：博多站前往門司港，亦可先搭乘JR特急音速號至小倉站轉車較快，
　注意使用北九州PASS此段不可搭乘新幹線。

旅遊案內所
出發前先了解的事

潮風號觀光列車
復古風藍色小火車帶你欣賞沿海風光

從JR門司港駅附近的「九州鐵路紀念館駅」出發，沿途欣賞港口與海峽美景，中途穿過漆黑的隧道時天花板會一閃一閃秀出海底生物圖案，約10分鐘抵達終點站「關門海峽めかり駅」，這是九州最北端的車站，旁邊有個車廂改造的餐廳，能體驗復古風情。

{Info}
- ⓒ 每年3月中至11月下旬的週末及例假日(其中3月下旬至4月上旬、黃金週、7/21～8/31為每天行駛)，每40分鐘一班車，來回各11班車
- Ⓢ 大人￥300，中小學生￥150
- ➡ 有兩個乘車站，「九州鐵路紀念館駅」距JR門司港駅步行約3分；「關門海峽めかり駅」距關門海峽人行道入口步行約10分鐘
- http www.retro-line.net

關門海峽套票(関門海峽クローバーきっぷ)
一票在手，暢遊門司港與下關

關門海峽的兩側是九州的門司港與本州的下關，購買本套票可以暢遊此區域的重要景點，在潮風號行駛的日子，推薦逆時鐘方向玩法，先搭乘潮風號，接著走關門海峽步道，然後搭公車前往唐戶市場用餐，餐後遊覽下關，再搭船回門司港，最後遊覽門司港以及享用名物燒咖哩。

↑關門海峽套票

票價	大人￥800，小孩￥400
使用時間及範圍	包含潮風號車票、門司港—下關唐戶的船票、御裳川—唐戶的巴士票，雙向皆可搭乘，但都只限當天使用1次
購票地點	九州鐵道記念館站、關門海峽めかり站、サンデン巴士唐戶售票處及下關售票處、關門汽船門司港棧橋發券所和唐戶棧橋發券所
使用方法	下車時出示票券，司機會把使用的部分撕掉

http www.retro-line.net/about/value_tickets

潮風號觀光列車

玩家提示　本日行程建議安排在週末

- ■ 潮風號觀光列車、皿倉山夜間纜車只有週末、例假日、暑假等長假才有，且唐戶市場的馬關街只有週五到週日才有。
- ■ 潮風號沒有行駛的日子，從門司港到關門海峽人行道需改其他方式。路程2.5公里，步行約35分鐘；搭計程車約8分鐘￥800～1,000；或搭乘往「和布刈」方向的西鐵巴士74號，約1小時1班，單程約13分￥220。
- ■ 本日行程是從北九州門司港出發到下關繞一圈回來，如果是買「山陽山陰周遊券」的讀者，也可以搭JR到山口縣下關，同樣能玩到門司港再回下關。

(上)車廂內部／(下)沿途海景風光

關門海峽人行道

騎單車OR步行海底隧道
到對岸下關的唐戶市場尋鮮

關門海峽，古稱馬關海峽，為本州與九州之間的海峽，兩側分別為福岡縣北九州市及山口縣下關市，關門大橋橫跨兩側，橋下有個地下隧道「關門海峽人行道」，這是日本唯一海底行人隧道，長780公尺，隧道中央有兩縣交界標示，吸引不少遊客拍照留念。

關門大橋

關門海峽人行道，中央是兩縣交界

{Info}

🕐 06:00～22:00 💲 步行者免費，腳踏車需收費￥20 ➡ 從門司港車站步行約35分；搭乘計程車約8分；搭乘公車約13分
🔗 www.kanmon.gr.jp

唐戶市場

週末「馬關街」的海鮮料理，琳瑯滿目又美味便宜

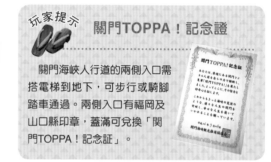

位於下關唐戶港邊的唐戶市場，有關門地區廚房之稱，1樓販售魚貨，2樓是食堂。

最值得一遊的是每週末的「馬關街」，1樓各家攤販會擺出生魚片、握壽司、海鮮丼、炸物，握壽司每個約￥100～200，美味又便宜。

此外這裡盛產河豚，想吃到最新鮮最便宜的河豚來這裡準沒錯。

> 唐戶市場是河豚嘗鮮的好地方！

{Info}

✉ 山口県下関市唐戶町5-50 🕐 唐戶市場週一～六05:00～15:00；週日及假日08:00～15:00；馬關街週五～六10:00～15:00，週日及假日08:00～15:00 ➡ 搭乘巴士於唐戶下車徒步約5分；或從門司港搭乘渡輪到唐戶港，再步行約5分 🔗 www.karatoichiba.com

1.週末的馬關街滿是人潮／**2.**各種握壽司新鮮又便宜／**3.**握壽司、炸河豚、河豚湯

赤間神宮

祭祀平家的神社，源平合戰的歷史紀念

仿龍宮城的朱紅色水天門

原為「阿彌陀寺」，壇之浦之戰後，奉祀戰敗的平家及身亡的安德天皇，朱紅色「水天門」仿造自龍宮城的城門。這裡也是小泉八雲的著名小說《怪談》所描述的「無耳芳一」故事舞台，相傳芳一為盲人法師，擅長彈奏琵琶，尤其是說唱平家物語，為躲避平家怨靈，尋求高僧在身上畫上經文，但獨漏掉耳朵，當晚怨靈前來只看到耳朵於是割下帶走，故稱無耳芳一。

赤間神宮本殿

{Info}

 山口県下関市阿弥陀寺町4-1 📞 083-231-4138 🕐 寶物殿 09:00～17:00 💲 寶物殿￥100 ➡ 位居唐戶港與關門海峽人行道下關入口之間，從這兩處步行各約10分鐘；也可搭乘巴士於「赤間神宮前」下車 http www.tiki.ne.jp/~akama-jingu

春帆樓・日清講和紀念館

重現馬關條約簽訂場景

春帆樓

位於赤間神宮旁的春帆樓，是日本明治維新後第一家開放解禁的河豚料理餐廳。1895年甲午戰爭後，日方代表伊藤博文、陸奧宗光，與中方代表李鴻章，就是在當年春帆樓2樓的大廣間簽訂了將台灣割讓給日本的馬關條約。春帆樓於二次世界大戰燒毀，戰後重建仍為河豚料理餐廳，目前在東京、名古屋、大阪、廣島等地設有分店，而當年簽訂馬關條約的歷史文物及場景則遷移到旁邊另建的日清講和紀念館。

{Info}

✉ 山口県下関市阿弥陀寺町4-3 📞 083-223-7181 🕐 09:00～17:00 💲 免費參觀 ➡ 同「赤間神宮」 http www.shunpanro.com

日清講和紀念館

重現當年簽訂馬關條約的場景

門司港地區

紅樓洋館，回到大正時代西化的浪漫

位於北九州市的門司港，曾為國際貿易港口而繁榮，周邊留下許多歐式建築。門司港車站是九州最古老的火車站，內部仍保留大正時期風貌如洗面所、便所等。「舊門司海關」為紅磚造建築物，1樓有咖啡廳和展示廳，2樓是展望廳。「舊門司三井俱樂部」由於愛因斯坦夫婦曾來此參觀，目前保留愛因斯坦紀念館及餐廳。「門司港懷舊展望室」高31層，可觀賞關門海峽的落日和門司港夜景。「藍翼門司橋」是日本第一座步行者專用的活動橋，當船隻通過時橋面會打開，目前已無船隻通過，但每天10:00～16:00整點時會打開橋面供遊客觀賞。至於岸邊的「海峽廣場」，有各種土產、雜貨店、餐飲店，是逛街採購好去處。此外，相傳宮本武藏與佐佐木小次郎決鬥之地「嚴流島」也在這附近，可從門司港搭船前往觀光。

{Info}

➡ 從JR小倉駅搭乘鹿兒島本線約13分鐘到JR門司港駅下車
http www.mojiko.info

1.舊門司海關、門司港懷舊展望室／2～3.藍翼門司橋於整點會打開橋面／4.海峽廣場／5.門司港車站內保留大正時期的洗面所／6.舊門司三井俱樂部／7.門司港岸邊有香蕉人供遊客拍照留念

咖哩本舖(伽喱本舖)

門司港名物「燒咖哩」

　　門司港有許多洋食料理，其中以「燒咖哩」(燒きカレー)最有名，主要是咖哩加起司再加上各式配料後焗烤而成，共有30多家餐廳販售。

　　「伽喱本舖」本店在博多上川端商店街，門司港邊有分店。推薦人氣第一名的海鮮燒咖哩(シーフードの焼きカレー)，有干貝、蝦子、花枝、貝類、白身魚等，用料豐富。人氣第二名是「往昔的燒咖哩」(昔の焼きカレー)，呈現昭和懷舊風，使用加工乳酪與九州產的黑毛和牛。

←咖喱本舖
↓海鮮燒咖哩¥1,050

{Info}

✉ 北九州市門司 港町9-2阿波屋ビル2F ☎ 093-331-8839 ⏰ 11:00～20:30 ➡ JR門司港駅徒步5分 http www.curry-honpo. com/mojikou-retro.html

門司港觀光物產館「港ハウス」舖

門司港美食特產大集合

　　位於港邊的觀光物產館，門口提供外帶輕食、冰淇淋，內部的かいもん市場販售多種水產、土產及紀念品。門司港是最早進口香蕉的港口，以各式香蕉製成的土產始終位居人氣排行第一名，濃郁的香蕉味，無論做成酥派、餅乾、蛋糕都很好吃。

↑濃郁酥脆的香蕉派

各種香蕉製成的土產

{Info}

✉ 福岡縣北九州市門司区東港町6-72
⏰ 10:00～18:00 ➡ JR門司港駅徒步5分

皿倉山

新日本三大夜景

皿倉山標高622公尺，視野遼闊，能遠眺門司港及關門大橋美景，秋天是賞楓名所。展望台可欣賞號稱「百億美金」的夜景，與奈良縣若草山、山梨縣笛吹川水果公園並稱為「新日本三大夜景」。

{Info}

✉ 北九州市八幡東区大字尾倉1481-1(電纜車山麓駅) ⏰ 纜車平日10:00～18:00，週末、假日、特別夜間運行日10:00～22:00 💲 電纜車及登山纜車共同來回票大人￥1,200，小孩￥600 ➡ 從JR八幡駅到電纜車山麓駅有以下幾種方式：❶搭乘西鐵巴士42號(往八幡製鉄所綜合中心方向)於「帆柱登山口」下車徒步10分，車程約12分￥180 ❷搭乘免費接駁車約10分鐘，但只有週六及特別夜間運行日13:25～22:15、週日及假日09:45～22:15運行，約每小時兩班車 ❸步行約30分 ❹搭計程車約5分 http www.sarakurayama-cablecar.co.jp

玩家提示　**交通與纜車小提醒**

上皿倉山需搭乘兩段式纜車，先從山麓駅搭電纜車到山上駅，再轉搭登山纜車到展望台駅。前往皿倉山觀賞夜景務必先上官網查詢，通常只有週末及假日才有免費接駁車及纜車運行，官網公告的特別夜間運行日則是每日運行(例如黃金週、暑假及其他長假)。若是纜車夜間停駛的日子就只能租車自駕上山了。

1.搭乘電纜車前往皿倉山／**2**.皿倉山日景／**3**.皿倉山夕陽／**4**.皿倉山夜景

全九州版鐵路周遊券

|鹿兒島｜宮崎｜熊本｜

全九州版鐵路周遊券
All Kyushu Area Pass

5日

樂·活·南·九·州

國境之南的
仲夏風旅行

體驗熱情洋溢的南島風情和九州人的樸實爽朗。

坐上「阿蘇男孩」列車，到火山冒險；

拜訪有黃澄澄油菜花田的JR最南端車站，

寄張幸福明信片給自己；

到指宿鄉下吃薩摩料理，感受豪邁人情味。

這裡是鐵道旅行的天堂，用全九州版鐵路周遊券劃位，

就能搭乘各種熱門的特色列車喔！

飫肥
九州小京都

指宿
龍宮傳奇

拜訪的
城市

宮崎
神話之里

鹿兒島
篤姬與維新故鄉

阿蘇
可愛吉祥物小黑列車

南九州
みなみきゅうしゅう

鹿兒島縣
南九州主要觀光地，物美價廉，天文館商圈逛街購物非常方便。市區景點集中，包括城山展望台、篤姬拍片場景仙巖園，稍遠一點可以到指宿或搭船到櫻島。黑豬肉與白熊冰是絕不能錯過的鹿兒島美食；代表性土產是輕羹；喜歡喝茶的人推薦知覽茶，這是全日本第二大量產的綠茶。

宮崎縣
是日本古神話起源地，主要景點如鵜戶神宮、青島神社、霧島神宮，都和美麗神話息息相關，若行有餘力可以挑戰交通不便的高千穗峽，這是古神話中天孫降臨之地，划著小船在V形峽谷裡漫遊，望著懸崖峭壁上的瀑布傾瀉而下，宛如人間仙境。代表性美食是宮崎地雞和宮崎牛，肉卷飯糰和生菜卷是頗具創意的庶民美食，著名特產「日向夏」是改良過的柑橘，製成冰淇淋、果汁、糖果、餅乾都大受歡迎。車站、橘通商店街是購物好去處。

熊本縣
除了老少咸宜的可愛熊本熊之外，其實擁有許多觀光資源，郊區可前往天草度假勝地、阿蘇火山，也可以到千年歷史的玉名溫泉鄉住宿一晚，享受泡湯之樂。

搭乘特色觀光列車是九州旅行的一大樂趣，沿熱帶風情日南海岸行駛的「海幸山幸」，充滿龍宮童話色彩的「玉手箱」，沿途欣賞霧島山脈與櫻島美景的「隼人之風」及「伊三郎、新平」，還有「SL人吉」蒸汽火車，都是持全九州版鐵路周遊券劃位就能搭乘的超熱門列車喔！

1.摩天輪與薩摩群像是鹿兒島車站地標／2.熱帶風情洋溢的宮崎車站／3.藍天白雲、海天一線的宮崎日南海岸風光／4.日向夏及芒果口味的餅乾是宮崎代表土產／5.搭乘「阿蘇男孩」觀光列車，車上有可愛小黑相伴／6.吶喊的雕像(叫びの肖像)為櫻島地標之一(照片提供：香り)

博多駅 福岡縣

佐賀縣

九州新幹線(博多⇔鹿兒島中央)

大分縣

阿蘇火山

玉名溫泉

阿蘇男孩(熊本⇔阿蘇火山)

長崎縣

熊本駅

A列車(熊本⇔三角)

阿蘇熊本機場

熊本縣

高千穗

延岡駅

三角駅

天草諸島

新八代駅

宮崎縣

人吉駅

鹿兒島縣

吉松駅

霧島神宮

宮崎機場

宮崎駅

青島神社

鹿兒島機場

隼人駅

海幸山幸(宮崎⇔南鄉)

鵜戸神宮

鹿兒島中央駅

櫻島

飫肥駅

南鄉駅

玉手箱(鹿兒島中央⇔指宿)

指宿駅

西大山駅

4

5

6

全九州版鐵路周遊券資訊

整個九州範圍很大，可粗略分成北九州(福岡、佐賀、長崎、大分)及南九州(熊本、宮崎、鹿兒島)。全九州版鐵路周遊券的票價比北九州貴，因此以南九州為主要行程的人才需購買。大多數旅客是搭乘飛機到福岡機場，從博多搭乘新幹線到鹿兒島只要1.5小時，非常方便。熊本、鹿兒島、宮崎也有國際機場，但台灣並非每日都有航班，若時間能配合也有多元化選擇。

南九州建議住宿在鹿兒島，車站及天文館附近有許多旅館，費用不貴且有一定品質；若要深入玩宮崎縣可在當地住宿1～2晚，以車站及橘通附近較熱鬧；若打算玩遍整個九州又不想常換飯店，可考慮住在地理位置居中的熊本。

票價

3日券￥15,280，5日券￥18,330，兒童(6～11歲)為大人的半價。

使用期間

自起始日起連續使用3天或5天。

使用範圍

可無限搭乘有效區間內的新幹線、特快列車、普通列車的自由席(新幹線可搭乘的區間為博多至鹿兒島中央)，指定席有搭乘次數限制。

購票方法

可先在海外旅行社購買兌換券或在ACP Rail (Access Rail)網上預約，再到JR九州的指定車站(博多、小倉、門司港、佐賀、長崎、佐世保、別府、大分、熊本、鹿兒島中央、宮崎、宮崎機場)或JR九州旅行社分店(博多、小倉、佐賀、長崎、大分、熊本、鹿兒島、宮崎)或旅行中心(小倉、門司港、佐世保、別府)兌換；也可直接在上述售票處或福岡機場1樓Tisco旅行情報中心直接購買。

注意事項

■博多至小倉只能搭特急或快速列車，不能搭新幹線(屬於山陽新幹線區間)。

■列車指定席需到JR綠色窗口預約劃位。指定席每人最多可使用次數：3日券10次，5日券16次。當指定席使用次數超過限制時，可額外付費乘坐追加的指定席。

■可提前在「JR Kyushu Rail Pass Online Booking」預約部分特快觀光列車的指定席，但須收取每輛列車每個座位￥1,000的追加費用(25公里以下的區間以及SL人吉為￥820)，含由布院之森、由布、坐A列車去吧、阿蘇男孩、SL人吉、翡翠 山翡翠、隼人之風、指宿玉手箱、海幸山幸。

■搭乘綠色車廂(商務車廂)時，需另外付費。

■不能搭乘JR九州巴士、B&S宮崎巴士，遊覽列車「九州七星」以及甜點火車。

■可同時購買兩張以上周遊券，但每張使用期間不可重疊。

全九州版鐵路周遊券，有使用範圍地圖，券上會標示姓名、護照號碼、使用日期

官網

http www.jrkyushu.co.jp/chinese/railpass/railpass.jsp(中文版)

機場交通

鹿兒島機場

於機場巴士2號乘車處搭乘南國交通巴士或巖崎巴士(いわさきバス)，到鹿兒島中央車站約40分鐘，到天文館約50分鐘，單程票價大人￥1,250，小孩￥630

阿蘇熊本機場

(A)於4號乘車處(警備派出所前)搭乘每30分鐘一班的免費機場接駁車，約15分鐘抵達JR肥後大津車站，再轉乘JR到熊本車站，車程約35分鐘￥460

http www.oaso-ozu.com/airline

(B)於1號乘車處搭乘利木津巴士，約50分鐘抵達熊本車站，單程票價大人￥800，小孩￥400

http www.kyusanko.co.jp/sankobus/airport/limousine

宮崎機場

(A)於JR宮崎空港駅搭乘JR到JR宮崎駅，車程約9～13分鐘￥350；JR宮崎空港駅可兌換或購買全九州版鐵路周遊券，若決定當日啟用周遊券就能省下￥350車資

(B)搭乘宮崎交通巴士，約26分鐘抵達宮崎車站，單程票價大人￥440，小孩￥220

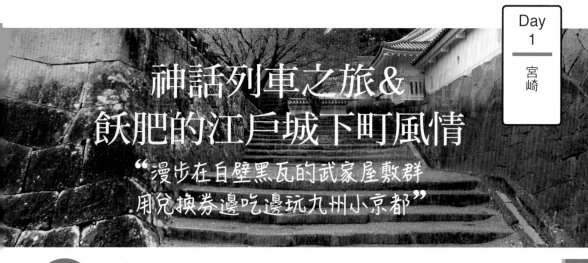

神話列車之旅 &
飫肥的江戶城下町風情

"漫步在白壁黑瓦的武家屋敷群
用兌換券邊吃邊玩九州小京都"

今日這樣玩

goo.gl/smn6hx

鹿児島中央駅 — [特急]きりしま 120分(￥3,710) → 宮崎駅 — 宮崎交通巴士 90分 ￥1,510 → 鵜戸神宮 — 徒歩 20分 → 鵜戸神宮

1小時 30分

宮崎交通巴士 40分 ￥920 → 飫肥 — 徒歩 → 飫肥城下町

2～3小時

JR日南線 40分(￥560) → 青島駅 → 宿青島

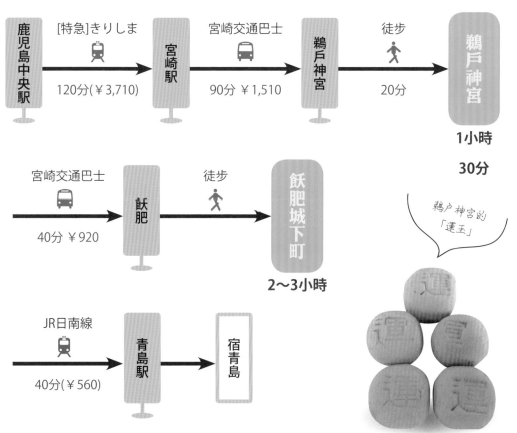

鵜戸神宮的「運玉」

旅遊案內所
出發前先了解的事

↖外國人專用巴士1日券，附路線地圖

宮崎車站內的宮崎市觀光案內所

宮崎1日巴士券
**光去鵜戶神宮
就值回票價了！**

打算去鵜戶神宮的人一定要買這張「外国人旅行者専用フリーパス乗車券」(Visit Miyazaki Bus Pass)，因為縱使搭JR到距離最近的JR油津駅，再轉乘巴士到鵜戶神宮也要¥620，來回¥1,240，再到飫肥就超過1日券的錢了！從宮崎或青島搭乘巴士直達鵜戶神宮是最簡便的方式。

外国人旅行者専用フリーパス乗車券

票價	¥1,500
使用時間及範圍	1天內可無限搭乘宮崎縣內巴士，但定期觀光巴士以及前往高千穗和延岡的高速巴士不適用
購票方法	出示外國人護照及來回機票方可購買
購票地點	宮崎機場巴士詢問處(08:15～21:30)，宮崎車站宮崎市觀光案內所(09:00～18:00)，宮崎車站巴士總站(06:30～20:30)，ANA假日酒店渡假村宮崎，宮崎觀光飯店，鳳凰西凱亞渡假區娛樂諮詢中心
使用方法	在票券填寫姓名、使用日期，下車時出示給司機看

http www.miyakoh.co.jp

特色觀光列車
今日搭乘的移動城堡

海幸山幸
**看繪本聽故事
賞南國無敵海景**

　宮崎是日本古神話起源地，許多故事都是以海幸彥、山幸彥兄弟為主角，他們分別擅長捕魚及打獵，有天協議互換工作，結果山幸彥沒釣到魚還弄丟魚鉤，鹽土老翁出現助他結識海神並與海神之女豐玉姬結婚，海神幫他找回魚鉤並下詛咒，迫使海幸彥投降。用這段神話設計的「海幸山幸」是超人氣觀光列車，行駛於宮崎到南鄉的JR日南線，沿途飽覽依山傍海的日南海岸風光。列車內外裝使用飫肥杉打造特有高質感，列車小姐手拿繪本，述說海幸彥、山幸彥的精彩故事。沿日南海岸行駛的巴士，也推出每天來回各一班的日南レトロバス，是由飫肥杉打造的觀光巴士，木質裝潢極高雅。

http www.jrkyushu.co.jp/trains/umisachiyamasachi

海幸山幸觀光列車(照片提供：神久鈴九)

玩家提示　班車非每日行駛，座位超搶手

　海幸山幸並非每日運行，只有週末、節慶假日、寒暑假才有，建議上網先查日期以便規畫行程。列車來回各一班，只有9個自由席，其餘皆指定席，非常搶手，一定要抵達九州就立刻預約劃位，九州所有JR綠色窗口皆可劃位。

車窗上以及隔簾皆印有山、海字樣(照片提供：神久鈴九)

以飫肥杉打造高質感車身，字體也很有藝術美感(照片提供：神久鈴九)

鵜戶神宮

日本唯一建造於石窟內的神宮

緊鄰太平洋海岸的天然石窟內有座朱紅色神宮，相傳海神之女豐玉姬臨盆時，山幸彥趕緊用鵜羽和葺草在海邊蓋產房，看到豐玉姬生產時現出八尋鱷鮫原形竟驚嚇逃走，豐玉姬將兒子託給妹妹玉依姬照顧，這小孩長大後與玉依姬結婚生子，老么就是後來的神武天皇。後人將這座海邊產房建造成鵜戶神宮，祈求姻緣、安產、育兒、漁業航海安全。

狀似乳房的「御乳岩」，相傳是豐玉姬為了讓兒子有奶喝而將乳房留下，至今仍不斷有水滴滴下。海面有塊狀似龜背的龜岩，買份運玉，男生用左手、女生用右手丟，若能丟進龜岩中央凹陷處就能實現願望。

{Info}

✉ 宮崎県日南市大字宮浦3232番地 ☎ 0987-29-1001 🕐 4～9月06:00～19:00，10～3月07:00～18:00 ➡ 從宮崎駅搭巴士到鵜戶神宮下車(車程90分￥1,510)，再徒步約20分 🅗🆃🆃🅿 www.udojingu.com

1.可愛的兔子祈願繪馬／2.被遊客鑲滿錢幣的運玉石，說明運玉由來／3.將運玉丟進龜岩中央凹陷處就能達成心願／4.蔚藍大海旁的朱紅色神宮／5.石窟內的鵜戶神宮本殿／6.乳房形狀的御乳岩，終年不斷有水滴滴下

玩家提示 登神宮可考慮走新參道

從山下巴士站到鵜戶神宮必須爬「鵜戶山八丁坂石段」，共815個石階，上下坡各一半，石階布滿苔蘚，要小心走避免滑倒，天雨路滑時更是舉步維艱，爬一趟就要20～30分鐘。八丁坂石段的另一邊有新參道，是一般樓梯且有扶手，較好走但路程稍遠。

飫肥

歷史感的古雅小京都，套票帶你逍遙遊

飫肥是古代飫肥藩的城下町，至今仍保留武家屋敷及傳統建築物，因濃厚歷史氛圍而有九州小京都之稱。購買「邊吃邊逛、邊走邊玩(食べあるき 町あるき)」套票，按圖索驥就能吃遍玩遍整個飫肥。套票內附的兌換券，可從全部42間商店的指定品項任選5個兌換，有小吃、咖啡飲料，也有紀念品，每項都物超所值。

{Info}

➡ JR飫肥駅下車步行10～15分到城下町；搭乘宮崎交通巴士到飫肥駅，下車處剛好在商家資料館斜對面 ⓗ obijyo.com

套票正面是飫肥城下町地圖

古色古香的JR飫肥駅

商家資料館

富商私宅變商家古器展館

使用逾200年樹齡飫肥杉建造而成的白漆土造，建於西元1870年，原為當時富商住家，後來改建成資料館，展示古代商家所用器具。

{Info}

🕐 09:30～16:30(12/29～12/31公休)

商家資料館為兩層樓高的白漆木造建築

古代商家器具展示

玩家提示　2種邊吃邊玩套票如何選擇？

套票有兩種不同價位選擇，¥800的「食べあるき 町あるき引換券のみ」內含5張兌換券以及商家資料館、舊山本猪平家、舊高橋源次郎家的門票；¥1,300的「セット料金」除了上述內容之外還多了豫章、松尾の丸、飫肥城歷史資料館、小村記念館的門票。套票販售地點在上述觀光設施的售票處，以及飫肥城觀光駐車場。若想走馬看花大約2～3小時，買¥800套票就已足夠，若要深度遊覽可以買¥1,300的套票玩一整天。很多人為了搭海幸山幸列車受限於時刻表，建議視停留時間決定買哪種套票。一抵達飫肥就先去買套票，售票員會提醒你今天有哪些店公休，以便行程規畫。

厚焼処 おびの茶屋

吃起來像布丁？飫肥厚片玉子燒名店

厚焼卵是飫肥名物，指的是厚片玉子燒，但味道和我們平常吃慣的玉子燒不同，飫肥的略微偏甜，口感軟嫩似布丁，推薦用兌換券換個「厚焼卵一膳」嚐嚐。

兌換券換的厚燒卵一膳

{Info}

🕐 08:00～18:00(每週三公休)

おびの茶屋是厚燒卵名店

泰平せんべい本舗

備長炭烤香脆仙貝

泰平仙貝是用備長炭一片一片慢慢烤出來的，雖然很薄，一口咬下卻是異常香脆。兌換券可以換1片仙貝及1杯綠茶。

兌換券換1片仙貝和1杯綠茶

{Info}

🕐 08:00～18:00(每週三公休)

泰平せんべい本舗

元祖おび天本舗

飫肥傳統食物，黑砂糖甜味天婦羅

「飫肥天」是另一項飫肥名物，用醬油、味噌、黑砂糖調味，將魚漿和豆腐混合炸成的鄉土料理，元祖おび天本舗是登錄商標的創始店，用兌換券可換兩種不同口味的飫肥天。店內也有販售厚玉子燒、醃漬物、和菓子等土產。

→兌換券可換天婦羅和炸豆腐各一個

↓店裡賣的漬物和土產

{Info}

🕐 08:30～17:00

261

吉田寢具店

老婆婆親手縫的美麗布製品

一對和藹可親的老夫婦所開的店，賣手巾、布料為主，提供兌換的布製品是老婆婆一針一線親手縫製的，最初是換零錢包，後來改成護照套，有很多顏色、花色可選擇。老婆婆很喜歡台灣，還秀出之前接受台灣媒體訪問的剪報，可以感受到為了振興當地觀光產業願意默默付出配合的真心誠意，令人感動。

{Info}

🕐 09:00～17:00 (不定期公休)

兌換券換的布製護照套，有不同花色可挑選

岡本商店

飫肥杉可愛木製品

飫肥杉是高韌度的優質杉木，在江戶時代用於建材及造船，後來也用於製造家具，岡本商店則是販售許多飫肥杉的木製和風小物，例如筷子和木製明信片，相當有質感。1張兌換券可換1雙開運厄除「南天長壽箸」。

{Info}

🕐 10:00～18:00(不定期公休)

飫肥杉製造的高級木筷

飫肥城

在種滿飫肥杉的古城，欣賞武家屋敷古宅美

江戶時代伊東氏飫肥藩的藩廳，為百大名城之一，是日本少數沒有護城河、也沒有天守閣的城，現在只剩修復過的城跡。大手門以飫肥杉興建，城內到處種滿飫肥杉，感覺像是在公園漫步。有4棵巨大飫肥杉稱為「幸福杉」，相傳站在4棵杉樹的對角線中央可以獲得幸福的能量。

↖↑爬上滿是青苔石階進入林木參天的古城

{Info}

🕐 09:30～16:30 (12/29~12/31休)

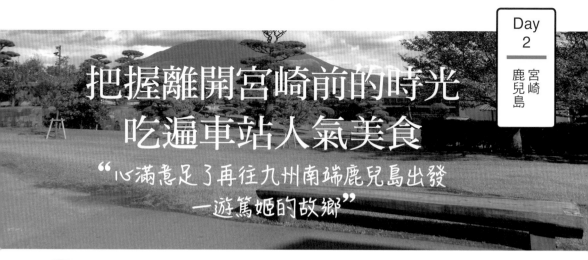
把握離開宮崎前的時光
吃遍車站人氣美食

**"心滿意足了再往九州南端鹿兒島出發
一遊篤姬的故鄉"**

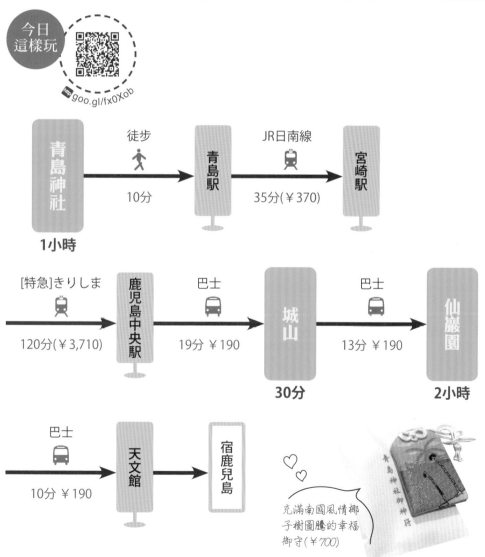

今日
這樣玩

goo.gl/fx0Xob

青島神社	徒步	青島駅	JR日南線	宮崎駅
1小時	10分		35分(￥370)	

	[特急]きりしま	鹿児島中央駅	巴士	城山	巴士	仙巖園
	120分(￥3,710)		19分 ￥190	30分	13分 ￥190	2小時

	巴士	天文館	宿鹿兒島
	10分 ￥190		

充滿南國風情椰
子樹圖騰的幸福
御守(￥700)

旅遊案內所
出發前先了解的事

「市電‧市巴士‧城市觀光巴士1日乘車券」附地圖和景點門票優惠券

鹿兒島市區交通
電車為主巴士為輔

市區以搭乘路面電車最方便，但有些景點(如城山、仙巖園)搭乘巴士下車比較近，建議兩種方式搭配。

軌道綠化的路面電車是鹿兒島特色之一

城市觀光巴士、町巡迴巴士皆從鹿兒島車站「東4」巴士站發車，全部車上皆有免費Wi-Fi

鹿兒島市區巴士

	城市觀光巴士(City View Bus) (シティビューバス)		町巡迴巴士 (まち巡りバス)
路線	鹿兒島城市觀光路線 (カゴシマシティビュー コース)	夜景路線 (夜景コース)	包含あっちゃん號、せごどん號
車種			車身印有篤姬和西鄉隆盛Q版圖案
路程	途經西鄉銅像前、薩摩義士碑前、城山、仙巖園、鹿兒島水族館前(櫻島棧橋)等重要景點	繞市區一圈60分，在城山停留15分鐘	
時間	每日08:30發車，每30分鐘1班車，最後發車時間17:30	每週六19:00及20:00發車，1、8、12月的週五、六，及大型連休假期有加班車	每日08:55發車，每20分鐘1班車，最後發車時間17:35
費用	每回大人￥190，小孩￥100	大人￥200，小孩￥100	每回大人￥170，小孩￥90
官網	城市觀光巴士：www.kotsu-city-kagoshima.jp/tourism/sakurajima-tabi/#ank1 町巡迴巴士：www.iwasaki-corp.com/bus/machimeguri (官網皆可查詢停靠站)		

鹿兒島乘車券

	市電・市バス シティビュー1日乘車券	まち巡リバス1日乘車券	共通利用券キュート(CUTE)
適用時機	市區觀光最推薦！路面電車每回￥170、城市觀光巴士每回￥190，預計搭車4次以上可買	最大缺點是無法搭乘路面電車	適合前往櫻島的旅客(櫻島渡輪單趟￥160，櫻島巴士1日券￥500)
價格	大人￥600，小孩￥300	大人￥500，小孩￥250	1日券：大人￥1,200 　　　小孩￥600 2日券：大人￥1,800 　　　小孩￥900
使用範圍	1天內無限搭乘路面電車、市營巴士、城市觀光巴士	1天內無限搭乘町巡迴巴士	1天(或連續兩天)內無限搭乘路面電車、觀光電車、市營巴士、城市觀光巴士、櫻島渡輪(含觀光渡輪よりみちクルーズ)、櫻島Island View巴士
購票地點	鹿兒島中央站綜合觀光案內所，及上述所有可搭乘的車上皆有販售	鹿兒島中央站綜合觀光案內所，町巡迴巴士車上皆有販售	鹿兒島中央站綜合觀光案內所、鹿兒島港乘船券發賣所、櫻島港船舶局營業課窗口
設施優惠	許多觀光設施出示此乘車券可享門票折扣(乘車日當天及隔天有效)	無	許多觀光設施出示此乘車券可享門票折扣
注意事項	不可搭乘町巡迴巴士	不可搭乘城市觀光巴士	不可搭乘民營巴士、民營渡輪、定期觀光巴士

青島神社

海濱風情的戀愛神社

祈求緣結、安產、航海及交通安全的知名神社，四周是有「鬼之洗衣板」之稱的波狀岩。神社後方的繪馬古道通往熱帶植物森林區，種滿棕櫚樹、檳榔樹，把繩子綁在樹上祈願，5種顏色代表不同功效，因為是戀愛神社，樹上綁滿了粉紅色祈求良緣的繩子。

{Info}

✉ 宮崎県宮崎市青島2-13-1 ☎
0985-65-1262 ⏰ 08:00～17:00
➡ JR日南線青島駅下車徒步10
分 http www.aoshimajinja.sakura.
ne.jp

1.鬼之洗衣板／**2.**綁滿許願繩的檳榔樹／**3.**元宮有兩個祈願所

軍雞隱藏（ぐんけい隠蔵）

地頭雞料理排隊名店

　　宮崎地雞很有名，有各種不同烹調方式的雞料理，據說古代農民將自家養的雞獻給地方諸侯(地頭)，故有地頭雞之稱。軍雞隱藏是以地雞鄉土料理聞名的居酒屋，本店在橘通商店街，宮崎車站也有分店。使用直營農場新鮮地頭雞，肉質鮮嫩彈牙，推薦￥2,500的七品Course，有前菜、雜炊、甜點及宮崎地雞最經典的4種料理。

　　地頭雞炭火燒是店家招牌，高溫炭火燒烤的雞腿肉帶有獨特焦香味，以鐵板盛裝更能鎖住肉汁，沾點獨門佐醬柚子胡椒，微微酸辣感更能凸顯多層次口味。南蠻雞是宮崎代表性料理，這家店選用雞胸附近的胸脯肉，是油脂最少最細嫩的部位，裹粉下鍋油炸，淋上酸酸甜甜的塔塔醬，相當開胃。沙拉是生雞肉刺身薄片，沒有一絲腥味，搭配生菜吃可消除生食的不安全感。「手羽ピリ辛」是沾上特製醬汁燒烤的雞翅，淡淡辛辣感帶出雞翅美味。

←ぐんけい隠蔵
宮崎駅前店
↓有一般座位及
和室包廂

{Info}

✉ 宮崎市錦町1-10宮崎グリーンスフィア壱番館2F(宮崎駅前店) ☎ 0985-33-9001 ⊙ 17:00～24:00(最後點餐23:00) ➡ 宮崎駅西口徒步1分 http www.gunkei.jp

1.烤雞翅／**2**.地頭雞炭火燒／**3**.南蠻雞／**4**.生雞肉刺身沙拉

元祖にくまき本舗

便宜又好吃的肉卷飯糰

(照片提供：神久鈴九)

位於宮崎最熱鬧的橘通商店街，にくまき就是肉捲，以豬肉片取代海苔包成飯糰是最大特點，豬肉是以獨門醬汁醃製後烤到微帶焦香，最外層還包了萬苣生菜。有兩種口味，原味以及肉片上多了乳酪的起司口味，平價卻分量十足，是近幾年大受歡迎的銅板美食。

{Info}
✉ 宮崎縣宮崎市橘通西3-8-9　🕐 平日18:00～03:00，週末假日11:00～03:00　➡ JR宮崎駅徒步15分；巴士「デパート前」下車徒步3分

元祖豬肉飯糰￥330
(照片提供：神久鈴九)

お菓子の日高

吃了想開心大叫的「什麼鬼大福」

昭和26年創店的菓子名店，在宮崎有7間店鋪，本店位於熱鬧的橘通，宮崎車站也有分店。第一名人氣商品「什麼鬼大福」(なんじゃこら大福)，填滿紅豆內餡、一顆草莓、一顆栗子，以及爽口的奶油起司，料多實在，一口咬下但覺滿滿幸福，令人想大叫「這是什麼鬼大福」！1個￥360，冷藏可保存4天，是全國冷藏宅配的熱門商品。人氣第二名是「起司饅頭」(チーズ饅頭)，有多種口味可選擇。

什麼鬼大福

{Info}
✉ 宮崎市錦町107-4 JRフレスタ內(JR宮崎駅店)　🕐 08:30～19:30　http hidaka.p1.bindsite.jp

城山

眺望櫻島及鹿兒島夜景的展望台

城山是鹿兒島市區標高107公尺的小山丘，種滿參天大樹，許多野鳥昆蟲棲息當中，有完備的遊步道，是縣民難得在市區能享受森林浴的一方綠地。山頂展望台能遠眺櫻島、錦江灣最佳景觀，繁華鹿兒島市區也一覽無遺，晚上能欣賞市區夜景。城山是西南戰爭的最後激戰地，半山腰的西鄉洞窟是西鄉隆盛臨終處，為指定史蹟。

{Info}
✉ 鹿児島県鹿児島市城山町22　➡ 巴士站「城山」下車再步行200公尺；巴士站「薩摩義士碑前」下車，從遊步道入口進去再步行2公里

仙巖園

薩摩藩主別墅&篤姬拍攝場景

原為薩摩藩藩主島津氏別墅，島津齊彬收養篤姬後，遠嫁江戶前曾在此居住3年。此地曾為篤姬拍片場景。

占地5公頃的借景式庭園，借景櫻島為山、錦江灣為水池，遠方壯闊山水與園內小橋流水自然融為一體。園內還有許多工藝品店和餐廳，人氣最旺的是兩棒餅(ぢゃんぼ餅)，在烤麻糬插了兩根竹棒，很像薩摩武士隨身攜帶的雙刀，有味噌和醬油兩種口味。園中有座貓神神社，相傳是島津義弘出征朝鮮時，以貓的瞳孔判斷時辰，戰後

星巴克仙巖園店，是日本第3家以「登錄有形文化財」改造的分店 (照片提供：香リ)

兩棒餅6支¥310，味噌、醬油兩種口味各半

返鄉興建此神社祭祀貓神。

島津義弘致力於武器工業，他蓋的機械工廠在仙巖園對面的尚古集成館，是當時鋼鐵及造船中心，現已成為展示島津家歷史文化的博物館，於2015年登錄世界文化遺產。旁邊的鶴嶺神社祭祀島津歷代藩主及家族，當中有位貌美心善的龜壽姬，女性朋友可買個島津美人御守祈求身心美。

{Info}

✉ 鹿児島市吉野町9700-1 ☎ 099-247-1551 ⏰ 08:30～17:30 💲 仙巖園+尚古集成館共通門票大人¥1,000，中小學生¥500；御殿另收門票(包括導覽、抹茶及點心)大人¥600，中小學生¥300 ➡ 搭巴士到「仙巖園前」下車 http www.senganen.jp

於仙巖園眺望櫻島美景

高千穗
神話・民俗・自然美的幽境

　　宮崎、熊本交界的高千穗被封為「神話之里」，擁有美麗傳說與風景。最著名景點為高千穗峽，布滿柱狀節理岩石的懸崖峭壁極壯觀，也是賞楓名所。乘小船遊河，仰望17公尺高低差的真名井瀑布，更能感受這百選瀑布的震撼力。高千穗神社、天岩戶神社都是擁有千年神話的古老神社，每晚8點在高千穗神社有神樂表演，想深入體驗傳統文化的遊客就在這住宿一晚吧！

體驗划船之樂 (照片提供：神久鈴九)

壯麗的高千穗峽 (照片提供：神久鈴九)

{Info}

✉ ❶從宮崎或大分搭JR特急到延岡，在延岡巴士總站轉搭宮崎交通巴士到高千穗(90分￥1,790，建議買宮交1日券￥1,800) ❷從熊本搭特急巴士直達高千穗(單程3.5小時，來回車資￥4,110) http takachiho-kanko.info

霧島神宮
南九州最大神宮

　　祭祀古神話的日本開國之神瓊瓊杵尊，朱紅色殿宇、雕梁畫棟，因華麗裝飾被稱為「西邊的日光」或「西東照宮」。坂本龍馬與妻子新婚蜜月曾來此住宿一晚，至今仍有紀念看板，就連神宮的祈願繪馬也是以龍馬夫婦為圖騰。霧島是南九州知名的溫泉鄉，有數個不同的溫泉區，附近的高千穗牧場是日本前幾名的大牧場，如有時間可順帶一遊。

以龍馬夫婦為圖騰的祈願繪馬

(照片提供：神久鈴九)

{Info}

✉ 鹿児島縣霧島市霧島田口2608-5 🕐 08:00～17:30 ➡ 搭乘JR日豐本線於霧島神宮駅下車，轉搭往霧島岩崎旅館(霧島いわさきホテル行)的巴士在霧島神宮下車(13分鐘￥250) http www.kirishimajingu.or.jp

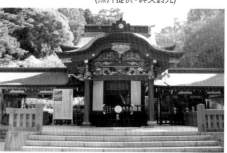

朱紅色的霧島神宮(照片提供：神久鈴九)

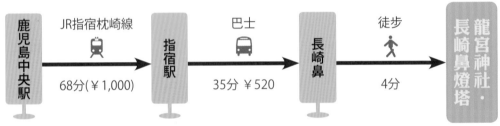

活力鹿兒島旅行,啟程!

"到JR最南端車站,與黃澄澄油菜花田拍照打卡
搭浦島太郎童話列車徜徉南國海境風光"

今日
這樣玩

goo.gl/BJ6mhU

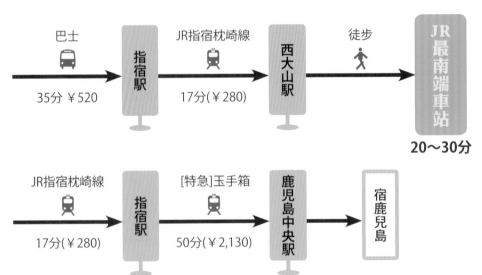

鹿児島中央駅 → JR指宿枕崎線 🚃 68分(￥1,000) → 指宿駅 → 巴士 🚌 35分 ￥520 → 長崎鼻 → 徒步 🚶 4分 → 龍宮神社·長崎鼻燈塔

1小時

→ 巴士 🚌 35分 ￥520 → 指宿駅 → JR指宿枕崎線 🚃 17分(￥280) → 西大山駅 → 徒步 🚶 → JR最南端車站

20～30分

→ JR指宿枕崎線 🚃 17分(￥280) → 指宿駅 → [特急]玉手箱 🚃 50分(￥2,130) → 鹿児島中央駅 → 宿鹿兒島

旅遊案內所
出發前先了解的事

↑搭往長崎鼻、
池田湖的巴士
→充滿南國風情
的指宿車站

指宿交通提醒

JR及巴士班次很少，
可租腳踏車較為彈性

若要搭車可參考下列時刻表

JR指宿枕崎線(快速車)	07:51 JR鹿兒島中央駅	→	08:59 JR指宿駅
のったりおりたり巴士(¥520)	09:25 指宿駅前	→	10:00 長崎鼻
	11:09或11:54 長崎鼻	→	11:44或12:29 指宿駅前
JR指宿枕崎線(普通車)	13:18 JR指宿駅	→	13:35 JR西大山駅
	14:18 JR西大山駅	→	14:34 JR指宿駅
玉手箱觀光列車(特急)	15:07 JR指宿駅	→	16:00 JR鹿兒島中央駅

http のったりおりたり巴士www.ibusuki.or.jp

特色觀光列車
今日搭乘的移動城堡

玉手箱(たまて箱)

浦島太郎列車，如置身海底龍宮仙境

玉手箱是行駛於鹿兒島、指宿之間的觀光列車，源自日本民間傳說浦島太郎的故事。他救了海龜後，到龍宮接受海龍王公主招待，返鄉前公主送他1個寶盒(即玉手箱)並交代他不可打開。他回家後發現村莊和親人都消失了，才明白1日仙境等同人間數年，打開玉寶盒，突然冒出白煙，瞬間變成白髮蒼蒼的老翁。

觀光列車布滿玉寶盒圖案，靠海側漆成白色、靠山側則為黑色，車門開啟時上方會升起一縷白煙，恰似浦島太郎打開寶盒瞬間由黑髮變白髮的概念。有一區座位如豪華客廳，擺滿神話、童話書的木製書櫃中間鑲嵌了舒適的沙發座椅。服務員提供拍照及餐車服務，黑芝麻布丁又香又濃很好吃。

黑白各半的玉手箱觀光列車

玉手箱特急列車時刻表

鹿兒島中央—指宿	指宿—鹿兒島中央
09:55～10:47 玉手箱1號	10:57～11:48 玉手箱2號
11:57～12:47 玉手箱3號	12:56～13:49 玉手箱4號
14:02～14:58 玉手箱5號	15:07～16:00 玉手箱6號

http www.jrkyushu.co.jp/trains/ibusukinotamatebako

玩家提示　劃位優先選擇2車廂！

玉手箱每天來回各3班，有2節車廂，全車指定席，需事先在JR綠色窗口劃位方可搭乘。

劃位優先選擇內裝較豪華的第2車廂，8A～18A直接面海的景觀座席為首選，19～21則是被書櫃(本棚)包圍的熱門特別座。

龍宮神社・長崎鼻燈塔

國境之南的神話傳說
與壯麗海景

　　長崎鼻是薩摩半島最南端突出的海岬，相傳浦島太郎就是在此出發前往海底龍宮，因此別名又稱龍宮岬。位居國境之南，金色陽光灑落在一望無際的蔚藍大海，遠眺矗立於海平面上的開聞岳，這是座圓錐形火山，山景秀麗而有薩摩富士之美譽。海邊有座小巧可愛、紅白外觀的仿龍宮建築，是祭祀海龍王之女乙姬公主的龍宮神社，這是以貝殼許願的戀愛神社，將祈求感情的願望寫在貝殼上，相當特別。另外有座浦島太郎與海龜的雕像，也是供遊客許願用，男生從左邊、女生從右邊繞兩圈，摸摸海龜的頭祈求健康長壽及考試合格，摸臉祈求青春永駐和好姻緣，摸背則是祈求產子順利。

　　登上矗立岸邊的白色長崎鼻燈塔，夾雜一絲淡淡鹹味的海風迎面吹來，更能充份感受這三面環海的南國海景之美。

{Info}

✉ 鹿児島県指宿市山川岡児ケ水1578-8 ➡ 從指宿駅搭巴士到長崎鼻下車(35分￥520)，再步行4分鐘到龍宮神社、7分鐘到長崎鼻燈塔

1.龍宮神社(照片提供：神久鈴九)／2.開聞岳及海天一線美景／3.寫滿祈求感情順遂的許願貝殼(照片提供：神久鈴九)／4.長崎鼻燈塔

西大山

在日本最南端車站投遞幸福明信片

「JR日本最南端の駅」立牌標示、歷經歲月不斷往復的列車，遠處是山稜線優美的開聞岳，這張經典照片就是許多鐵道迷排除萬難前來追逐的畫面。初春時分開滿油菜花，一片黃澄澄花海美極了！以油菜花的黃色為幸福代表色，設置了黃色郵筒，在這裡寄出的明信片會蓋上限定郵戳，別忘了捎個幸福的訊息給心愛的人喔！

{Info}

➡ 從指宿駅搭乘JR指宿枕崎線到西大山駅(約17分￥280)，也可租腳踏車前往(距指宿駅11公里)

豆知識

鐵道迷的另類地標：JR最端點車站

日本國鐵JR位於最東、西、南、北端的車站分別為東根室(北海道)、佐世保(長崎)、西大山(鹿兒島)、稚內(北海道)，車站皆有立牌標示，也有到站一遊的證明紀念，向來是許多鐵道迷列入挑戰的目標。

JR四個端點車站介紹 (照片提供：神久鈴九)

傳遞幸福訊息的黃色郵筒(照片提供：神久鈴九)

西大山限定明信片(3張￥110)(照片提供：神久鈴九)

鐵道迷必造場景

JR日本最南端車站的經典照片(照片提供：神久鈴九)

青葉

豪邁吃薩摩鄉土料理吧！

指宿車站附近的人氣餐廳，主打黑豚及地雞鄉土料理。奄美雞飯(奄美けいはん定食)，源自奄美大島傳統鄉土料理，先盛些許白飯，再放上雞肉、雞蛋絲、香菇，加入一些蔥、生薑、紫菜、芝麻，最後淋上雞湯汁，香噴噴雞湯完全凸顯簡單食材的美味，也能隨自己喜好加入柚子胡椒調味。此外，指宿有間歷史悠久的養鰻場，使鰻魚也成為在地鄉土料理，鰻魚飯(うな重)以雙層容器盛裝，上層是香味撲鼻的3大塊烤鰻魚，下層是滿滿白飯，分量十足。

{Info}

✉ 鹿児島県指宿市湊1-2-11　📞 0993-22-3356　🕐
11:00～15:00，17:30～22:00，週三公休　➡ JR指
宿駅徒步1分

1.青葉鄉土料理／**2.**簡樸木造裝潢，架上擺滿燒酒
／**3.**奄美雞飯(奄美けいはん定食¥1,000)／**4.**鰻魚飯
¥1,880

美味しいです。

鹿兒島屋台村

回到鹿兒島市區，體驗道地美食與薩摩人情味

鹿兒島中央車站附近的屋台村，是晚餐或宵夜最能體驗在地風情的地方。共25間店鋪，有鐵板燒、拉麵、鄉土料理等多元化選擇，能品嘗黑豬肉、薩摩地雞、鮮魚、野菜等各種地產地消的新鮮食材，再點杯芋燒酎，酒酣耳熱之際，更能感受薩摩的濃厚人情味！

{Info}

✉ 鹿兒島市中央町6-4 🕐 各家店鋪時間請見官網，大多是17:00～24:00 ➡ JR鹿兒島中央駅東口徒步5分 http www.kagoshima-gourmet.jp

無拘無束地吃飯喝酒談天

豚とろ

特製豬頸叉燒肉的鹿兒島豚骨拉麵

本店位於天文館通商店街，車站附近也有分店，皆從中午營業到凌晨。招牌為豬頸肉拉麵(豚とろラーメン)，精選油脂豐富的豬頸肉製成叉燒肉，鮮嫩多汁、入口即化，濃郁豚骨湯頭搭配木耳與青蔥，加顆半熟玉子，十足美味。

{Info}

➡ 鹿児島県鹿児島市山之口町9-41(天文館本店) 🕐 11:00～03:30 ➡ 天文館電車站徒步7分

豚とろラーメン¥760，加點半熟玉子¥120

天文館通

逛逛繁華市區商店街，這裡也是住宿好地方

鹿兒島市區最熱鬧的精華地帶，餐廳、咖啡廳、土產店、藥妝店、服飾店……應有盡有，還有間營業到凌晨的唐吉軻德(驚安の殿堂ドン・キホーテ)，好吃好玩又好逛。附近很多平價連鎖商務旅館，是住宿好選擇。

{Info}

➡ 搭路面電車到天文館通下車，或搭巴士到天文館下車 http www.or.tenmonkan.com

舒適好逛的天文館通商店街

吾愛人

上乘鹿兒島肉品「六白黑豚」的2種吃法

　　創業約70年，店名起源自奄美大島方言「愛人」，意謂親愛的、重要的人，因期許提供顧客最好服務而以此命名。主打招牌是鹿兒島黑豬肉，當中又以「六白黑豚」為上乘極品，因該品種黑豬的四肢、鼻子、尾巴共6個部位為白毛，故以六白命名。六白黑豚肉質細嫩甘甜，以涮涮鍋及烤肉兩種吃法為主。味噌關東煮(みそおでん)也是本店名物，以祕製醬汁傳承數十年的傳統美味。

↑吾愛人天文館本店
←牆上掛滿名人簽名照

{Info}

✉ 鹿児島県鹿児島市東千石町9-14　☎ 099-222-5559　🕐 17:00～23:30(週日只到23:00)　➡ 天文館電車站徒步5分鐘　http www.k-wakana.com

六白黑豚1人涮涮鍋￥1,674

六白黑豚涮涮鍋與圖中的櫻島熔岩燒、味噌關東煮皆為店內招牌料理

白熊冰 (天文館むじゃき)

可愛小熊雪花冰

　　店門口的巨大白熊為標記，口感類似雪花冰，特色是將自家調製的牛奶煉乳與蜜糖水淋在剉冰上。招牌白熊冰上頭鋪滿水果，因雕琢出可愛小熊臉而得名，有多種口味，例如巧克力、草莓、布丁、抹茶、優格、咖啡、芋燒酎等，大的Regular Size是兩人份(約￥720)，小的Baby Size是1人份(約￥510)，分量十足。

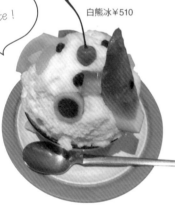

超Cute！

白熊冰￥510

{Info}

✉ 鹿児島市千日町5-8　☎ 099-222-6904　🕐 11:00～22:00(週日假日及7～8月10:00開始)　➡ 天文館電車站徒步3分　http mujyaki.co.jp

大人風的度假

" 爵士樂列車、日本維新故鄉的知性漫步&
夜間獨享露天風呂的安靜時光 "

今日
這樣玩

📱 goo.gl/dmspeS

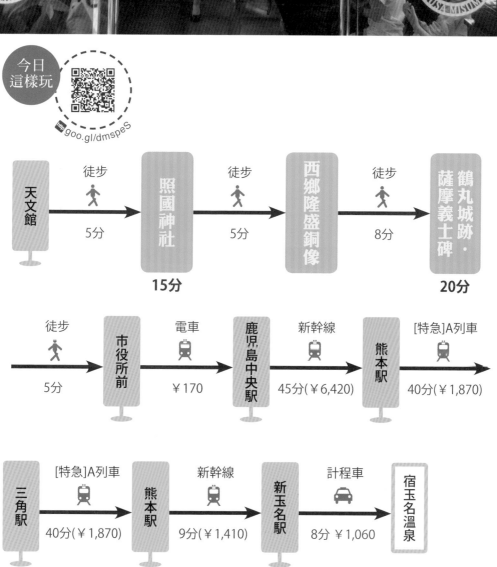

| 天文館 | 徒步 5分 → | 照國神社 15分 | 徒步 5分 → | 西鄉隆盛銅像 | 徒步 8分 → | 鶴丸城跡 · 薩摩義士碑 20分 |

| | 徒步 5分 → | 市役所前 | 電車 ¥170 → | 鹿兒島中央駅 | 新幹線 45分(¥6,420) → | 熊本駅 | [特急]A列車 40分(¥1,870) → |

| 三角駅 | [特急]A列車 40分(¥1,870) → | 熊本駅 | 新幹線 9分(¥1,410) → | 新玉名駅 | 計程車 8分 ¥1,060 → | 宿玉名溫泉 |

旅遊案內所
出發前先了解的事

鹿兒島遊逛建議

鹿兒島古稱薩摩，主要歷史景點很集中，可徒步參觀，從天文館出發，沿途參觀照國神社、西鄉隆盛銅像、鶴丸城跡，時間充裕可買門票參觀黎明館，百大名城的印章在黎明館內。從天璋院篤姬雕像後方石階下去就是薩摩義士碑，這裡有條2公里遊步道通往城山展望台，薩摩義士碑公車站也在此處，若想搭乘電車可步行5分鐘到最近的市役所前。

照國神社巨大水泥鳥居

特色觀光列車
今日搭乘的移動城堡

A列車
品酒聽爵士樂的優雅旅行

A列車是往返於熊本和天草的觀光列車，天草由百餘座小島構成，海岸風光秀麗，是週末度假勝地。列車命名源自車內播放的爵士名曲「Take the A Train」，輕快節奏讓人心情飛揚。

車內有許多彩繪玻璃及天使圖案，因江戶時代禁止基督教，很多信徒躲到天草，因此這部列車充滿濃厚宗教文化色彩。最大特色是在兩車廂中間有個吧檯，上方是繪有金色A列車Logo的木質天花板。「A Highball」是全車人手一杯的雞尾酒，以凸頂柑果汁調製而成，在行經蔚藍大海、爵士樂悠揚的車廂內享受微醺感，是相當特別的體驗。即使不去天草，也可以專程來體驗A列車，從熊本坐40分鐘到三角下車，欣賞南蠻風格與教會氣息的三角車站，到港口散步、吹吹海風，再原車

豪華吧檯上方是繪有金色A列車Logo的木質天花板

搭回熊本，光是搭車就能擁有輕鬆愉快的度假好心情！

A列車時刻表

熊本—三角	三角—熊本
10:35～11:13　A列車1號	11:19～11:57　A列車2號
12:21～13:03　A列車3號	13:50～14:30　A列車4號
14:37～15:17　A列車5號	16:19～17:01　A列車6號

http www.jrkyushu.co.jp/trains/atrain

🔲 週末來回各3班，例假日、寒暑假及旺季來回各兩班，並非每天都有，時間表請見官網。共2節車廂，全車指定席，需事先在JR綠色窗口劃位

黑黃相間的A列車

彩繪玻璃

天使圖案標誌

漫步薩摩歷史街道

照國神社‧鶴丸城跡‧黎明館‧薩摩義士碑

　　照國神社是祭祀薩摩藩主島津齊彬的神社，入口處巨大的水泥鳥居象徵其豐功偉業，深受當地居民景仰，神社前有株修剪整齊的「齊鶴」，因形似展翅高飛之鶴而得名，是樹齡170年的保存木。鶴丸城跡又名鹿兒島城，是18世紀薩摩藩主居城，為百大名城之一。這座城沒有天守閣，只有外圍城牆，內部在大火燒毀後則改建為黎明館，展示鹿兒島的鄉土歷史、美術工藝。篤姬在遠嫁江戶之前曾在此居住過，因此有座天璋院篤姬的雕像，後方的薩摩義士碑則是紀念倒幕運動時犧牲的烈士。

{Info}

照國神社

✉ 鹿児島市照国町19-35 🕐 08:30～17:00 ➡ 天文館駅徒步5分鐘 http www.terukunijinja.jp

鹿兒島縣歷史資料中心黎明館

✉ 鹿児島市城山町7-2 🕐 09:00～18:00 休 週一(遇假日改隔日休)，每月25日(遇週六日開館)，12/31~1/2 $ 大人￥310，大學高中生￥190，中小學生￥120 ➡ 搭路面電車到市役所前下車徒步5分鐘，或搭巴士到薩摩義士碑前下車 http www.pref.kagoshima.jp/reimeikan

1.照國神社／2.鶴丸城跡／3.西鄉隆盛銅像／4.天璋院篤姬雕像／5.黎明館／6.薩摩義士碑

八芳園

宿玉名溫泉鄉，泡半露天私人風呂

Tamanyan〜
喵〜

　熊本縣玉名自古以溫泉聞名，2011年九州新幹線全線開通後，在此設置新玉名駅，讓千年歷史溫泉鄉交通更方便。一出新幹線車站，就看到歡迎光臨溫泉縣的看板，不讓熊本熊專美於前，玉名也推出可愛吉祥物タマにゃん(Tamanyan)拚觀光。

　八芳園是日本訂房網站評價極高的溫泉旅館，有百年歷史，占地2,500坪，庭院種滿楓樹，秋天美不勝收。房間很大很舒服，每間房都有半露天溫泉，在房內泡湯還能欣賞窗外庭院美景，十分享受，晚餐是女將送到房內的會席料理。步行10分鐘可到溫泉街，立願寺公園內有個免費的白鷺足湯(しらさぎの足湯)，相傳古代有隻負傷的白鷺在此療養後再度展翅高飛，這也是西日本最大的足湯。

1.房間內的半露天溫泉／2.玉名吉祥物タマにゃん／3.旅館庭院／4.西館和室／5.在房內享用會席料理晚餐／6.白鷺足湯，為西日本最大足湯

{Info}

✉ 熊本県玉名市立願寺627　☎ 0968-72-2161　➡ 新幹線新玉名駅下車，搭計程車約8分鐘，4公里路程約￥1,060(旅館無接送服務)　💲 西館和室70m²，每人￥18,800起跳，南館和洋室100m²，每人￥23,800起跳(以上為兩人入住、一泊二食價位，晚餐為一般會席料理) http hpn.jp

鹿兒島伴手禮特輯
將美味的薩摩點心拎回家

鹿兒島有許多好吃又特別的土產，送禮自用兩相宜，
除了天文館商圈，在鹿兒島中央車站的土產大街可以全部一次買齊。

栗黑丸

明治年間創業老鋪「虎屋」推出的「栗黑丸」，一顆顆黑色球狀似滷蛋，其實內餡是一整顆栗子，外面裹上一層黑糖熬煮的Q彈外皮，扎實口感令人印象深刻。

http 虎屋：www.kokubutoraya.com/ogozyo

虎屋栗黑丸 (照片提供：神久鈴九)

鹿兒島甜薯
(かごしまスイートポテトン)

山福製菓推出的「鹿兒島甜薯」，以鹿兒島代表美食黑豚為圖騰做成豬頭造型，好吃又可愛。

http 山福製菓：yamafukuseika.co.jp

山福製菓的鹿兒島甜薯做成豬頭造型

唐芋菓子

鹿兒島盛產芋頭，許多土產都是以薩摩芋製作。Festivalo推出的番薯蛋糕(唐芋レアケーキ)有多種口味，其中以原味的Lovely(ラブリー)最受歡迎，口感細緻、滿滿地瓜香氣，是第一名人氣商品，但須冷藏，若嫌麻煩也可以買常溫保存的「西洋風唐芋」。

http Festivalo：www.festivalo.co.jp

Festivalo的Lovely、西洋風唐芋是人氣商品

輕羹(かるかん)

輕羹是用山芋粉、米粉、砂糖蒸製而成的和菓子，口感似發糕般鬆軟，帶絲微甜卻又清爽不甜膩，能吃出鹿兒島縣產天然山芋的獨特風味，以純白無垢的外貌象徵薩摩人質樸純真的心。爾後發展出來的輕羹饅頭(かるかん饅頭)則是在裡面裹入細紅豆沙餡。代表忄生店家有明石屋、薩摩蒸氣屋兩家300年老店。

http 明石屋www.akashiya.co.jp，薩摩蒸氣屋www.jokiya.co.jp

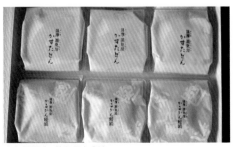

白色是原味，黃色是卡士達

阿蘇火山探險日

"全世界唯一旅人可看的火山口
在冒煙之地感受火山轟隆隆的震撼心跳！"

今日
這樣玩
goo.gl/YdKzlZ

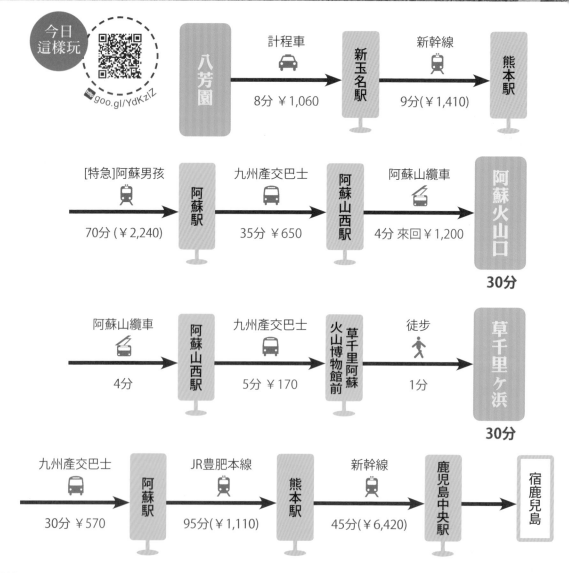

八芳園　—計程車🚗 8分 ¥1,060→　新玉名駅　—新幹線🚄 9分(¥1,410)→　熊本駅

—[特急]阿蘇男孩🚄 70分(¥2,240)→　阿蘇駅　—九州產交巴士🚌 35分 ¥650→　阿蘇山西駅　—阿蘇山纜車🚡 4分 來回¥1,200→　阿蘇火山口　30分

—阿蘇山纜車🚡 4分→　阿蘇山西駅　—九州產交巴士🚌 5分 ¥170→　草千里阿蘇火山博物館前　—徒步🚶 1分→　草千里ヶ浜　30分

—九州產交巴士🚌 30分 ¥570→　阿蘇駅　—JR豐肥本線🚄 95分(¥1,110)→　熊本駅　—新幹線🚄 45分(¥6,420)→　鹿児島中央駅　→　宿鹿兒島

特色觀光列車
今日搭乘的移動城堡

阿蘇男孩(あそぼーい!)
大人小孩都為之瘋狂的俏皮小黑列車

　　阿蘇男孩是往返於熊本、阿蘇火山的超人氣觀光列車，白色車身印滿了各種表情姿勢不一的可愛狗狗小黑(くろちゃん)，竟多達101隻！列車前後兩端的全景展望席是最熱門座位，眼前美景就在全視野超大車窗外延展開來。最有特色的是3號車廂，一大一小的白色親子座席，將兒童座位設計在窗邊，且椅子能360度旋轉，還有兒童專用遊戲空間，相當貼心，木球遊樂池最受歡迎，總是許多小朋友在滿滿的木球堆裡玩耍，圖書室收藏很多小黑及故事繪本。小黑咖啡吧販賣小黑的周邊商品，資料夾、徽章、毛巾、明信片、馬克杯、手機吊飾等，各式各樣超萌的小黑可會讓人荷包大失血喔！

←阿蘇男孩
↓小朋友遊戲空間的白色沙發

特急列車時刻表

熊本—阿蘇	阿蘇—熊本
09:47～11:02　阿蘇男孩101號	11:34～13:04　阿蘇男孩102號
13:54～15:18　阿蘇男孩103號	15:49～17:14　阿蘇男孩104號

http www.jrkyushu.co.jp/trains/asoboy

白色親子座席

很有藝術感的車廂隔間

玩家提示　**最熱門的座位在1、4號車廂！**

　　小黑列車只有週末、例假日、寒暑假及旺季來回各兩班，並非每天都有，時間表請見官網。共4節車廂，全車指定席，需事先在JR綠色窗口劃位。

　　最熱門座位是1號車廂第1～3排及4號車廂第8～10排的全景展望席，1號及4號車廂各有一排面窗的舒適沙發為公共休憩空間，記得找時間來坐坐。有帶小朋友的優先搶3號車廂限量9個的白色親子席，有小朋友專用遊戲空間。

全景展望席

阿蘇火山

熊本火之國，近距離觀賞活火山

阿蘇山是位於九州中央的活火山，也是熊本縣別名「火之國」的緣由。數萬年前，一連串猛烈的火山爆發結束後，火山熔岩覆蓋山區各地，形成現今的巨大火山臼地形。高岳、中岳、烏帽子岳、杵島岳、根子岳合稱「阿蘇五岳」，其中阿蘇中岳是世界上屈指可數的活火山，海拔1,506公尺的山頂不時瀰漫著硫黃氣味。阿蘇山纜道是全世界第一個活火山纜道，從纜車站往上到火山口僅需4分鐘，是世界唯一可以近距離觀賞火山口的活火山。火口池中央的藍綠色是源自周圍岩石溶出來的銅和鐵的顏色，濃煙及蒸氣翻滾的壯觀景象相當震撼，頓時深感造物者之偉大、人類之渺小。

{Info}

阿蘇山纜車

🕐 開始營業～最終上行時間：3/20～10/31的08:30～17:25，11月08:30～16:25，12/1～3/19的09:00～16:25 💲 大人來回￥1,200，單程￥750；小學生以下來回￥600，單程￥370 ➡ 從JR阿蘇駅搭九州產交巴士到阿蘇山西駅(35分￥650)，下車後轉搭阿蘇山纜車約4分抵達火山口 🔗 www.kyusanko.co.jp/aso

↓近距離觀看火山口

阿蘇山纜車站

阿蘇名物：火山灰冰淇淋

阿蘇山纜車站的商店販售「火山灰冰淇淋」，火山灰就是黑芝麻，與牛奶混合而成，灰、白兩色交融，創意十足。

左：火山灰冰淇淋廣告 (照片提供：神久鈴九)
右：灰白兩色的火山灰冰淇淋

草千里ヶ浜

牛馬悠閒吃草的廣闊大草原麗景

草千里位於烏帽子岳北坡山腰處,為直徑1公里、被火山灰覆蓋的草原,冬季可當滑雪場,夏季可放牧牛馬,也開放遊客騎馬體驗。一望無際的遼闊草原,中央有雨水匯集的火山凹口池塘,保留原始大自然生態風貌,使草千里成為近年來熱門景點。

旁邊的阿蘇火山博物館展示火山形成過程的珍貴資料,並在火山口設置兩台攝影機,能看到即時影像及聲音,即使天候不佳火山關閉時也能來這裡感受一下火山的威力。

阿蘇火山博物館

{Info}
➡ 九州產交巴士阿蘇火山口線「草千里阿蘇火山博物館前」下車

草千里開放騎馬體驗(照片提供:神久鈴九)

火山凹口池塘(照片提供:神久鈴九)

米塚

火山遺跡的美麗神話

山路途中會經過一座外觀如倒扣飯碗的小山丘,山頂的小小凹陷是火山噴發後殘留的噴火口遺跡,相傳阿蘇山守護神健磐龍命用豐收的米堆積而成這座小山丘,因此稱之為米塚,而他憐憫飢餓貧民,把米堆頂上的米掬出施贈,才造成山頂上有個小小凹陷。可惜這獨特景觀在2016年4月熊本大地震時遭到破壞,頂端火口緣龜裂,外觀已稍微有些變形。

形狀優美的米塚(照片提供:神久鈴九)

阿蘇車站 (照片提供:神久鈴九)

用 JR PASS 輕鬆玩 西日本

世界主題之旅101

京阪神奈‧關西‧四國‧山陰山陽‧北陸‧九州

作　　　者	摩那卡&瓦拉比
攝　　　影	摩那卡&瓦拉比
總 編 輯	張芳玲
發 想 企 劃	taiya旅遊研究室
編輯部主任	張焙宜
企 劃 編 輯	張焙宜
特 約 主 編	徐湘琪
修 訂 編 輯	黃琦
封 面 設 計	林惠群
美 術 設 計	林惠群
協 力 美 編	余淑真
地 圖 繪 製	林惠群

太雅出版社 編輯部
TEL：(02)2882-0755　FAX：(02)2882-1500
E-MAIL：taiya@morningstar.com.tw
郵政信箱：台北市郵政53-1291號信箱
太雅網址：http://www.taiya.morningstar.com.tw
購書網址：http://www.morningstar.com.tw
讀者專線：(04)2359-5819 分機230

出 版 者　太雅出版有限公司
　　　　　台北市11167劍潭路13號2樓
　　　　　行政院新聞局局版台業字第五○○四號

總 經 銷　知己圖書股份有限公司
　　　　　106台北市辛亥路一段30號9樓
　　　　　TEL：(02)2367-2044／2367-2047　FAX：(02)2363-5741
　　　　　407台中市西屯區工業30路1號
　　　　　TEL：(04)2359-5819　FAX：(04)2359-5493
　　　　　E-mail：service@morningstar.com.tw
　　　　　網路書店：http://www.morningstar.com.tw
　　　　　郵政劃撥：15060393 (知己圖書股份有限公司)

法律顧問　陳思成律師
印　　刷　上好印刷股份有限公司　TEL：(04)2315-0280
裝　　訂　大和精緻製訂股份有限公司　TEL：(04)2311-0221

二　　版　西元2020年01月01日
定　　價　480元
(本書如有破損或缺頁，退換書請寄至：台中市西屯區工業30路1號　太雅出版倉儲部收)

ISBN 978-986-336-311-8
Published by TAIYA Publishing Co.,Ltd.
Printed in Taiwan

國家圖書館出版品預行編目(CIP)資料

用鐵路周遊券輕鬆玩西日本：京阪神奈‧關西‧
四國‧山陰山陽‧北陸‧九州 / 摩那卡&瓦拉比作.
　　-- 二版. -- 臺北市：太雅, 2020.01
　　面；　公分. -- (世界主題之旅；101)
　　ISBN 978-986-336-311-8(平裝)

1.自助旅行 2.火車旅行 3.日本

731.9　　　　　　　　　108002537

編輯室：本書內容為作者實地採訪資料，書
本發行後，開放時間、服務內容、票價費
用、商店餐廳營業狀況等，均有變動的可
能，建議讀者多利用書中網址查詢最新的資
訊，也歡迎實地旅行或居住的讀者，不吝提
供最新資訊，以幫助我們下一次的增修。聯
絡信箱：taiya@morningstar.com.tw

填線上回函，送 "好禮"

感謝你購買太雅旅遊書籍！填寫線上讀者回函，
好康多多，並可收到太雅電子報、新書及講座資訊。

每單數月抽10位，送珍藏版「祝福徽章」

方法：掃QR Code，填寫線上讀者回函，就有機會獲得珍藏版祝福徽章一份。

填修訂情報，就送精選「好書一本」

方法：填寫線上讀者回函，並提供使用本書後的修訂情報，經查證無誤，就送太雅精選好書一本(書單詳見回函網站)。

＊同時享有「好康1」的抽獎機會

用JR PASS輕鬆玩西日本
最新版

bit.ly/35G9G9Z

＊「好康1」及「好康2」的獲獎名單，我們會
　於每單數月的10日公布於太雅部落格與太雅
　愛看書粉絲團。
＊活動內容請依回函網站為準。太雅出版社保
　留活動修改、變更、終止之權利。

太雅部落格 http://taiya.morningstar.com.tw
有行動力的旅行，從太雅出版社開始

23 太雅週年慶

發票登錄抽大獎
首獎 澳洲Pacsafe旅遊防盜背包

凡於 **2020/1/1～5/31** 期間購買太雅旅遊書籍(不限品項及數量)
上網登錄發票，即可參加抽獎。

首獎
澳洲Pacsafe旅遊防盜背包 (28L)

RFID晶片
防側錄口袋

專利防盜鎖扣

2名

普獎
**BASEUS防摔觸控靈敏之
手機防水袋**

顏色
隨機出貨

80名

掃我進入活動頁面
或網址連結 https://reurl.cc/1Q86aD
活動時間：2020/01/01～2020/05/31
發票登入截止時間：2020/05/31 23:59
中獎名單公布日：2020/6/15

活動辦法
- 於活動期間內，購買太雅旅遊書籍(不限品項及數量)　，憑該筆購買發票至太雅23周年活動網頁，填寫個人真實資料，並將購買發票和購買明細拍照上傳，即可參加抽獎。
- 每張發票號碼限登錄乙次，並獲得1次抽獎機會。
- 參與本抽獎之發票須為正本(不得為手開式發票)，且照片中的發票須可清楚辨識購買之太雅旅遊書，確實符合本活動設定之活動期間內，方可參加。
- 若發票存於電子載具，請務必於購買商品時，告知店家印出紙本發票及明細，以便拍照上傳。

*主辦單位擁有活動最終決定權，如有變更，將公布於活動網頁、太雅部落格及「太雅愛看書」粉絲專頁，恕不另行通知。